Klaus Jürgen Becker

Erfolg ohne Streß

Verlag PETER ERD · München

CIP-Titelaufnahme der Deutschen Bibliothek

Becker, Klaus Jürgen:
Erfolg ohne Stress / Klaus Jürgen Becker. [Zeichn.: Susanne Schäfferl]. – München : Erd, 1990
ISBN 3-8138-0180-2

Umschlaggestaltung: Gabriele Feigl
Zeichnungen: Susanne Schäffer, München
Redaktionelle Bearbeitung: Jochen Becker, Duisburg
Lektorat: Hans Freundl

Printed in Austria
ISBN 3-8138-0180-2

Widmung

Mit diesem Buch möchte ich einige von den großartigen Menschen ehren, denen ich persönlich begegnen durfte:

Herrn Gerd Jürgen Burde, Geschäftsführender Gesellschafter der Royal Atlantis Film GmbH, München/Übersee
Herrn Ron Carson, Kristallfachmann und internationaler Berater, USA
Herrn Chinmoy Kumar Ghose, USA, Komponist
Frau Susanne Forsström, Journalistin, München
Herrn Prof. Willy Gruber, München
Herrn Jochen Hagenkamp, Geschäftsführender Gesellschafter der Hagenkamp Wirtschafts-, Finanz- und Unternehmensberatung Beckum
Frau Jutta Maria Kalka, kaufmännische Angestellte, München
Herrn Walter Kessel, Leiter der Ausbildungsabteilung der Bonnfinanz Aktiengesellschaft Bonn
Herrn Dr. Helmut Kohl, Kanzler der Bundesrepublik Deutschland
Herrn Rod Laver, Australien, ehem. Tennisweltmeister
Herrn Otto Lindner, Geschäftsführender Gesellschafter und Vorstand der Gebau Aktiengesellschaft Düsseldorf
Herrn Helmut Maier, Vorsitzender des Vorstandes der Bonnfinanz Aktiengesellschaft Bonn
Frau Janet McClure, Präsidentin der Tibetan Foundation, Phoenix/Arizona
Herrn Muhammad Ali, ehem. Boxweltmeister im Superschwergewicht
Herrn Dr. Hermann Sendele, Partner der Marlar International Unternehmensberatung München
Herrn Benno Scheyer, Kaufmann, Darmstadt
Frau Petra Scheyer, Inhaberin der Buchhandlung »Esoterische Welt« in Mannheim
Frau Pojana Monika Tafel, Tantra-Lehrerin, Hamburg
Herrn Kurt Tepperwein, Lebenslehrer, Freiburg
Frau Panna Karin Winkel, Körpertherapeutin und Künstlerin, München
Frau Erni Wurzenberger, Mystikerin, Saalfelden/Österreich
Herrn Marinus Zeichinger, Inhaber der Zeichinger und Partner Wirtschaftsberatung GmbH Zorneding/München
Außerdem widme ich dieses Buch Gert, Jochen und Renate Becker.

Inhalt

Verzeichnis der Arbeitsblätter

Verzeichnis der Experimente

Darf ich mich vorstellen?

Hallo, hier bin ich! Ich bin Dein neuer Freund. Keine Angst: Ich brauche keine Inspektionen, kein Wasser, keine Haarpflege und passe bequem in jede Handtasche.

Aber: Wenn Du »fast food« suchst, dann hole Dir jemand anderen. Es braucht schon ein wenig Muße, sich mit mir zu beschäftigen, aber wenn Du das tust, wirst Du schnell erkennen, daß es sich hier um eine recht »bemerkenswerte« Investition handelt. Wenn es nach dem Autor ginge, müßte dieses Buch DM 20 000,– kosten, denn hier lernst Du nicht, mehr über Erfolg zu wissen – sondern es geht darum, den Erfolg, der Du bist, sehen und ausdrücken zu lernen!

Auch wenn Du manches nicht sofort verstehen magst, so kannst Du sicher sein, daß es in Dir einen Teil gibt, der sich »erinnert« fühlen wird und plötzlich Ergebnisse hervorbringt, von denen Du gar nicht weißt, wo sie herkommen.

Durch die Arbeitsblätter »baust« Du positive Assoziationsbahnen, »Erfolgsstraßen« in Deinem Gehirn; bitte nutze sie, sie gehören mit zu dieser »Klasse«, in der Du Dich jetzt schon befindest. Du kannst sie ruhig mehrfach verwenden, zum Beispiel für »Erfolg im Beruf«, »Erfolg in der Partnerschaft« etc.

Du kannst direkt ins Buch schreiben oder dafür ein »Erfolgstagebuch« anlegen, aber bitte tu etwas!!! Mach etwas aus Deinem Leben, bevor Du alt und runzelig wirst. Mache auch die Übungen, der Autor hat sie sich nicht umsonst ausgedacht.

Lasse mir Zeit, mit Dir zu arbeiten. Manche Erkenntnisse werden für Dich so intensiv sein, daß Dein Unbewußtsein einige Zeit braucht, bis es weiterlesen möchte – sei gut zu Dir selbst, gestatte Dir diese Zeit. Lerne, die Bewußtseinsbildungsprozesse, die in Dir arbeiten, weder zu bremsen noch voranzutreiben, genieße sie einfach und gehe ansonsten Deiner Natur nach, und plötzlich wirst Du Ergebnisse erzielen, von denen Aladin seit der Erfindung der Wunderlampe nicht mehr geträumt hat. Hier bin ich – Deine »Wunderlampe« – entzünde mich...

Dein Buch

Erfolg ist, wenn man's trotzdem macht!

Erfolg bietet viele Vorteile

Ich weiß nicht, wo Du hin willst, was Deine Träume sind, was Du schon immer erreichen wolltest, und mir ist das auch egal. Was ich für Dich will, ist, daß Du Dich herausbringst, daß Du Deinen Erfolg feierst. Ich bin kein Priester oder Moralapostel, der Dir sagt, daß Du Dich nur für »höhere« Ziele einsetzen sollst. Ich bin schlicht und einfach ein »Automechaniker«, gebe Dir Werkzeuge an die Hand und sage Dir, wie es geht – was Du damit machst, ist Deine Sache! Du kannst natürlich lange über Erfolg philosophieren oder Dir überlegen, ob Du Erfolg überhaupt willst, ob es schiefgehen könnte, ob Du noch warten willst – aber wenn Du »nachdenken« willst, bist Du bei mir am falschen Mann, denn ich denke nicht

»nach« sondern »vor«. Bei mir wird nicht lange gefackelt – ich bin ein Praktiker – entweder Du »springst« oder Du »springst nicht«, und beides ist O. K. Ich sage Dir: Vertraue in den Prozeß! Der Erfolg, um den es hier geht, kostet keine Kraft, keinen Streß und keinen Preis und bietet viele Vorteile: Erfolg verschafft eine positive Ausstrahlung, Erfolg schenkt Lebensfreude, Erfolg stärkt das Selbstbewußtsein, Erfolg erhöht die Zellvibration, Erfolg macht Spaß, Erfolg trägt zum großen Ganzen bei, Erfolg wirkt magnetisch, Erfolg verschafft positive Rückwirkung auf Dich und andere... überlege doch einmal: Nehmen wir einmal an, Du wärst der totale Erfolg auf allen Ebenen, welche Vorteile brächte dies speziell für Dein Leben? Ich glaube, es läßt sich einiges finden – und ist das nicht allein schon Grund genug zu sagen: »JA, ich will den totalen Erfolg auf allen Ebenen!!!«

Gleichnis 1:

Das gesündeste Wort der Welt

JA

JA, Du solltest Dir JA ausschneiden und an die Wand hängen, damit sich JA einprägen kann.

JA funktioniert so: Denke JA, wenn Du vor einem Mäuerchen stehst. Denn mit Nein kommst Du nie über die Mauer.

Denke JA, wenn Du Ärger im Büro haben solltest (gilt eigentlich nur für die, die das Buch »Nie mehr ärgern« noch nicht kennen). Nein macht Dich nur noch ärgerlicher und löst kein Problem (es sei denn, Du willst Dir selbst leid tun).

Sage JA. Zur Fünf Deines Kindes. Zur verpaßten Straßenbahn. Zum Regen im Urlaub. Denn mit Nein und Um-Himmels-Willen kannst Du nichts, aber auch gar nichts retten und in Ordnung bringen.

Sage JA. Zu den Nachbarn, dem Chef und vor allem zu Dir selbst. Denn mit Nein stellst Du Dich nur selbst ins Abseits.

JA ist Medizin. Besser als flüssige oder gepulverte.

JA hilft dauerhaft. Denn JA macht den Kreislauf heiter. Das Herz fröhlich. Die Sorgen kleiner. Das Leben wärmer.

JA solltest Du ausdrücken in Deinem Leben. Es ist nicht immer leicht – aber es lohnt sich, es zu lernen. Wenn Du es richtig kannst, sagst Du es weiter. JA? – Ja!

Du kannst Dir jederzeit eine neue Zukunft aussuchen – oder eine neue Vergangenheit.

Für mich bist Du bereits der totale Erfolg auf allen Ebenen!

Jeder versteht unter Erfolg etwas anderes. Als Dreijähriger ertrank ich fast in der Nordsee und lernte daraufhin schwimmen, bis ich es zum »Totenkopfabzeichen« gebracht hatte und im Meer mühelos von einer Insel zur nächsten schwimmen konnte – das war für mich Erfolg: Ausdauerschwimmen. Als Siebenjähriger wurde ich verhauen, daraufhin lernte ich Karate – das war für mich damals Erfolg: Karate zu können. Als Dreizehnjähriger wurde ich von einer attraktiven Siebzehnjährigen als zu jung abgelehnt, und ich beschloß, die schönsten Frauen der Welt zu erobern, bis ich eines Tages neben der damals amtierenden »Miß Bayern« aufwachte. Als Sechzehnjähriger verdiente ich als Gießereiarbeiter fünf Mark zweiundsechzig in der Stunde, und beschloß damals, jährlich mein Einkommen zu verdoppeln, bis ich eines Tages als 27jähriger Produktmanager ein Nettojahresgehalt von einer runden Viertelmillion erzielte – plus Dienstwagen, plus Chefsekretärin, plus Altersversorgung, versteht sich. Heute kann ich anerkennen: JA, ich bin der totale Erfolg auf allen Ebenen – immer gewesen! Aber: Ich gestehe ein, daß es Zeiten gab, in denen ich das nicht anerkennen konnte! Ich war von Zweifeln geplagt und bin erwacht. Ich lebe bereits in märchenhafter Freiheit! Auch Du bist erwacht, wenn Du Dich von der Illusion des »Mißerfolges« um 180 Grad abwendest und beginnst, Deinem »inneren Erfolgsmenschen« bei der Arbeit zuzuschauen. Ich habe einen tiefen Respekt vor Dir und möchte Dich einladen, dieses Buch als jemand zu lesen, der bereits erfolgreich ist. Richard Bach schreibt in seinen *Illusionen*: »Führe Dir Deine Unzulänglichkeiten ins Feld, und ehe Du Dich versiehst, verbleiben sie Dir.« Wir wollen hier genau das Gegenteil tun. Du erschaffst Deine Welt durch Deine Identifikation. Erfinde Dich einfach neu! Sage: »Du lieber Gott, Ich Bin ja schon erfolgreich! Ich War ja bereits erfolgreich! Ich werde ja auch weiterhin erfolgreich sein! Ich Bin ja Selbst der totale Erfolg auf allen Ebenen!« Übrigens: Für mich warst Du schon immer der totale Erfolg auf allen Ebenen!!!

Lektion 1

Niemand kann Dich stressen – außer Du Dich selbst!

Grips statt Streß!

Ein Chef hat drei Sekretärinnen zur Auswahl: Die eine kann fließend Spanisch, die zweite kommt von der »high school«, und die dritte ist in Steno und Schreibmaschine perfekt. Welche nimmt er? – Natürlich die mit den schönsten Beinen!!! Als ich noch »Chef« in einem richtigen »Laden« war, habe ich mich auch immer für die mit den schönsten Beinen entschieden, und zwar aus gutem Grund: Mein Stundenlohn war regelmäßig mindestens zehnmal so hoch wie der meiner Sekretärin, und wenn ich – insbesondere wenn im Sommer Miniröcke in Mode waren – eine Stunde früher ins Büro kam, weil ich mich freute, meine gut aussehende Sekretärin (und ihre Beine!) zu begrüßen oder wenn ich besonders gut arbeitete, um ihr ein Vorbild zu sein, dann wirkt sich das doch auf die Firma in barer Münze aus – und zwar kräftig!!! Was erkennen wir daraus? Wir schauen oft auf's Falsche!

Als ich Vertriebschef war und im Sommer nichts zu tun hatte, ging ich nachmittags an den Eisbach zum Schwimmen, aber wenn ein neues Projekt vor der Vertriebsfreigabe stand, war ich morgens um 4.00 Uhr auf und habe meine »Jungs« (natürlich nur die, die damit einverstanden waren) aus dem Bett geholt, sie richtig aufgemöbelt und zum Kunden geschickt. Um 8.30 Uhr waren die Zeichnungsscheine im Briefkasten, zu einer Zeit, wo mein Partner im Norden sich noch im Bett herumgedreht hatte, um kurz darauf hören zu müssen, daß das gesamte Projekt bereits in den Morgenstunden wieder einmal von »München« verteilt worden war.

Ein Zwanzig-Millionen-Wohnbauobjekt in München galt seit Jahren als unverkäuflich, und niemand traute sich an dieses Projekt heran, aber alles, was fehlte, waren »neue Augen«, und so arbeitete ich vier Wochen lang Tag und Nacht an einer »Verkäuferbibel«, in der jeder Einwand auf den Punkt genau widerlegt wurde, Anfahrtswege wurden erklärt, ... – und der halbe Wald, den wir zwischen das Bundesbahngelände und die Wohnanlage gepflanzt hatten, war auch nicht von Pappe – und so geschah das Wunder: Das Projekt wurde über Nacht zu einem Renner und war binnen kürzester Zeit ausverkauft! Was lernen wir daraus? Grips statt Streß!!!

Streß bietet keinen Vorteil!

Es ist ein Irrtum zu glauben, es gäbe positiven Streß und negativen Streß! Was die Leute als »Eustreß« bezeichnen, ist nichts anderes, als hinter einer Karotte herzulaufen! Natürlich kriege ich die Karotte irgendwann einmal, wenn ich lange genug hinter ihr herlaufe, aber um was für einen Preis? Das Familienleben ist ruiniert, Du kannst morgens nicht mehr ohne Grauen in den Spiegel schauen, für Gemütlichkeit ist auch keine Zeit mehr, Du bekommst Falten, siehst alt und runzelig aus, und irgendwann einmal kriegst Du einen Brief von der Firma, die Dir dankt, daß Du Dich für sie ruiniert hast, und dann liegst Du im Grab und schaust Dir das Gras von unten an – willst Du das? Es gibt intelligentere Wege!

Streß bietet keinen Vorteil! Streß verursacht Magengeschwüre, Herzinfarkt, Pickel auf der Haut und macht darüber hinaus noch blind für das Wesentliche im Leben. Wenn man es durch Streß wirklich zu etwas bringen könnte, dann würden die wirklich Großen das »Stressen« nicht den Kleinen überlassen. Im Streß machst Du Fehler. Was Du gerade mühsam mit der rechten Hand aufgebaut hast, stößt Du im Streß mit dem linken Ellenbogen wieder um. Im Streß verpaßt Du die Übersicht, Streß macht Menschen zu Robotern, Streß verhindert Entfaltung der Kreativität ... – Du kannst die Liste selbst beliebig ergänzen. Streß hat mit Genialität mit Sicherheit nichts zu tun!

Einer meiner Geschäftsfreunde ist zugleich geschäftsführender Gesellschafter einer größeren Aktiengesellschaft, Besitzer von sechs Hotels, treusorgender Familienvater, Bundesligaspieler, ein bekannter »Partylöwe« und sein Tag beginnt schon morgens um fünf mit Bodybuilding – aber ist dieser Mann gestreßt? Das letzte Mal, als ich ihn gesehen hatte, war er braungebrannt, bei bester Gesundheit und hatte sogar Zeit für ein gemütliches Gläschen Bier. Sein Schreibtisch ist immer wie leergeputzt – keine Aktenberge, kein Streß. Dieser Mann kann loslassen, das ist sein Geheimnis für einen »Erfolg ohne Streß«, ein Genie auf seine Art!!!

Und auf der anderen Seite habe ich auch mittelmäßige Manager kennengelernt, die Aktenberge vor sich herschoben, die sich immer fragten, wo etwas schiefgehen könnte, von Millionenprojekten träumten und es doch zu nichts brachten. Als ich noch Vertriebschef war, hatte ich auf den Vorstandssitzungen einen Controller, und immer, wenn ich ein Projekt vortrug, wiegte er den Kopf und sagte: »Dabei muß doch ein Problem zu finden sein!« Na klar: Wer Probleme sucht, findet auch welche!!!

Streß bietet keinen Vorteil! Im Streß verkrampfen sich die »Synapsen« (das sind die Verbindungen zwischen zwei Nervenenden). Das führt dazu, daß der Informationsfluß zum Gehirn nicht mehr richtig funktioniert, das Gehirn nicht mehr richtig durchblutet wird! Jetzt könnte man behaupten, daß Streß motiviert – aber mußt Du Dir Streß machen, um motiviert zu sein? Wenn Du weißt, daß Du am nächsten Morgen in den Urlaub fährst, dann stehst Du doch gerne morgens um 5.00 Uhr auf und packst in aller Ruhe Deine Koffer – genauso gern kannst Du auch arbeiten, oder wie ein anderes Genie, ein Mann, der es binnen weniger Jahre vom Kaufhausangestellten zum Telefonverkäufer mit 50 Millionen DM Jahresumsatz geschafft hatte, mir einmal sagte: »Verkaufen ist super! Spaß haben und dafür auch noch Geld bekommen!« Hatte dieser Mann Streß? Wenn ihn ein Großkunde anrief und mit barschen Worten nach Stuttgart zitieren wollte, sagte er nur: »Ich bin doch nicht Ihr Verwandter, daß ich Sie besuchen soll, Sie sind es doch, der das Projekt will, also kommen Sie auch zu mir, sonst trinken Ihre Freunde eines Tages Whisky und Sie sitzen so da – Sie müssen's aber nicht kaufen, wenn Sie's nicht kaufen, kauft's halt ein anderer!« Das wollte der Kunde sich natürlich nicht gefallen lassen, ließ alles stehen und liegen, stieg in sein Auto, war vier Stunden später da, kam, sah und kaufte. Soweit ich es sehen konnte, hatte unser Mann nur sich selbst verwirklicht! Für ihn war das Leben ein Spiel – ein Geldspiel – und wenn man einmal weiß, wie es der Zauberkünstler macht, ist es auch keine Zauberei mehr!!!

Jede Anstrengung bewirkt das Gegenteil. Das ist ein geistiges Gesetz – also warum sich Streß machen? Wenn Du nachts wach liegst und Dich so richtig anstrengst einzuschlafen, weiß Du, was passiert? Je mehr Du Dich anstrengst, um so weniger kannst Du einschlafen. Und dann morgens um 5.00 Uhr sagst Du: Jetzt ist es mir auch egal, jetzt kann ich auch wach bleiben – und prompt schläfst Du ein. Warum? Weil Du losgelassen hast! Ein Geschäftsfreund von mir ist nebenbei Sponsor in einem großen Fußballverein, und wenn auch nur eine Streßfalte in seinem Gesicht ist, geht er ins Sonnenstudio. Wenn er mit dem Flugzeug nach München kommt, um mich zu besuchen, läßt er seinen Fahrer im Ferrari nachreisen, nur um damit in München herumkutschieren zu können! Warum? Weil es ihm Spaß macht!!! Ist dieser Mann ein Faulpelz? Mit Sicherheit nicht, und der Erfolg, den er erzielt, steht auf solider Basis!!!

Was ist Streß, und wie entsteht er?

Laß uns erst einmal unterscheiden zwischen Streß und Aktivität. Streß hat mit Aktivität nichts zu tun. Es soll ja Leute geben, die richtig »stolz« darauf sind, im Streß zu sein, oder schon das dritte Magengeschwür zu haben – das ist nicht Genialität, das ist Masochismus! Du kannst voll im Schaffen begriffen sein, mit der Seele im Lotussitz und drei Telefone gleichzeitig in der Hand halten, so wie zum Beispiel mein Bruderherz (das klappt übrigens nicht nur im Telefonladen der Deutschen Bundespost, wo die Telefone nicht angeschlossen sind, sondern auch im richtigen Geschäftsleben).

Streß hat mit äußeren Umständen nichts zu tun. Wenn Du im Stau stehst, dann siehst Du Leute, die »sich stressen« und solche, die den Stau genießen, es scheint also nicht am Stau zu liegen, ob jemand »sich« streßt. Niemand auf der Welt kann Dich stressen, außer Du Dich selbst! Streß ist ein biochemischer Vorgang, der nur, aber auch wirklich nur in Deinem Gehirn stattfindet – oder auch nicht stattfindet!!! Wenn Du Dich streßt, ist das so, als ob Du zu Deinen Körperzellen sagst: »Wir spielen jetzt Krieg!« Plötzlich treten Deine Überlebensmuster auf den Plan, und da ist für Genialität kein Platz mehr. Streß entsteht aus der Angst heraus, irgend etwas nicht zu schaffen – aber wer ist es denn, der versagt? Immer nur das Ego, das alles genau so und so haben will, statt ein bißchen mehr dem Fluß des Lebens zu vertrauen und auch einmal Dinge geschehen zu lassen, statt immer nur Konzepte durchzudrehen. Es gibt eine Kraft, die dieses Universum lenkt, und wir können lernen, uns damit zu verbinden. Die Physiker haben das sogenannte »chaotische geordnete Prinzip« entdeckt und erkannt, daß auch dem scheinbaren Chaos eine Ordnung innewohnt, die in der Lage ist, viel besser das gewünschte Ergebnis zu erzielen, als 1000 Konzepte zusammen. Wann immer Du das Gefühl hast, Du mußt wieder einmal »Streß machen«, frage Dich einmal: »Wer ist es hier denn überhaupt, der Streß macht?« – und schon ist der Streß verschwunden!

Strukturen einhalten!

Heute, im »neuen Zeitalter«, ist es geradezu modern geworden, auf Zehenspitzen durchs Leben zu schweben nach dem Motto: »Ach, was bin ich heute wieder ›spacy‹, nein, ich grenze mich natürlich gegen gar nichts ab, alles kann herkommen.« Man macht seine Seele zum Haus der offenen Tür und wundert sich, wenn man nicht zu dem kommt, was man eigentlich will (es sei denn, Du willst ein Haus der offenen Tür sein, dann ist das ok). »Abgrenzen« und »sich öffnen« sind Zwillingseigenschaften und gehören zusammen. Wer nur »sich öffnet«, ist wie ein Windbeutel, und der wird dann tatsächlich auch »gebeutelt«. Auf der anderen Seite, wer sich nur abgrenzt und sich überhaupt nicht mehr gehen lassen kann, ist wie eine Kampfmaschine und muß sich am Ende des Lebens fragen: »Wofür habe ich eigentlich gelebt?« Was wir brauchen, ist also eine »flexible Abgrenzung«, quasi ein Schwamm, der mal hart wie Kruppstahl und mal weich wie Watte sein kann. In der westlichen Sexualtherapie lernen Teilnehmer oft, sich dem anderen gegenüber einfach nur zu öffnen, zu öffnen, zu öffnen, und dann ist man nur noch offen und dabei so langweilig wie ein Schweizer Käse und wundert sich, daß der Partner fremdgeht. Die Taoisten lehren deshalb ihre Liebesschüler, ihre Energiefelder einmal bewußt zu polarisieren und sich so »anzutörnen«, denn Begegnung ist Nähe und Entfernung, Yin und Yang, beides! Also: Lerne Dich abzugrenzen – abgrenzen nicht gegen etwas, sondern für etwas. Abgrenzung für Dich selbst, damit Du selbst nicht zu kurz kommst!!!

Prioritäten schaffen!

Wie sagte schon einer meiner Ausbilder beim Finanzamt Duisburg- Süd zu mir: »Herr Becker, nur das Wesentliche!« Also entdecke die häufigsten »Zeitfresser«, wenn Du willst, mach einmal einen Stoppuhr-Tag und schau, wo die Zeit geblieben ist! Tust Du überhaupt das, was Du tun willst? Ein Zeitplanbuch (zum Beispiel von Helfrecht, Bad Alexandersbad oder vom Josef Schmidt Kolleg, Bayreuth) kann Klarheit bringen, aber gehe locker damit um, mach Dir nicht den Streß, Gott und die Welt zu verplanen. Ein Zeitplanbuch soll ein »Erleichterer« sein, keine Gewissensfalle. Laß los, was für Dich unwichtig ist! Wenn Dich jemand anruft oder besucht, frage Dich: »Will ich den jetzt wirklich sprechen oder nicht?« - und sei ehrlich zu Dir selbst, sonst »wirst« Du gearbeitet, auch von Deinen Freunden. Auf der anderen Seite: Wenn Du jemanden empfängst, dann öffne Dein Herz und genieße und vergiß, was Du sonst noch alles tun wolltest, denn das Leben ist da, um gelebt zu werden!!!

Einige Anregungen – prüfe für Dich, ob Du damit etwas anfangen kannst: Auf Deinem Schreibtisch könnte zur Selbstmotivation Dein bestes Bild stehen, auch in der Brieftasche. Fasse Projekte zum Beispiel in Klarsichtfolien zusammen und füttere den Papierwolf, wo Du nur kannst. Nach jedem Arbeitsgang räume auf, auch zwischendurch. Dinge, die wenig Zeit brauchen, werden in der Regel zuerst erledigt, das erleichtert den Start in den Tag. Aber vor allem: mache Dir keinen Streß, auch nicht aus der Planung, und wenn die Sonne lacht und Du in der Eisdiele sitzt, dann wisse, daß das Universum Deinen Erfolg wesentlich besser steuern kann als 1000 Konzepte zusammen, und bestelle Dir lässig noch ein Eis, statt hastig und voller Schuldgefühle ins Büro zu rennen...

Frühwarnsignale erkennen

Sobald Streß auftaucht, solltest Du Dich in Harmonie bringen. Die Zeit, die Du nutzt, um Abstand zu gewinnen, holst Du tausendmal wieder rein durch mehr Klarheit, Rationalisierung und Gelassenheit. Oft entdeckst Du nach vielen Stunden Arbeit, daß Du das gleiche auch in einem kurzen Telefonat hättest erledigen können. Also: Warum nicht gleich Frühwarnsignale erkennen? Wenn Du ein wenig lernst, Dich genau zu beobachten, weißt Du ganz genau, wenn es für Dich Zeit ist, Abstand zu nehmen und wieder zu Dir selbst zu finden!

Streß, was tun?

Erst einmal tief Luft holen. Damit gewinnst Du Abstand. Dann frage Dich: Was kann schlimmstenfalls passieren? Und dann sage Dir: Ich habe jetzt Zeit für mich – und wechsele möglichst erst einmal den Streßort, mache eine kleine Entspannungsübung (das kann notfalls auch auf einen »stillen Örtchen« sein) und finde wieder zu Dir selbst! Also nochmals:

1. Tief Luft holen, ausatmen!
2. Was kann schlimmstenfalls passieren?
3. Ich habe jetzt Zeit für mich! Streßort wechseln, entspannen.

Viel zu wenig ist Deine Gesundheit erforscht.
Sicher ist jedoch, daß es unterschiedliche Grade von Gesundheit gibt.
Du kannst also auf alle Fälle Deine Gesundheit vertiefen.
(Prof. Dr. med. Michael Lukas Moeller)

Anti-Streß-Geheimnisse aus aller Welt

Jeder der Großen, die ich in meinem Leben kennenlernen durfte, hatte seine eigenen Anti-Streß-Geheimnisse, aber jeder hatte irgendein Geheimnis, sonst wäre er nie groß geworden. Hier ein paar Geheimtips. Finde für Dich heraus, was Du ausprobieren möchtest:

AUFRÄUMEN Dabei versuchen, die Gedanken zu leeren. Dadurch, daß Du im Außen aufräumst, räumst Du auch innerlich auf, irgendwie spürst Du, daß sich in Dir etwas ordnet, daß Du wieder klarer siehst. Ein bekannter Topmanager beginnt den Garten umzugraben, zu pflanzen – fast immer, wenn ich ihn besuche, finde ich ihn im Garten, da findet er wieder zu sich selbst, wie übrigens auch Konrad Adenauer.

JOGGEN oder SCHWIMMEN Eines der bekanntesten Anti-Streß-Geheimnisse. Morgens im Englischen Garten trifft man sie alle, die hohen Tiere, vom Direktor eines Farbenkonzerns bis zum Prominentensteuerberater, und sie wissen auch warum. Durch das Joggen läßt Du los, läufst Dir den ganzen Streß von der Leber. Wichtig: Locker sein, jeden Schritt einzeln genießen, nicht ankommen wollen, sondern mit den Gedanken ganz bewußt im »Hier und Jetzt« sein und den Alltag vergessen. Du kannst Dir ja eine Jogginguhr kaufen, wenn Du Angst hast, Termine zu verpassen. P. S.: Im Büro kannst Du auch »mental joggen«, um Dich wieder fit zu machen. Stelle Dir einfach drei Minuten lang vor, wie Du durch den Wald flitzt und erlebe, wie dadurch Dein Atem schneller und Dein Kreislauf fit wird.

BADEN Baden ist eine feine Sache gegen Streß. Das warme Wasser umspült einen, man kann den Streß ins Badewasser ablassen, man kann sich vorstellen, wie das Wasser durch den Körper hindurchfließt und auch innen reinigt. Ein wenig Bade- oder Duftessenz auf Honig geträufelt zeichnet den Genießer aus. Wenn Du im Büro bist und Dich nach einem Bad sehnst, kannst Du auch »mental baden«, d. h. Du stellst Dir einfach vor, wie es ist, zu Hause in der Badewanne zu liegen und zu baden und gehst mit allen Sinnen hinein in dieses herrliche Gefühl – und nach wenigen Minuten bist Du wieder topfit.

MUSIK HÖREN Auch hier gibt es einen Trick: Höre klassische oder Meditationsmusik und höre »jeden Ton einzeln«, so, als hörtest Du dieses Stück das erste Mal, und versuche, weder der Melodie vorauszueilen noch hinterher zu hinken, genau jeden Ton einzeln zu erleben – das entspannt, und wie!!!

LANGSAMLESEN Beim Langsamlesen kommt es darauf an, daß Du jede Silbe (nicht nur jedes Wort) einzeln und für sich liest, also ganz ganz langsam lesen, wie ein Erstkläßler, der das erste Mal versucht, eine Silbe zu lesen (mindestens 5 Sekunden pro Silbe), so langsam, daß die Wörter keinen Sinnzusammenhang mehr ergeben. Wenn Du im Streß bist, rotieren bei Dir die »mentalen Schallplatten«. Durch das Langsamlesen und gleichmäßige Betonen jeder Silbe wird die mentale Schallplatte »zerhackt«, d.h. Dein Bewußtsein wird wieder frei für das Wesentliche. Anfangs mag sich etwas gegen diese Übung sträuben, aber wenn Du Dir einen Wecker auf fünf Minuten stellst, brauchst Du keine Angst zu haben, durch diese Übung zu viel Zeit zu verlieren. Sage Dir einfach: Ich habe jetzt Zeit für mich – und fünf Minuten sind ja wirklich kein Zeitverlust. Über einen Absatz wirst Du nicht hinauskommen, aber: Nach diesen fünf Minuten wirst Du so entspannt sein, wie sonst nach einer Stunde »üblicher« Entspannungsübung. Wieder einmal bewahrheitet sich das Paradoxum: *Je langsamer, desto schneller!*

DIE HAND ÖFFNEN Eine Übung, die ähnlich unsinnig aussieht, aber genauso effektiv ist. Schaue auf Deine linke Faust und versuche dann, den Daumen so langsam zu öffnen, daß gerade »Energie« drauf ist, die Bewegung aber nicht zu sehen ist. Finde also genau die Mitte heraus zwischen »nichts tun« und »den Daumen bewegen«. Du mußt dabei ganz entspannt sein, sonst »ruckt« es. Es dauert etwa fünf Minuten, bis der Daumen oben ist. Wieder wirst Du verblüfft entdecken, daß Du nach nur fünf Minuten völlig entspannt bist. Wenn das nicht reicht, kannst Du mit den anderen Fingern weitermachen und sie genauso langsam wieder schließen (gut zur Entspannung im Wartezimmer etc.), und wenn Du Angst hast, Dich sieht jemand, dann mache diese Übung einfach mit den Zehen statt mit den Fingern.

ENTNEBELN Stelle Dir Streß als einen dicken Nebel vor und atme tief aus. Mit jedem Ausatmen stellst Du Dir vor, daß es Nebel ist, den Du ausatmest und daß es immer klarer wird. Versuche einmal so langsam zu atmen, daß ein Faden, der sich vor Deinem Mund befindet, sich durch den Atem nicht bewegen würde (zu Hause kann es hilfreich sein, dazu eine Kassette mit Musik tibetanischer Klangschalen zu hören).

ÜBER DEN ATEM SEHEN Schau Dich ruhig um in Deiner Umgebung, aber stelle Dir vor, daß nicht Deine Augen, sondern Dein Atem sieht, als wenn ein unsichtbares Band zwischen dem Ausatmen und dem, was Du siehst, besteht. Diese Übung bringt Dich bewußt ins »Hier und Jetzt« und verschafft Dir Geistesgegenwart, wo Du sonst versucht bist, Dich von Tagträumen oder »mentalen Schallplatten« einfangen zu lassen.

PUNKTSEHEN Setze Dich aufrecht mit geradem Rücken auf einen festen Stuhl. Der Solarplexus (Sonnengeflecht) ist offen (dadurch ist es am leichtesten für Dich, die Wirbelsäule gerade zu halten). Dann konzentriere Dich auf einen Punkt irgendwo an der Wand oder wo auch immer und beobachte Deine Gedanken. Wann immer ein Gedanke kommt, wirf ihn auf diesen Punkt und sage: »Jetzt nicht, jetzt beobachte ich diesen Punkt.« Durch die Fixierung der Augen auf einen Punkt wird das Bewußtsein ruhiggestellt – eine Art »spielerischer Konzentration«. Die Pupillen können bei dieser Übung ruhig weich sein, was einen zusätzlichen Entspannungseffekt ergibt. Es gibt auch Menschen, die lieber auf eine Kerzenflamme oder auf ein Bild sehen. Finde heraus, was für Dich stimmt.

NASENSPITZEN-SCHIELEN Manchmal ist »draußen« so viel Streß, daß Du ganz bei Dir bleiben möchtest. Indem Du mit den Pupillen auf die Nasenspitze schielst und Deinen Geist so auf diesen Punkt fixierst, kommst Du wieder in Deine Mitte. Diese Übung hat einen weiteren Vorteil: Sie ist unauffällig und bedarf keiner Hilfsmittel – Deine Nasenspitze hast Du immer bei Dir.

DIE »LICHTRAUTE« Eine hervorragende Übung, die Dich sofort wieder in Kontakt mit Deinem »größeren Selbst« bringt; die Wirkung ist für jeden, der gewohnt ist, »hinzufühlen«, wirklich einzigartig. Stelle Dir ein Dreieck vor, das von Deinen Schultern bis zur Kopfspitze verläuft. Dann klappe dieses Dreieck einmal nach oben, so daß eine Raute entsteht und klappe es noch ein weiteres Mal nach oben, so daß das gleiche Dreieck wie das erste jetzt vielleicht 40 cm über Deinem Kopf schwebt. Dort, wo die Spitze von dem obersten Dreieck ist, findest Du einen energetischen Punkt, der Dich sofort in Harmonie bringt – warum, weiß man gar nicht so genau, aber es funktioniert. Probiere es aus!!!

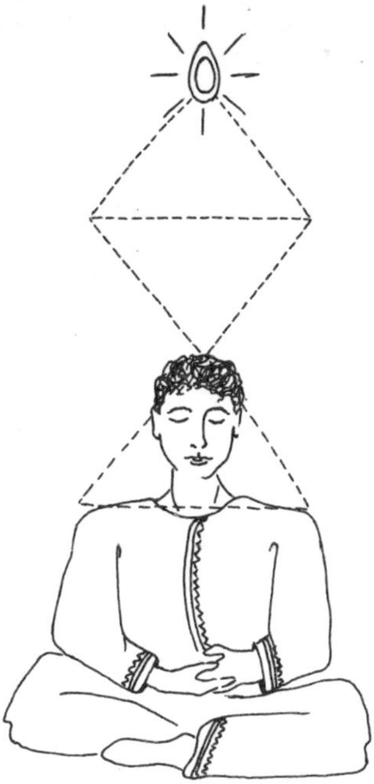

Die »4-11-Atmung« Gehe in die »Lichtraute« und stelle Dir vor, daß oben an der Spitze des oberen Dreiecks eine große Sonne ist. Beim Einatmen leuchtet diese Sonne hell auf, beim Ausatmen strömt Licht aus dieser Sonne herunter in und um Deinen physischen Körper. Atme vier Sekunden ein (zähle »einundzwanzig, zweiundzwanzig, dreiundzwanzig, vierundzwanzig«) und elf Sekunden aus; zwanzig Atemzüge bewirken oft Wunder. Aber: Bitte auch hier die Sache nicht vorantreiben. Wenn Du Atemzug Nummer siebzehn machst, dann sei mit dem Bewußtsein ganz bei dem, was jetzt geschieht, ohne an Atemzug Nummer sechzehn oder ans Fertigwerden zu denken. Die Übung wird so oder so fünf Minuten dauern (vier Sekunden plus elf Sekunden mal zwanzig), also genieße sie so gut Du kannst!

Die Lichtröhre Nimm die Hände nach oben, als wäre über Deinem Kopf eine goldene Lichtröhre, die Du herunterziehen wolltest. Beim Ausatmen ziehst Du die Hände nach unten und stellst Dir vor, daß Du mit den Händen kohärente (potentielle) Energie in Form von Licht in Deinen Körper ziehst. Zehn Mal können schon etwas bewirken.

AUTOGENES TRAINING Super und in jeder Volkshochschule zu erlernen. Durch Autogenes Training manifestierst Du, daß Du Deinen Körper im Griff hast und nicht umgekehrt. Du kannst Deinen Körper entspannen, warm oder schwer werden lassen, ganz nach Bedarf, und das zeigt Dir, daß Du mehr bist als Dein Körper. Für mich war es wie ein Wunder zu erleben, plötzlich mitten in einer sehr langatmigen Ganztagssitzung bei allem Streß völlig entspannt dasitzen zu können, während meinen Kollegen der Schweiß von der Stirn lief. Ja, ich konnte sogar zusehen und daneben liegen und völlig abschalten, als meine Freundinnen in Lugano gerade das Radio voll laufen hatten und ihre Koffer packten. Also unbedingt lohnenswert.

KUNDALINI-MEDITATION Eine gute Möglichkeit, Streß »abzuschütteln«, wenn man überdreht oder überladen ist. Wichtig ist, daß man bei dieser Übung nicht »pusht«, sondern die Übung so leicht wie möglich macht. (Kassette mit Anleitung erhältlich bei Rajneesh Services Köln.)

CHAKRA-SOUNDS-MEDITATION Eine kraftvolle und doch sehr sanfte Möglichkeit, seine Energiezentren »frei zu summen«. (Kassette mit Anleitung ebenfalls erhältlich bei Rajneesh Services Köln.)

DER PFLUG Diese Übung stammt aus dem Hatha-Yoga. Du kannst in jedem Lehrbuch nachlesen, wie sie geht. Die Wirbelsäule, insbesondere der Nackenbereich, wird gedehnt, die Bandscheiben können loslassen und die Energie fließt wieder. Insbesondere gut bei Kopfschmerzen u. ä.

WEITERE TIPS BEI KOPFSCHMERZEN Espresso mit dem Saft einer halben Zitrone ohne Zucker und ohne Milch trinken. Akupressur der entsprechenden Meridiane (oft reicht es schon, die Hände auf die Stirn zu legen oder die Nasenwurzel zu drücken).

DIE KIPPE Den Oberkörper im Stehen nach vorne fallen lassen, auspendeln und Wirbel für Wirbel wieder aufrichten.

DER »RIO-RUN« Sich im Liegen vorstellen, man rennt quer über den Strand von Copacabana und dabei mit den Füßen einen Dauerlauf imitieren, die Wirbelsäule loslassen und sich ruhig ein bißchen verausgaben.

DER BEINSCHÜTTLER Auf dem Rücken liegen, die Beine zur Decke strecken und kräftig ausschütteln, dabei tief atmen.

DURCH »MILCH UND HONIG GEHEN« Meditationsmusik auflegen und sich zur Musik sehr, sehr langsam bewegen, als würdest Du durch zähen Honig gehen – fördert das Körperbewußtsein.

Bodybuilding Bodybuilding ist eines der besten Vorbeugungsmittel gegen Streß, Ärger, Depressionen und überhaupt. Der Organismus kommt in Schwung, alle Organe werden zum Entgiften angeregt, die Energie geht von innen nach außen, Schlackstoffe werden abgebaut. Besonders effektiv ist Bodybuilding, wenn man danach in die studioeigene Sauna geht. Was ist Bodybuilding? Bodybuilding heißt nicht, einfach Muskelpakete anzusammeln, sondern seinen Körper mit Hilfe von Gewichten, aber auch mit Hilfe ganz anderer Methoden bewußt zu designen (eine zusätzliche Unterstützung auf diesem Weg kann die Kassette *Körpergestaltung* von Harald Wessbecher sein). Dein Körper ist ein Speicherplatz von Energie. Durch Bodybuilding speicherst Du Kraft in Deinem Körper und machst Deinen Körper stabil und streßunanfällig für Momente, in denen Du gerade aus der inneren Führung gefallen bist und wirst so verfügbar für größere Aufgaben. Bei der Wahl des richtigen Studios schaue Dir die Atmosphäre genau an. Sind nur Muskelprotze versammelt, oder wird dort auch Ästhetik, Charme und Schönheit großgeschrieben? Ich selbst trainiere in einem Studio, das sich auf Fotomodelle, Dressmen, Fernsehstars etc. spezialisiert hat – hier wird Schönheit großgeschrieben. Wer schön ist, bekommt bekanntlicherweise etwas geschenkt, und Schönheit auszudrücken könnte auch für Dich eine wunderbare Erfolgsspritze sein, denn Geschenke, die man aufgrund seiner Schönheit bekommt, haben eine weitaus schönere Rückwirkung auf die Seele als Almosen, die einem Häßlichen aus Mitleid zugeworfen werden. Das beste Ergebnis erzielst Du, wenn Du Dein Bodybuilding als Meditation betreibst. Laß ruhig Gewichte weg, aber spüre beim Training ganz genau in Deinen Körper, in jede einzelne Muskelfaser, denke an nichts anderes, verfolge jede einzelne Bewegung, ohne ihr voranzueilen oder ihr hinterherzuhinken, sei ganz bei der Sache. Benutze Bodybuilding, um Liebe zu Dir selbst zu manifestieren. Die Gedanken, daß Du während des Bodybuildings denkst, werden in Deinen Muskeln gespeichert – also denke Kraft, Feinheit und Ästhetik während Du trainierst. Ein wunderbares Vorbild, wie Kraft, Feinheit und Ästhetik miteinander verschmelzen können, ist auch der amerikanische Künstler und Bodybuilder Sri Chinmoy, dessen 60jähriger Körper an eine Schönheit erinnert, die die meisten von uns bereits als Twen verlassen haben. Nutze die Chance, Deine Jugend und Schönheit zurückzuerobern!!!

Die Leser meiner anderen Bücher oder Teilnehmer meiner Kurse möchte ich noch an folgende Übungen oder Fremdkurse erinnern: Den Yogasitz, die Schaukel, die Beinschere, die Seitensichel, den Sumpfwater-Massaitanz (zur Musik »Kalinka«), Feldenkrais, Rebirthing, Ohm-Singen, Mandala-Run (zur Musik »I'm the Leader of the Gang«), Chakra-Tönen, Nada-Brahma-Meditation, den Phantasieurlaub, den Energiekreislauf, den Feueratem, den Kosmischen Springbrunnen, Cat and Dog, Mudras, Gehmeditation, Massage, Metamorphose nach Robert St. John, Reiki, Alta-Major, Akupunktur, Meditationscenter, Sauna...

Experiment 1:

1. Notiere, was Du jetzt erkannt hast und was für ein Leben ohne Streß für Dich gerade ansteht, umzusetzen, zum Beispiel Zeitfresser, Streßmacher (nicht: Spaßmacher), Frühwarnsignale, Erfahrungen, Maßnahmen, Strategien. Anfangs werden es mehr praktische und handfeste Dinge sein, die Du mit Hilfe dieses Arbeitsblattes organisierst, später vielleicht mehr neueste Erkenntnisse als konkrete Dinge. Benutze auf jeden Fall Arbeitsblatt 1: Erkenntnisse für ein Leben ohne Streß!

Fazit von Lektion 1:

- Nutze die Chance, Deinen Willen auszudrücken.
- Nutze die Chance, Strukturen einzuhalten, wenn es Dir hilft.
- Nutze die Chance, Streßsignale als Bewußtseins-Auslöser zu verwenden. Du mußt Dir nicht merken, welche Übung Du dann machen solltest. Spüre einfach hin – Dein Körper sagt Dir schon, was er braucht.

Arbeitsblatt 1 (Muster)

Erkenntnisse für ein Leben ohne Streß

1 Niemand kann mich stressen, außer ich mich selbst.

2 Ich kann wirklich aktiv sein, ohne es in Streß ausarten zu lassen.

3 Streß bietet keinen Vorteil.

4 Ohne Streß habe ich bessere Chancen in jeder Beziehung.

5 Ich kann meinen Grips einsetzen, statt kämpfen zu müssen.

6 Wo ein Wille, da ein Weg – auch ohne Streß!!!

7 Niemals wird mir ein Wunsch gegeben ohne die Kraft, ihn zu verwirklichen.

8 Wenn ich mich erinnere, wer ich bin, gibt es keinen Streß!

9 Locker und leicht wird's auch erreicht!

10 Ohne Streß komme ich höher hinaus als mit Streß!

Arbeitsblatt 1

Erkenntnisse für ein Leben ohne Streß

1 ....

....

2 ....

....

3 ....

....

4 ....

....

5 ....

....

6 ....

....

7 ....

....

8 ....

....

9 ....

....

10 ....

....

Gleichnis 2:

Dem Fluß des Lebens vertrauen

Es gab einmal eine Ansiedlung von Geschöpfen am Grunde eines großen kristallklaren Flusses. Die Strömung des Flusses ging ruhig über alle hinweg – einerlei, ob jung oder alt, reich oder arm, gut oder böse: Die Strömung ging ihren eigenen Weg, denn sie kannte nur ihr eigenes, kristallklares Selbst. Jedes Geschöpf klammerte sich in der ihm eigenen Weise fest an die Zweige und Steine im Flußbett, denn ihre Art zu leben bedeutete Sich-fest-halten, von Geburt an hatte man ihnen beigebracht, der Strömung zu widerstehen.

Aber unter ihnen gab es ein Geschöpf, das eines Tages sagte: »Ich habe es satt, mich immer festzuhalten! Ich kann es zwar nicht mit meinen Augen sehen, aber ich vertraue trotzdem darauf, daß die Strömung weiß, wohin es geht. Ich werde loslassen, damit mich das Wasser forttragen kann, wohin es will; denn wenn ich mich weiter festhalte, werde ich vor Langeweile sterben.« Die anderen Geschöpfe lachten und sagten: »Du Narr! Laß nur los, und du wirst sehen, wie die Strömung, die du so sehr verehrst, dich packen und auf die Felsen schmettern wird, und du wirst schneller daran sterben als vor Langeweile!« Aber dieses Geschöpf hörte nicht auf sie: Es holte einmal tief Luft und ließ los und wurde sofort herumgewirbelt und von der Strömung gegen die Felsen geschmettert.

Aber noch rechtzeitig trug die Strömung das Geschöpf, das sich nicht mehr festhalten wollte, weiter, und es wurde nicht länger zerschunden oder verletzt. Und all die Geschöpfe, die sich stromabwärts angesiedelt hatten und die es nicht kannten, riefen: »Seht, ein Wunder! Ein Geschöpf wie wir, und doch fliegt es! Sehet, der Messias ist gekommen, uns alle zu erlösen!« Und der, den die Strömung getragen hatte, sagte: »Ich bin nicht mehr der Messias als ihr auch. Der Fluß tut nichts lieber, als uns zu befreien, wenn wir nur den Mut aufbringen, loszulassen. Unsere wahre Aufgabe ist diese Reise, ist dieses Abenteuer.« Aber sie riefen nur um so lauter: »Erlöser« und klammerten sich dabei an die Felsen, und ehe sie sich's versahen, war er gegangen, und sie blieben allein zurück und spannen ihre Legenden von einem Erlöser.

Lektion 2

Loslassen!

Suche nicht den Sinn des Lebens – verkörpere ihn!

Du bist kein armer Erdenwurm, Du bist ein gewaltiges Wesen mit unbegrenztem Potential. Zu Urbeginn der Zeit warst Du eins mit dem gewaltigen Energiepotential, das wir Gott nennen und erschufst mit ihm die Welt. Die Welt erschien wie ein winziges »Legoland«, mit dem Du vielleicht als Kind gespielt hattest, aber als »Gott« hattest Du nicht die Fähigkeit, niedrigere Vibrationen zu fühlen. Damit Du am »Legoland« richtig teilnehmen, es riechen, schmecken, fühlen konntest, erschufst Du Dir einen Raumanzug, der in derselben Dichte wie der Baum im »Legoland« schwingt. Du modelliertest Dir einen »Raumanzug« und hast Dich darin so stark hineingefühlt, bis ein Teil von Dir im »Raumanzug« drinnen war und begonnen hat, sich mit seinem »im Raumanzug sein« zu identifizieren. Es ist so, als ob man einen Regenwurm zerschneidet – beide Teile leben getrennt voneinander weiter, aber jeder geht von nun an seinen Weg. Der »Raumanzug« erlaubt Dir, andere Aspekte Deiner selbst zu berühren, zu umarmen, mit ihnen zu sprechen, zu fühlen und vor allem, Dich auszudrücken, wie immer es Dir entspricht, und das ist das eigentliche Geburtstagsgeschenk Deiner Inkarnation (lat.: Fleischwerdung)! Jesus war nicht dafür verantwortlich, Dich oder irgend jemanden zu retten. Durch seine Erkenntnis, daß er der auf der Erde erschienene Sohn Gottes war, wurde er sich selbst zum Erlöser! Jetzt ist es für Dich an der Zeit, Dir selbst zum Erlöser zu werden! Du bist nicht auf die Welt gekommen, um irgend jemanden zu »retten«! Du bist nicht auf die Erde gekommen, um bestimmte Dinge zu lernen oder durchzuarbeiten, an die Du Dich nicht einmal erinnern kannst, oder irgendetwas wiedergutzumachen, was Du in einem »früheren« Leben verbockt haben sollst. Es gibt keinen größeren Sinn im Leben als Dich auszudrücken, wie immer es Deinem Wesen entspricht – wenn Du das tust, dann lebst Du Dein Leben nach seiner höchsten Bestimmung! Ansonsten mußt Du auf dieser Ebene nichts, aber auch gar nichts zustandebringen.

**Deine einzige Verpflichtung im Leben ist,
Dir selbst treu zu bleiben.
Einem anderen Menschen
oder einer anderen Sache treu zu bleiben,
ist nicht nur unmöglich, sondern das Zeichen eines
falschen »Messias«.**

Wille und Hingabe

Um Dich auf dieser Erde auszudrücken, brauchst Du Willen und Hingabe. Wille und Hingabe sind keine Gegensätze, sondern Zwillingseigenschaften. Wo keine Hingabe ist, wirst Du mit Deinem Willen Probleme bekommen, und wo kein Wille ist, wird Dir all die Hingabe nichts nützen. Es gibt Menschen, die wollen um jeden Preis etwas »ganz Bestimmtes« erreichen, vergewaltigen dabei die halbe Schöpfung und wundern sich, wenn ihnen der »Führerschein« oder die »Lizenz zum Töten« entzogen wird. Auf der anderen Seite gibt es Menschen, die beschlossen haben, überhaupt nichts mehr zu wollen und sich dann wundern, wenn sie bettlägerig werden und der »Chef« sie abkommandiert. Hingabe ist göttlich, Wille ist göttlich, und wenn Hingabe und Wille miteinander spielen, nennt man das Harmonie! So wie es eine Frau im Geschlechtsakt genießt, vom Mann »genommen« zu werden, so ist es auch völlig O. K., etwas, was sich Dir hingeben möchte, für Deinen Willen »herzunehmen« – aber bitte ohne Gewalt und in Hochachtung vor dem Gegenüber, egal, ob dieses Gegenüber ein Mensch, ein Tier oder ein »Ding« ist. Aber: Laß dem Gegenüber die Wahl, ob es sich Deinem Willen hingeben möchte, vielleicht möchte es mit Deiner Energie nichts zu tun haben, und das ist auch O. K. Wenn Du dem Universum keine Wahl läßt, wie es auf Deinen Willen reflektieren soll, übst Du Gewalt aus, und als Antwort wirst Du solange einen auf den »Deckel« bekommen, bis Du lernst, Willen zu verkünden und gleichzeitig dem Universum die Wahl zu lassen, wie es auf Willen reagieren soll. Also sage: »Herr Ober, am liebsten Cordon bleu, aber wenn das heute nicht auf der Speisekarte steht, mache ich deswegen auch kein Theater. Ich bin auch mit ›Forelle blau‹ zufrieden!«

Nachfolgend eine Übung, die Dir hilft, zu erkennen, daß der Ausdruck Deiner Willenskraft nicht unerwünscht ist: die »Badewanne«: Stelle Dir eine Badewanne vor, in der lauter bunte Farben schwimmen, orange, gelb, lila, und alle sind sehr friedlich miteinander, aber sie langweilen sich ein wenig. Und dann fällt ein Topf mit roter Farbe vom Badezimmerschrank direkt in die Badewanne, und die anderen Farben freuen sich über das Temperament der roten Farbe und springen alle in die Höhe und tanzen mit der roten Farbe, und es entstehen wunderbare Farbenspiele, und die Langeweile ist plötzlich weg, und jeder ist froh über diesen tollen roten Typ.

»Und eine Stimme sprach zu ihm auf dem Berg,
eine Stimme, die weder männlich noch weiblich war.
Und diese Stimme sprach zu ihm:
›Nicht mein Wille, sondern Dein Wille geschehe,
denn Dein Wille ist auch der meine.‹«

Deinem Willen auf die Spur kommen!

Wille ist immer da, Du brauchst Willen nicht zu erzeugen. Schließlich war es Willenskraft, die Dich entstehen ließ. Es ist Dein Wesen, auf dem wilden Hengst des Willens durch die Täler der Erde zu reiten. Wie offenbarst Du jetzt diesen Willen? Indem Du Dich fragst: »Um wessen Willen handelt es sich eigentlich?« Es ist das »Göttliche« in Dir, das will, und alles, was Du tun mußt, ist, das »Göttliche« auch wollen zu lassen, was immer es will. Du brauchst also Willen nicht zu erzeugen, sondern nur die Illusion des Nichtwillens loszulassen. Nichtwillen ist tatsächlich eine Illusion. Selbst wenn Du nicht arbeiten willst und auf der Couch liegenbleibst, so manifestierst Du doch in Wahrheit einen Willen zum »auf der Couch liegen«, – und was für einen Willen Du hier verkörperst: Trotz Wecker, Kundenanrufen, Terminen willst Du auf der Couch liegenbleiben, wenn das kein Wille ist! Und wenn Du dann arbeiten willst, dann nimmst Du eben den gleichen Willen, den du zum »auf der Couch liegen« hattest, und drehst ihn nur um, – so einfach ist das! Wenn Du glaubst, Dich willenlos zu fühlen, beobachte einmal, was für einen Willen Du verkörperst, und Du kommst schnell darauf, daß Du schon immer gewollt hast, nur manchmal anders, als Dein Ego gerade gedacht hat. Wenn Du nicht weißt, wofür Du Willen verkörperst, dann schau in Dein Leben, wo Du bereits erfolgreich bist und liebe Dich dafür!

Offenbarung und Widerstand

Sobald Du Willen offenbarst, entsteht Widerstand! Offenbarung und Widerstand sind Zwillingseigenschaften, die zugleich auftauchen – keine Offenbarung ohne Widerstand! Mit Offenbarung meine ich jetzt nicht die Dinge, bei denen Du sowieso schon manifestiert hast, daß es klappt, wie zum Beispiel Radfahren, Cola trinken oder Jogging. Aber: Als die Bilder laufen lernten, also als Du das erste Mal begannst, Dich auf Deinen zwei Beinen zu bewegen, da sah das Ganze ziemlich tolpatschig aus – oder nicht? Wenn ein Samenkorn sich als Pflanze offenbaren will, muß es durch die dunkle Erde hindurch und manchmal sogar durch die »Asphaltdecke« einer Straße, und das kann schwierig sein. Die Tatsache, daß es zarte Pflanzen gibt, die sogar durch die »Asphaltdecke« ans Licht kommen, zeigt, wie stark »Wille zum Leben« ist! Als wir geboren wurden, haben wir uns durch den Widerstand des Geburtskanals hindurchbewegt. Jedesmal, wenn wir Willen offenbaren, gehen wir durch einen Widerstand. Ob dieser Widerstand nur eine dünne Humusschicht oder eine dicke Asphaltdecke ist, liegt daran, was zu welcher Zeit wie offenbart werden soll. Ein gutes »Timing«, ein geeignetes »Umfeld«, d.h. ein »Feld«, das sich bearbeiten läßt, gehören dazu, das ist ein Zeichen von »Grips«. Keine Offenbarung ohne Widerstand – und umgekehrt: Kein Widerstand ohne eine nachfolgende Offenbarung. Wenn also irgend etwas in Dir hochkommt, denke nicht, daß Du einer Therapie bedarfst – ein »göttliches« Wesen braucht keine Therapie! Die Widerstände sind nur die »Hanteln«, an denen Du trainierst. Widerstände sind ganz normal und erscheinen immer dort, wo Du etwas noch nicht offenbart hast. Wer meint, er lebe so ganz ohne Widerstand ruhig vor sich hin, der soll doch einmal seinen Puls fühlen, – vielleicht ist er schon tot! Ein »Mäuerchen« ist keine Pflichtübung, sondern eine Kür.

Schlage das Arbeitsblatt unter Experiment »Willensbildung« auf. Notiere zehn Lebensbereiche. In der Spalte daneben notierst Du für jeden Lebensbereich den *aktuellen Zustand (Z–)*, d.h. Du notierst »ungeschminkt die Sache, wie sie ist, ohne etwas zu beschönigen, aber auch ohne Selbstmitleid, Du schaust einfach der Wahrheit ins Auge. Dann überlegst Du Dir, was das *kleinstmögliche* Erfolgserlebnis sein könnte. Das kleinstmögliche Erfolgserlebnis muß so klein sein, daß die Erfüllung in greifbare Nähe rückt, auf der anderen Seite muß es so erstrebenswert formuliert sein, daß dieses Ziel Begeisterung in Dir weckt. Die Begeisterung entsteht aber aus der *Art der Formulierung*, nicht aus der Größe des Zieles. Ist das Ziel zu hoch gesteckt, verpaßt Du es, weil Du auf dem Weg bis zur Erfüllung verhungerst. Hast Du zum Beispiel 60 000 DM Schulden, und Dein Ziel ist es, schuldenfrei zu sein und darüber hinaus ein neues Auto zu haben, ist dieses Ziel für den Anfang möglicherweise zu groß, demotivierend, verführt zur Tagträumerei. Nehmen wir an, es erscheint durchaus realistisch, Geld zu verdienen, das zur Rückzahlung der Schulden zur Verfügung steht, dann könnte eine motivierende Zielformulierung lauten: »Kontinuierliche Rückführung der Schulden!« Also, die Latte nur wenige Zentimeter höher legen, aber die Sache so gut formulieren, daß es motiviert, dafür etwas zu tun, das ist der Trick. Das kleinstmögliche Erfolgserlebnis, den sogenannten positiven Zustand, der Dich motivieren soll, nennen wir *Vision (Z+)*. Die Vision sollte, wie gesagt realistisch, meßbar und motivierend formuliert sein. Damit die Vision bei Dir eine Chance hat, brauchst Du noch einen Hebelpunkt, einen »Kasus Knaktus«. Es braucht sehr viel Feingefühl, Intuition und Ehrlichkeit sich selbst gegenüber, diesen »Kasus Knaktus« herauszufinden. Frage Dich selbst einmal: »Was ist es, was die Sache ins Rollen bringt, was muß ich noch erkennen, was ist mein persönlicher Türöffner, den ich noch entdekken muß?« Gehe mit dieser Frage immer wieder spazieren. Wenn Du zum Beispiel Schulden hast und finanziell vermögend sein willst, kann es sein, daß die Bereitschaft, Verantwortung für Geld zu übernehmen, bei Dir der Hebelpunkt ist. Es kann aber auch das Thema »Wertschätzung« oder »Selbstwert« sein – finde es heraus! Wenn Du den »Kasus Knaktus« wirklich gefunden hast, wenn es also wirklich »klick« gemacht hat, dann wirst Du merken, daß sich Dein Leben ändert – die Vision beginnt, sich durch Dich auszudrücken. Wenn nicht, nimm Dein Blatt erneut zur Hand, streiche den »KK«, der nicht stimmt, durch und finde den richtigen.

Es braucht das Feingefühl eines Akupunkteurs, um genau den Punkt zu treffen, der die Sache ins Rollen bringt – wenn Du Dir aber die Mühe machst, dann wirst Du reich belohnt werden! Der Erfolg stellt sich dann von selbst ein, kommt mit aller Macht auf Dich zugerollt, und Du mußt Dich um dieses Thema ein Leben lang nicht mehr kümmern!

Über die Grenzen des Denkens hinausgehen!

Wenn ich das Wort »Grenze« höre, werde ich meistens ganz wild, ich bin nicht umsonst ein Widder. In meiner Jugend war gerade der Song *Keep on running* in, und das war auch lange Zeit mein Motto. Mit sechzehn Jahren stand ich morgens um 5.00 Uhr in der Früh auf und begann mein Jogging, bevor ich zum Bodybuilding und Training am Punchingball überging. Mein Idol war damals Muhammed Ali bzw. Cassius Clay, wie er damals noch hieß, und ich hatte im Keller einen Boxring aufgebaut, in dem ich mit meinen Freunden damals spaßeshalber boxte, bis einer meiner Freunde versehentlich einen »Uppercut« von mir erwischte und dabei k. o. ging und es Ärger gab. Jeden Morgen lief ich zum Nachbardorf und zurück, immer am Rhein entlang, und der kleine Jagddackel, den meine Eltern damals hatten, lief mit mir um die Wette. Während ich lief, dachte ich daran, daß jetzt sicherlich Cassius Clay auch seinen Dauerlauf machte, und das ermutigte mich, schneller zu laufen und zu versuchen, auch Radfahrer zu überholen oder zumindest mit ihnen Schritt zu halten. Der Langstreckenlauf war für mich die Grenze, an der ich täglich trainierte. Wir müssen über die Grenzen hinausgehen, wenn wir den Herausforderungen der Zeit gewachsen sein wollen. Schlage einmal Experiment 2 auf und versuche, alle neun Kreise des Würfels mit drei Strichen zu verbinden, ohne abzusetzen, ohne den Strich zu knicken und ohne zurückzufahren.

**Wenn Du nicht weißt, was Du tust,
hast Du keine andere Chance,
als genauso falsch weiterzumachen wie bisher!**

Wodurch begrenzt Du Dich?

Um über Dich hinauszuwachsen, mußt Du erst einmal Deine Grenzen kennenlernen. Vielleicht denkst Du, Begrenzungen anzuschauen ist negatives Denken? Ganz im Gegenteil: Feind erkannt, Feind gebannt. Wenn Du Tennisspieler bist und nicht weißt, daß Du beim Aufschlag den Ball immer zu hoch wirfst, kannst Du üben, soviel Du willst, Du wirst immer »mehr vom gleichen Mist« produzieren. Sobald jemand Dich bittet, auf diesen Lapsus zu achten, wird Dein »innerer Pilot« automatisch den Ball richtig werfen.

Schlage Experiment 2 auf. Notiere die Headline »Das Loslassen der Begrenzungen in bezug auf: ›Ich bin der totale Erfolg auf allen Ebenen‹ «. Dann frage Dich: »Wodurch begrenze ich mich?« Du siehst, daß wir ganz bewußt die Headline »Ich bin der totale Erfolg auf allen Ebenen« und »Das Loslassen der Begrenzungen bezüglich ...« darübergestellt haben, denn es handelt sich hier nicht um »Therapie« (als wenn da etwas bei Dir nicht stimmt), sondern um Ausdehnung. Wir wählen als Formulierung ganz bewußt: »Wodurch begrenzt Du Dich« und das zeigt schon, daß Du Dich begrenzt, und wer sich begrenzt, der kann sich auch wieder »entgrenzen«. Liste alle Begrenzungen auf! Stelle Dir vor, Du machst »Großräumaktion« in Deiner Wohnung. Stelle Dir vor, wie Du allen alten Müll aus Deiner Wohnung herauskehrst, und manchmal darf es dabei auch rabiat zugehen oder ganz sanft, wie es Dir entspricht. Gehe ganz in dieses Bild hinein und benutze den Atem (siehe die Übung »Entnebeln« aus Lektion 1) um diesen »Kehraus« zu verstärken. Steigere Dich richtig 'rein und verbinde die geistige Übung mit Grenzen, die Du in Deinem wirklichen Leben loslassen möchtest.

Wie Du den Panzer der oktroyierten Begrenzungen sprengst

Die meisten Menschen sind mit großen Kinderaugen ins Leben gegangen und haben riesige Träume gehabt, was sie in ihrem Leben alles anstellen wollten, – vielleicht kannst Du Dich an einige dieser Träume erinnern. Und dann haben sie einen auf den Deckel bekommen und haben ihren Horizont kleiner geschraubt und noch kleiner und noch kleiner, bis fast nichts mehr übrig geblieben ist.

Stell Dir vor, im Kino wird ein Film gezeigt, aber Du siehst immer nur das allerinnerste Quadrat, weil alles andere mit Vorhängen zugehängt ist. Jetzt erobere dieses Terrain zurück.

Sieh Dein gegenwärtiges Leben durch den kleinen Ausschnitt und dann beginne, Dich auszudehnen. Schließe jetzt die Augen und vollziehe diese Übung geistig. Manchmal kannst Du Dich nicht nach allen Seiten zugleich ausdehnen, weil die vier »Wände« wie ein Gummipuffer Dich immer wieder zurückschnellen lassen. In diesem Fall teile das große Quadrat geistig in vier Dreiecke, indem Du zwei Diagonalen ziehst, und schneide den Panzer der Dir selbst aufgezwungenen Grenzen erst einmal in vier »Tortenstücke«.

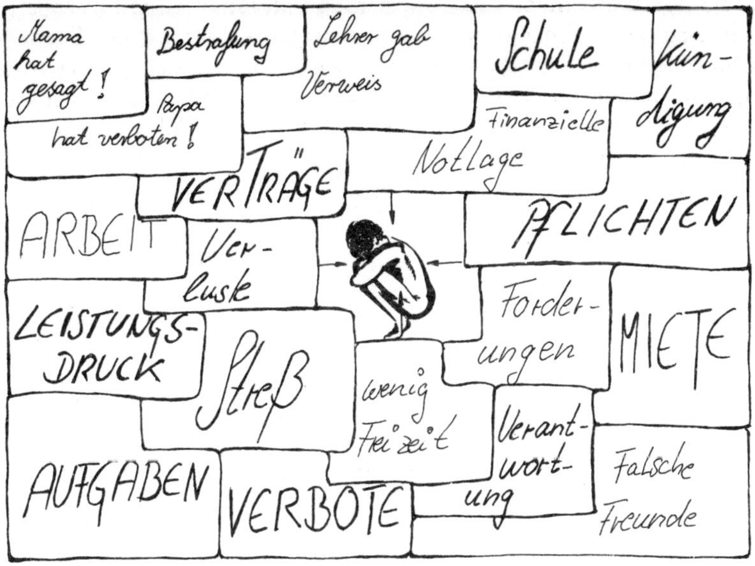

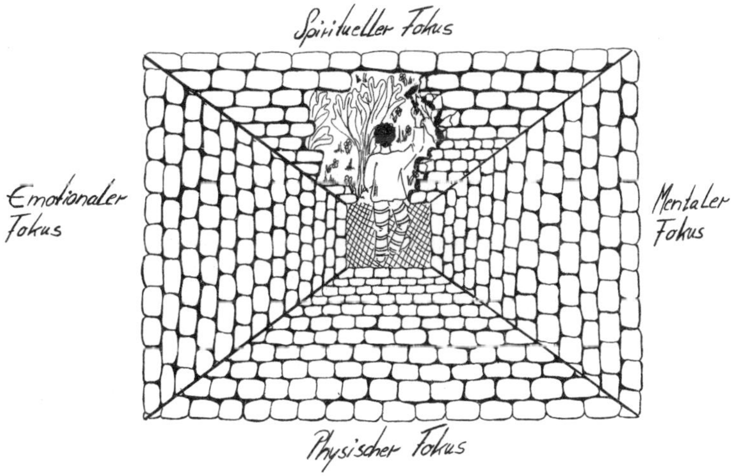

Dadurch ist ihm die »Ringkraft« genommen. Jetzt beginne geistig, nur eines der vier Dreiecke freizulegen. Du kannst Dir vorstellen, daß Du es mit einer Schaufel frei schaufelst oder daß Du es mit einem Preßlufthammer zerbröselst oder daß Du es herausstemmst – Deiner Phantasie sind keine Grenzen gesetzt. Wenn Du willst, kannst Du Bretter zum Abstützen hernehmen, damit die Sache nicht zugeschüttet wird – also entscheide Dich, ob Du Dich erst oben, unten, rechts oder links freilegen möchtest. Oben freilegen könnte bedeuten, erst einmal eine unumstößliche Beziehung zu Gott aufzubauen, unten freilegen könnte bedeuten, erst einmal auf den Boden der Tatsachen zu gehen. An der linken Seite freilegen könnte bedeuten, erst einmal die Vergangenheit komplett loszulassen, und vorne freilegen könnte bedeuten, erst einmal die Bahn freizumachen für etwas Neues. Es kann aber auch etwas ganz anderes bedeuten; Du allein entscheidest. Wichtig ist, daß Du diese Übung machst, denn alles, was Du hier geistig vollbringst, geschieht auch Deinem Zellbewußtsein, Deinem Grips, Deinem Körper – neue, ungeahnte Möglichkeiten und Erfindungsreichtum schaffen dann auch auf der äußeren Ebene Voraussetzungen für unvorstellbare Dinge. Viel Spaß bei der Übung!

Loslassen kann man lernen

Wann immer Du in Streß kommst, liegt es daran, daß Du gerade irgend etwas nicht loslassen kannst. Streß entsteht, wenn Du an irgend etwas festhältst, als hinge Dein Leben davon ab! Das einzige, was Du zu tun hast, wenn Streß erscheint, ist, Dich selbst zu beobachten und zu überlegen: »Was kann ich jetzt loslassen?« Dies ist die einzige Frage, die Du brauchst, und wenn Du Dich genau betrachtest, Deine Gedanken, Gefühle, Empfindungen, die falschen Vorstellungen, wie Erfolg zu »erscheinen« hat, dann weißt Du, was Du loszulassen hast. Ein kluger Mann sagte einmal: »Der Weg zur Vollkommenheit ist sehr einfach. Du mußt nur die Illusion der Unvollkommenheit loslassen, und Vollkommenheit ist!« Wenn Du aber ein »wahrer Erfolgsmensch« bist, läßt Du nicht nur los, sondern gehst darüber hinaus, und dafür gibt es zwei Wege, die wir uns nachfolgend anschauen wollen.

Schlage jetzt aber erst einmal Experiment 2 auf und liste auf: »Was kann ich loslassen?« Sei dabei so präzise und konkret wie möglich, halte Dich also nicht mit Allgemeinplätzen auf, sondern nimm konkrete Beispiele aus Deinem aktuellen Lebensweg.

Der Weg der Widerstandslosigkeit

Unterscheiden wir erst einmal zwischen Widerstand und Disharmonie. Disharmonie ist, wenn Du Dich nicht wohl fühlst, Du das Gefühl hast, der Körper ist überladen oder irgend etwas sitzt quer. Disharmonien beseitigst Du am besten, indem Du wieder in die Harmonie gehst, und das kannst Du zum Beispiel mit den Übungen aus Lektion 1 tun. Widerstand geht darüber hinaus. Widerstand ist, wenn Du Dich insgesamt völlig O. K. fühlst, aber Du etwas wandeln möchtest, und das klappt nicht so einfach. Ein Widerstand kann auftauchen, wenn ein attraktiver Mensch vorübergeht und Du ihn ansprechen möchtest, wenn ein wichtiges Kundengespräch bevorsteht und Du das Gefühl hast, keine Energien für den Termin zu haben, wenn ein Projekt bevorsteht und Du glaubst, es nicht managen zu können – das alles sind Widerstände. Bevor wir uns an Widerstände heranmachen, sollten wir erst einmal in Harmonie sein, genauso wie man vor einer Bergbesteigung zumindest erst einmal das Schuhzeug in Ordnung bringen sollte.

Es gibt viele Wege, mit Widerständen umzugehen. Ungeschickt ist es, einfach nur dagegen zu sein, denn je fester Du gegen eine Wand drückst, um so fester drückt sie zurück, es ist dann so, daß der Widerstand von Deiner Kraft lebt.

Zwei passable Wege sollen hier beschrieben werden, der der Widerstandslosigkeit und der der Kraft. Der Weg der Widerstandslosigkeit (Ahimsha) findet im Herzchakra statt und lehrt Dich Demut, der Weg der Kraft findet im Stirnchakra statt und lehrt Dich dienen, was letztlich aufs gleiche 'rauskommt. Wenn Du Dich für den Weg der Widerstandslosigkeit entscheidest, dann gehe in Dein Herz, fühle in Dein Herz und übergib die Sache an den Schöpfer. Es ist so, als wenn ein Pöbel Dich zum Tanz auffordert, und Du sagst: Lieber Gott, tanz Du mit ihm! – Dieser Weg wird oft belächelt, aber er funktioniert. Wer sich für den Weg der Widerstandslosigkeit entscheidet, kann genauso Erfolg haben, wie der der den Weg der Kraft geht, denn jeder Widerstandslose ist unwiderstehlich. Auch Gandhi hatte Erfolg, und was für einen!!! Es kann allerdings sein, daß das »Göttliche« in Dir diese Erfahrung schon kennt. Wie wäre es dann für Dich, einmal den »Weg der Kraft« auszuprobieren?

Der Weg der Kraft

Du kannst Dich entscheiden, Widerstände, die Dir im Leben begegnen, für Dein persönliches »Bodybuilding« zu benutzen, einfach indem Du sie freudig begrüßt. Du sagst: Klasse, endlich mal wieder eine Wand, die ich niederrennen darf, (bzw. auflösen für diejenigen, die keine Widder sind). Wenn Du diesen Weg gehst, schau nie aufs Ergebnis. Die Tatsache, daß Du Dich herausbringst, ist bereits der Erfolg. Und es ist nicht gesagt, daß es so kommen muß, wie Du willst. Aber es entsteht dadurch die Möglichkeit für eine Möglichkeit – und Du sollst wissen, warum ich es so vorsichtig formuliere: Mir geht es nicht um das, was Du bereits manifestiert hast, daß es klappt, mir geht es hier um Mäuerchen, von denen Du früher wirklich gedacht hast, daß sie zu hoch sind. Und da ist dieser Weg eine Chance, die Latte jedesmal ein wenig höher zu legen – ohne Leid, ohne Pein und ohne Frust!

Nehmen wir einmal an, Du gehst durch die Stadt und Dir begegnet eine attraktive Frau oder ein toller Mann. Du denkst: »O ja, den oder die würde ich gern kennenlernen.« Und während Du das denkst, kommt ein zweiter Gedanke: »Ich glaube, der mag mich nicht«, und ein dritter: »Ich bin im Moment nicht attraktiv«, und dann kommt noch eine Empfindung dazu, »Migräne« und noch ein Gefühl »Bitterkeit«. Normalerweise läßt Du diese Chance vorüberziehen oder versuchst es, bist aber so schlecht »drauf«, daß die ganze Sache schief läuft, und schon kommt ein weiterer Gedanke: »Ich wußte doch, daß es nicht klappt«.

Du kannst natürlich die Sache »Gott« übergeben oder einfach anerkennen, daß da Widerstände sind, Dich dafür lieben und in aller Ruhe einen Kaffee trinken gehen – wenn Du die Sache wirklich in Liebe einwickelst, kommt alles sowieso von selbst. Du kannst die Sache auch über Dein Ego angehen, wenn es Dir Spaß macht, denn auch das Ego ist , »göttlich«. Du mußt es nicht, wohlgemerkt, das Leben bringt Dir sowieso alles, wenn Du liebst. Aber: Wenn es Dir gerade Spaß macht, stark zu sein, dann ist das Deine Methode!!!

Was für die Raupe das Ende der Welt ist,
nennt der Meister einen Schmetterling.

Was sind Glaubenssätze, und wie gehst Du über sie hinaus?

Die Erde ist eine Scheibe, dachten die Menschen, aber Christoph Kolumbus entdeckte Amerika. Wir glauben zu »wissen«, was für unseren Sohnemann gut und richtig ist, wie der Freund am besten Karriere macht und wie die Ehefrau mit ihrer Freundin umgehen soll, und dann entdecken wir eines Tages, daß plötzlich alles ganz anders ist. Glaubenssätze entstehen durch Erfahrungen. Wenn wir als kleines Kind auf die Welt kommen, wissen wir weder, was ein Neger ist, noch was er tut, noch wofür er gut ist. Und dann begegnen wir das erste Mal jemandem mit dunkler Hautfarbe, und dieser jemand ist zuvorkommend oder ablehnend, einfühlsam oder grob, und schon haben wir uns ein Bild davon gemacht, wie Neger sind. So entstehen Vorurteile wie »Hunde, die bellen, beißen nicht«, »blonde Frauen sind sexy«, »Fleischfresser sind dumm« usw.

Alle diese Glaubenssätze sind nicht falsch, denn es gibt Hunde, die bellen und nicht beißen, es gibt blonde Frauen, die sexy sind, und es gibt Fleischfresser, die dumm sind – aber ist das immer so? Gibt es nicht auch Hunde, die bellen und beißen, blonde Frauen, die nicht sexy sind, und Fleischfresser, die intelligent sind? Glaubenssätze sind also nicht falsch, sie begrenzen Dich nur, wenn Du glaubst, genau das sei die einzige Möglichkeit! Wenn Du nach einer sexy Frau suchst, und es sind nur dunkelblonde Frauen in dem Café, dann kann es sein, daß Du aufgrund des Vorurteils wieder 'rausgehst. Wenn Du glaubst, nur weil Waldi nicht bellt, beißt er auch nicht, dann kann es sein, daß Du bald beim Onkel Doktor vorbeischauen darfst, weil Waldi nämlich doch beißt. Und wenn Du Appetit auf Fleisch hast und es nicht ißt, weil Du meinst, es macht Dich dumm, dann kann es sein, daß Du eines Tages mit Eiweißmangel auf der Nase liegst, falls Du kein pflanzliches Eiweiß zu Dir nimmst. Glaubenssätze begrenzen Dich dadurch, daß sie Dir Scheuklappen aufsetzen; sie sind wohl richtig, aber sie begrenzen Dich. Natürlich ist es gut, wenn Du Neger, Hunde, blonde Frauen etc. erst einmal in Deinen »Computer« einsortieren kannst, denn es kann ja sein, daß für Dich Neger meistens zuvorkommend sind, Hunde Dich nicht beißen, blonde Frauen für Dich sexy sind, aber dann bist Du aufgefordert, »Querstraßen« zu denken, d.h. darüber hinauszugehen. Ein Glaubenssystem ist wie eine kleine Hütte. Sie gibt Dir ein wenig Schutz und Sicherheit, aber irgendwann einmal fordert Dich der Wind, Familienzuwachs oder was auch immer auf, eine neue, bessere Hütte aufzubauen. Ganz ohne Glaubenssysteme ist schwer zu leben, denn wer will schon nur im Freien oder bei Freunden leben?

Zum Bereich »Glaubenssätze« gehören auch: Vorurteile, Erwartungen, Schablonen und Vorstellungen, wie dieses und jenes ist oder zu sein hat (und doch nicht ist). Wenn Du glaubst, daß Erfolg mit harter Arbeit zu tun hat, eine gute Schulbildung voraussetzt, nur in der Großstadt möglich ist und Du Arbeiter bist und auf dem Land wohnst, verpaßt Du einiges. Glaubenssätze haben nichts mit Dir zu tun, sie sind da, wo sie herkommen, es ist nicht Deine Sache, ob von Papa, Mama, dem Lehrer – es ist, als wenn jemand Schnee vor Deine Tür gekippt hat und Du ihn einfach wegschippst. Es lohnt sich also schon, Deine Glaubenssätze und Vorurteile aufzudecken und darüber hinauszugehen. Hätte ein Thomas Alva Edison das nicht getan, wäre die Glühbirne nicht erfunden worden und wir würden vielleicht heute noch im »Dunkeln« sitzen.

**»Stelle Dir das Weltall schön, gerecht und vollkommen vor, dann aber sei sicher:
Das Sein hat es sich viel besser vorgestellt als Du.«**

Begrenzungen durch Glaubenssätze aufdecken

Nachfolgend vier Methoden, wie Du »blinde Flecken« herausfinden und übersteigen kannst, vier Methoden für »neue Augen«:

METHODE 1: CHANNELING Du hast einen guten Draht zu Deinem größeren Selbst, dem Chef, Deinem Schutzengel oder wie immer Du es nennen willst und läßt Dir die Antwort im Alltag, in der Meditation oder im Schlaf eingeben. »Channeling« ist sehr einfach und funktioniert ohne große Anstrengung, wenn man es einmal gelernt hat, und wird heute schon von vielen Topmanagern genutzt. Aber: Es kann sein, daß die Antwort so wenig in Dein Glaubenssystem paßt, daß Du sie nicht hören willst, und wenn Du die Leitung immer abschneidest, wenn der »Chef« auf genau das Thema zu sprechen kommt, dann kann es sein, daß deshalb der Groschen nicht fällt. »Channeling« hilft immer da, wo Du prinzipiell offen bist. Trainer und Seminarleiter haben es manchmal etwas leichter, weil sie von ihren Schülern oft genau das gefragt werden, was sie selbst am dringendsten lernen müssen, und wenn der Seminarleiter gewissenhaft ist und an seiner eigenen Energie merkt, ob er gerade »channelt« oder Pauschalaufzählungen gibt, kann er daraus Nutzen für sich selbst ziehen. Also, kein falscher Respekt, wenn Dir jemand tolle Antworten geben kann, es heißt nicht, daß er es selbst schon kann und muß er auch gar nicht, es heißt nur, daß er eine gute Intuition hat und Dir mit der Antwort dient – was Du damit machst, ist Deine Sache. Channeling ist auch ideal für sensible Menschen, die gerne in der Stille arbeiten.

METHODE 2: KONTAKT UND KOMMUNIKATION Wenn Du mit jemandem über ein Thema sprichst und merkst, daß der andere genau entgegengesetzter Meinung ist, dann hast Du oft die Chance, die Wahrheit hinter dem Schein zu entdecken. Die »Reibung«, die durch eine wirklich aufrichtige gemeinsame Untersuchung entsteht, erzeugt das Licht der Erkenntnis, und wenn es brenzlig wird, kann es sein, daß plötzlich das »größere Selbst« durchbricht, man sich beim Reden zuhört und Weisheiten von sich gibt, die einen selbst verblüffen. Kontakt und Kommunikation sind eine hervorragende Ergänzung zum »Channeling«, und Du mußt ja dabei nicht Dich selbst in Frage stellen. Auch diese Methode hat einen Nachteil: Es kann sein, daß der andere Dir eine »alte Schallplatte« aufschwatzt und Du darauf hereinfällst. Du mußt also genau hinhören, dann erkennst Du, wer wirklich mit Dir spricht. Kommunikation ist ideal für kontaktfreudige Menschen, die gerne mit anderen zusammen sind. Nachfolgend eine Übung, die Dir helfen kann, mit anderen über ein Thema offen zu kommunizieren, ohne Dich persönlich angesprochen zu fühlen: Stelle Dir vor, Du sitzt mit Deinem Partner oder jemand anderem, bei dem es gerade wichtig ist, zusammen und schaust ihm liebevoll in die Augen. Eine Verbindungsschnur verbindet Eure Herzen miteinander. Und dann erscheint auf der Leinwand außerhalb von Euch eine Sache, über die Du mit diesem Menschen sprechen möchtest. Die Sache ist wohlgemerkt außerhalb, auf der Leinwand. Jetzt beginnst Du dem anderen die Situation auf der Leinwand zu erläutern, aber so, als beschriebst Du eine Landkarte. Verwende nach Möglichkeit weder das Wort »ich« noch das Wort »Du« um zu vermeiden, daß einer von Euch sich mit der Sache identifiziert. Ein befreundetes Ehepaar tut das schon seit langem, indem beide ihr Gespräch auf ihre beiden Dackel projizieren und sagen: »Der Waldi hat sich heute geärgert, weil der Kaffee kalt war.« Eine gute Idee, aber wir können es noch leichter machen; in diesem Fall würden wir sagen: »Der Kaffee war heute morgen kalt, und da kam Ärger hoch ...« Mache jetzt die Übung für Dich anhand eines Beispiels und in Zukunft immer dann, wenn es aktuell ist, zum Beispiel vor der Vorstandssitzung, wenn Du einem Kollegen etwas »beichten« mußt etc. (Vergleiche dazu auch die TIP- und die ERD-Technik aus meinem Buch *Nie mehr ärgern*).

METHODE 3: ABENTEUER Es gibt Menschen, die wollen etwas erleben und sagen: Lieber dreimal hereingefallen, als zu Hause versauert. Sie vertrauen dem Leben, lassen sich, so gut es geht, »führen« und experimentieren nach der »try and error«-Methode. Du brauchst ein ganz gutes Selbstbewußtsein, um das durchzuziehen, und die Methode hat auch einen Nachteil: Du merkst immer erst hinterher, daß Du einem Irrtum aufgesessen bist. Immer dann, wenn etwas plötzlich ganz anders ist, zum Beispiel der Hund doch beißt, bist Du im wahrsten Sinne des Wortes enttäuscht. »Enttäuschung« gehört also zu dieser Methode dazu, aber wem das egal ist, für den ist sie die farbigste von allen! Schließlich gibt es auch positive Enttäuschung, zum Beispiel wenn die Dunkelblonde doch sexy ist; d. h. eigentlich ist jede Enttäuschung positiv, weil sie ja, wie die Vorsilbe »ent« schon sagt, die Befreiung von einer Täuschung ist. Eine »Enttäuschung« ist nichts anderes, als eine Erweiterung Deiner Scheuklappen. Kaum einer betet abends zum lieben Gott: »Lieber Gott, ich will mein Bewußtsein erweitern, bitte enttäusche mich doch ein wenig« – aber gut täte es sicherlich, und vielleicht gibt es schon Abenteurer, die sich auf ihre Enttäuschungen freuen, denn wie gesagt: Erfreuliche und unerfreuliche Enttäuschungen halten sich ja die Waage, und Erkenntnis wird ja sowieso von vielen als das wahre Brot des Lebens gepriesen! »Abenteuer« ist etwas teurer als die anderen Methoden, bietet dafür aber Erlebnisse besonderer Art. Im Geschäftsleben solltest Du mit »Abenteuern« achtsam umgehen!

METHODE 4: UNTERSUCHUNG Wir müssen uns nicht vom Leben enttäuschen lassen, wir können uns auch von einer Täuschung befreien, bevor es das Leben tut. Und wie? Indem wir uns unsere Glaubenssysteme zum Beispiel bezüglich Erfolg, bewußt machen, und dann ist die Sache ganz einfach: Gefahr erkannt, Gefahr gebannt. Heckenschützen ohne Hecke sind nicht mehr gefährlich. Die Methode »Untersuchung« erfordert, daß Du quasi aus der Vogelperspektive Dir zuschauen kannst, was für Gedanken Du gerade durchdrehst.

**Eine Wolke weiß nicht,
warum sie sich in dieser oder jener
Richtung bewegt und gerade mit dieser Geschwindigkeit.
Sie fühlt einen Impuls ... dort muß ich jetzt sein.
Aber der Himmel kennt die Motive jenseits aller Wolken,
und Du wirst sie auch erkennen, wenn Du Dich hoch
genug erhebst, um jenseits der Horizonte zu blicken.**

Wie Du Widerstände und begrenzende Glaubenssätze absaugst

Geh in Deine Raute aus Lektion 1. Blase das unterste Dreieck auf und ziehe es runter bis auf den Boden, so daß Du drinnen stehst. Schau genau, wie groß es ist. Taste Dich drinnen umher, rieche, schmecke, fühle das Dreieck, wie es ist. Über dem Dreieck ist die »Raute« und darüber Dein »kosmischer Kristall« als eine leuchtend große Sonne. Die Raute selbst verwandeln wir in einen goldenen Staubsauger, der in der Lage ist, innere Erfolgswiderstände und begrenzende Glaubenssätze abzusaugen.

Schreibe mit Deinem geistigen Zeigefinger in Leuchtschrift eine Bejahung über das Dreieck. Wichtig ist, daß die Bejahung das ausdrückt, was Du willst, nicht das, was Du nicht willst. Sie sollte in der Gegenwartsform, kurz, präzise, vollständig und unmißverständlich formuliert werden, zum Beispiel: »Ich bin und habe Erfolg«. Halte diese Bejahung ganz stark im »dritten Auge« fest, d. h. denke sie ganz stark in Wort, Bild und Gefühl, mal Dir den erwünschten Entzustand bildhaft aus – immer deutlicher!

Beobachte, ob Widerstände, Gefühle, Empfindungen hochkommen. Es muß nicht sein, vielleicht spürst Du bereits, daß Du es kannst, dann halte Dich nicht länger mit der Übung auf, denn warum Trockenschwimmen, wenn das Meer da ist! Wenn aber Widerstände hochkommen, dann beginne, tief zu atmen und erlaube ihnen, da zu sein, und laß sie geistig in das Dreieck fallen. Du bist nicht diese Widerstände, sondern die Widerstände liegen herum, sie können durch das Wetter, die Gedanken der anderen oder sonstwoher kommen! Deshalb ist es auch wichtig, daß Du diese Widerstände »unpersönlich« formulierst, d. h. ohne das Wort »ich« zu verwenden (siehe Beispiel)! Im Bedarfsfall verwende anstelle des Wortes »ich« Deinen Namen. Erlaubt sind als Widerstände Glaubenssätze,

Körperempfindungen, Gefühle, Erinnerungen, spontane Gedanken etc., aber nimm nur, was wirklich wesentlich ist.

Halte die Bejahung weiter ganz deutlich vor Augen, während Du die Widerstände in das Dreieck fallen läßt. Atme tiefer und tiefer ein und aus, um Energie freizusetzen und die Widerstände an die frische Luft zu bekommen. Dann, wenn nichts mehr kommt, aktiviere die Widerstände, indem Du das Dreieck in einer von Dir zu bestimmenden Heilfarbe aufleuchten läßt. Geeignet sind zum Beispiel: *rot* zur Aktivierung verdrängter Aspekte; *orange*, um sich für Neues zu öffnen; *hellgelb* zur Aufhellung und Erheiterung; *lapislazuli-blau* zur Beruhigung; *stahlblau* zur Sauerstoff-Aufladung; *violett* zur Öffnung für spirituelle Energien; *rosa* für die Kraft der Liebe; *ockerbraun* zur Erdung und Harmonisierung bei Überladung; *silber* zur Auflösung bei Abkapselungen; *gold* zur Schwingungserhöhung etc. Laß Dich von Deiner Intuition leiten!

Erlaube den Widerständen, sich in das Dreieck zu entladen. Fasse die Widerstände zu zehn »Kegeln« zusammen, die wie auf der Zeichnung abgebildet angeordnet sind.

Atme tief ein mit der Absicht, die Widerstände abzusaugen. Wen neue Widerstände hochkommen, sauge sie mit ab. Das Licht über Deinem Kopf leuchtet hell auf, und Du hältst den Atem an, solange es geht – die Widerstände werden aktiver und aktiver, und mit dem Ausatmen erlebst Du, wie die erste Ladung Kegel vom spirituellen Staubsauger aus dem Dreieck abgesaugt wird. Das ganze tust Du viermal. Wenn Du willst, kannst Du Dir vorstellen, daß der Staubsauger vier Stufen hat und Du von Mal zu Mal einen Gang höher schaltest. Dann sind die Kegel normalerweise abgesaugt. Wenn noch etwas da ist, mache weiter mit dem Absaugen, aber nur, solange Du Lust hast. Wenn Du das Unkraut aus dem Rasen 'rausrupfst – übrigens eine typische Beschreibung für das, was viele während dieser Übung erleben –, dann quälst Du Dich ja auch nicht, bis die letzte Löwenzahnwurzel draußen ist, sondern erfreust Dich an dem Erreichten.

Erlebe den erwünschten Endzustand mit allen Sinnen, gehe ganz in ihn hinein! Dann reinige das Bild mit Wasser aus einem Gartenschlauch! Du kannst deutlich sehen, ob er eine Farbe hat und wenn ja, welche. Laß das Dreieck sich komplett mit dem Regen füllen und alles reinigen. Laß das Wasser aus dem Dreieck in die Erde, indem Du wie bei Deiner Badewanne einen Stöpsel aus dem Dreieck ziehst. Spüle nach und erlebe die Klarheit und Reinheit dieser Vision. Sieh dabei den erwünschten Endzustand und sage zu Dir: »Ja, Klasse, das mag ich!« Du wirst entdecken, daß die Gefühlslage sich ganz stark verbessert hat und scheinbar Unmögliches in greifbare Nähe gerückt ist.

Nun handele einfach so, wie es Deiner Natur entspricht. So kannst Du ein ganzes System an Bejahungen verwenden, zum Beispiel für den Fokus Kurzsichtigkeit, Flirten oder Gesundheit und so ein umfassendes »Bodybuilding« betreiben, bei dem Du eine Muskelgruppe nach der anderen trainierst.

Diese Übung brauchst Du nur solange zu machen, bis es »draußen« klappt. Dann sind Tat und Gedanken wieder eins, so wie es eigentlich sein sollte, und Du solltest erst einmal »Urlaub« machen und Deine Errungenschaften genießen, aber nicht zu lange, denn wer auf seinen Lorbeeren sitzt, trägt sie an der falschen Stelle!

Mache die Dreiecksübung nie, um irgend etwas Negatives loszuwerden oder Dich mit einem Problem zu beschäftigen, denn sonst gibst Du dem Destruktiven nur Energie. Ein »Fokus« ist notwendig bei allem, was Du tust, und dieser Fokus ist Deine Bejahung, denn Du willst ja Erfolg ausdehnen und keine Therapie im Sinne von »da stimmt was nicht«. Jetzt noch einmal die einzelnen Schritte der Dreieckmethode:

1. Dreieck imaginieren.
2. Bejahung in Leuchtfarbe über das Dreieck schreiben.
3. Widerstände ins Dreieck geben, dabei tief ein- und ausatmen.
4. Widerstände aktivieren durch Aufleuchten des Dreiecks.
5. Widerstände zu zehn Kegeln zusammenfassen.
6. Atem anhalten, beim Ausatmen Widerstände absaugen lassen.
7. Bejahung bildhaft sehen, mit Wort-Bild-Gefühl laden und mit Wasser reinigen.
8. Die Vision segnen und danken, daß »es« geschehen ist.

Blättere jetzt Experiment 2 auf und nutze die »Dreieckmethode« für die Bejahung »Ich bin der totale Erfolg auf allen Ebenen«!

Die Salamitaktik

Es gibt Widerstände, bei denen genügt eine einzige »Dreiecksübung«, und die Sache ist o. K. Es gibt aber auch sehr hartnäckige Widerstände. Wenn ein »Dreieck« nicht sofort klappt, ist das kein Zeichen dafür, daß Du irgend etwas falsch gemacht hast, es ist nur ein Zeichen, daß Du noch nicht alle Aspekte eines Fokus' beleuchtet hast. Was Du in dem Fall tust, ist, daß Du die Bejahung in Einzelbejahungen zerlegst, die alle das gleiche Thema umfassen, zum Beispiel die Bejahung: »Ich bin der totale Erfolg auf allen Ebenen« in: »Ich bin erfolgreich im Beruf«, »Ich bin erfolgreich in der Partnerschaft« etc.

Wenn Du wirklich ernsthaft an Dir arbeiten willst, wenn Du agieren und nicht reagieren willst, solltest Du Dir ein Erfolgstagebuch anlegen, und jeden Morgen ca. 30 Minuten Affirmationen mit der Dreieckmethode freilegen!

Sich im Loslassen unterstützen

Eine ideale Methode für partnerschaftliches Loslassen ist der »Erleichterer«. Der »Erleichterer« kann sein Dein Bruder, Deine Oma, Deine Tochter, Dein Doppelpartner im Tennisclub (wenn es um sportliche Erfolge geht), Dein bester Freund, Dein Firmenkollege oder auch Deine Geliebte (wenn es dabei um etwas sehr Intimes geht, muß die Geliebte vorher versprechen, das, was sie gehört hat, danach wieder zu vergessen und nicht im Alltag aufzutischen oder unter die Nase zu reiben). Notiere vorab die Bejahungen, mit denen Du arbeiten möchtest, damit – wenn der andere bereit sein sollte – er nicht stundenlang warten oder mit Dir grübeln muß, was Du eigentlich willst. Dein Service sollte also ein fix und fertig zu bearbeitendes Paket an Bejahungen sein. Es reicht, wenn Du sie im Kopf hast.

Sage: Du, ich möchte mich »erleichtern«. Würde es Dir Spaß machen, für mich einmal den »Erleichterer« zu spielen? Habt ein wirklich vertrauliches Gespräch miteinander, bevor ihr anfangt. Wenn der Herz-zu-Herz-Kontakt nicht stimmt, klappt es nicht. Wenn Du am Ende des Gespräches noch nicht genug Vertrauen hast, dann sage: Du, ich habe noch Schwierigkeiten, sei mir bitte nicht böse, aber ich kann diese Übung noch nicht mit Dir machen. Und der »Erleichterer« sollte den anderen dann auch nicht drängen.

Bevor die eigentliche Übung beginnt, übergibst Du dem »Erleichterer« den Zettel mit den Bejahungen oder schreibst sie erst einmal in Ruhe für Dich auf, während der »Erleichterer« etwas anderes tut. Dann sprecht über die Bejahungen. Sage dem »Erleichterer« vorher, ob Du einen Kommentar oder eine Ergänzung der Bejahungen wünschst. Wenn die Bejahungen fix und fertig stehen, übergib dem »Erleichterer« den Zettel.

Der »Erleichterer« hat die Aufgabe, die Bejahungen vorzulesen und Dich die Übung machen zu lassen, d. h. mit seiner Persönlichkeit vollkommen zu verschwinden, er muß in der Lage sein, eine unpersönliche Position einzunehmen. »Erleichterer« kann jeder sein, der bereit ist, sich selbst aus dem Spiel zu lassen. Also bitte: Keine Interpretation, keine Belehrung, keine Besserwisserei, denn damit würde sofort der Sinn der Übung schlagartig zerstört werden. Derjenige, der sich erleichtert, *ist* bereits ein göttliches Wesen, er dehnt sich nur aus!!! Du gehst also in Dein Dreieck und schließt die Augen. Der »Erleichterer« liest die erste Bejahung vor, und Du sprichst die Widerstände aus, machst selbständig Deine Übung und öffnest die Augen, wenn Du fertig bist, damit der »Erleichterer« weiß, daß Du weitermachen kannst.

Wichtig ist bei dieser Übung, daß der »Erleichterer« mit den Gedanken ganz bei der Sache ist, weil Du sonst merkst, daß Dir niemand zuhört. Hören ist aktiv, und wenn der »Erleichterer« wirklich unpersönlich und in bedingungsloser Liebe zu dem, was ist, dient, »zieht« er quasi durch sein bedingungsloses Hören die Widerstände aus Dir heraus. Genauso wichtig für den »Erleichterer« ist aber, daß er trotz allem ernsthaften Zuhörens sich nicht mit dem identifiziert, was da hochkommt, sondern anerkennt, daß er mit den Dingen, die da hochkommen, genau so wenig zu tun hat, wie derjenige, der sie losläßt – es ist, als wenn der Ehemann der Hausfrau beim Hausputz zuschaut und ihr hilft, den Teppich hochzuheben, damit sie darunter putzen kann! Am Ende der Übung fragt der »Erleichterer« Dich, ob es noch etwas gibt, was noch fehlt, und ergänzt die Übung gegebenenfalls durch eine Bejahung. Beim Erleichtern mußt und solltest Du keine Listen anlegen, weil Du hier durch das Aussprechen ein viel kraftvolleres Werkzeug hast. Erleichtert ist erleichtert, und Dein Unbewußtsein weiß schon, wie damit umzugehen ist.

Erleichtern hat den Nachteil, daß der »Erleichterer« an der Übung nicht teilnehmen kann, weil sonst ein Feld der Polarität entsteht, d. h. das »Sich-gehen-lassen-können« nicht gewahrt wird, weil plötzlich zwei da sind, die loslassen wollen. Es kann sein, daß trotz aller Bemühungen, unpersönlich zu bleiben, auch beim »Erleichterer« Dinge ausgelöst werden. Nach der Sitzung sollte deshalb derjenige, der sich erleichtert hat, den »Erleichterer« fragen, ob durch die Übung Dinge ausgelöst worden sind, mit denen er sich erleichtern möchte (möchte, wohlgemerkt, nicht muß) und ihm die Chance geben, noch einige, wenige Bejahungen aufzuschreiben, die ihm helfen, auch seinerseits die Aktion loszulassen. Das wäre ein guter Service, unabhängig davon, ob der »Erleichterer« Geld für seine Arbeit bekommt, denn immerhin hat derjenige, der sich erleichtert hat, die Dinge ja beim anderen verursacht.

1. Vorgespräch, Vertrauen schaffen.
2. Gemeinsam die Liste mit den Bejahungen anschauen.
3. Die Liste mit der Dreieckmethode bearbeiten.
4. Eventuell Überreste in Abschlußbejahungen wandeln.
5. Gegebenenfalls den »Erleichterer« sich erleichtern lassen.

Sich für etwas begeistern durch »Freiatmen«

Manchmal kleben die Dinge an einem, als wenn man mit lauter Pappdekkeln regelrecht zugekleistert ist. Wenn Du dieses Gefühl hast, dann ist es Zeit für die Übung »Freiatmen I«. Freiatmen ist aber auch sonst gut. Es ist eine Art geistige »Autowaschanlage«. Was Du fürs »Freiatmen« brauchst, ist eine große und fette Bejahung, die Dich »antörnt«. Sie muß schon richtig »geil« sein und Energie haben. Freiatmen ist auch gut geeignet als »Öffner« für ein größeres Gehirnareal, das Du stimulieren möchtest, zum Beispiel »Erfolg auf allen Ebenen«. Also wähle bewußt und mache »Freiatmen« nie, um irgend etwas »wegzubekommen« (funktioniert nicht), sondern immer für etwas, genauso, wie auf dem Fußballplatz oder bei der Olympiade die Menge für ihre Mannschaft »Hurra« schreit und nicht gegen die anderen. Also, hier ist Dein »Heimspiel«:

1. Lade den Körper mit Energie auf, zum Beispiel indem Du zu Popmusik tanzt, Jogging machst, zur 4-11-Atmung greifst (siehe Lektion 1) oder die Beckenkippe anwendest. Bei der Beckenkippe legst Du Dich auf den Rücken, stellst die Knie auf und beginnst, ganz langsam aus dem Steißbeinchen heraus eine Kippbewegung mit dem Becken zuzulassen. Es ist nicht so, daß Du mit dem Becken kippst, Du läßt einfach los, und »es« fängt an, zu kippen. Wenn Du richtig losläßt, insbesondere auch die Oberschenkel losläßt, kommst Du dadurch in eine Beckenkippbewegung, die sich wie ein »Perpetuum mobile« völlig

ohne eigene Energie hin und herschaukelt und durch den ganzen Körper geht. Also: Push Dich nicht in diese Übung, laß die Übung an Dir geschehen, und laß zu, daß der Atem dabei immer tiefer wird, gehe spielerisch damit um, wie ein Baby, das auf dem Boden schaukelt. Durch die Kippbewegung wird im Körper der Energiefluß freigesetzt; Dir beginnt warm zu werden.

2. Wenn Du merkst, daß Du genug aufgeladen bist, denk an Deine Bejahung, strecke die Beine wieder aus und beginne, tief und gleichmäßig zu atmen, ohne eine Pause zwischen Einatmen und Ausatmen zu machen, errichte so einen Atemkreis und laß zu, daß Dein Körper zu kribbeln beginnt – es ist nur ein Zeichen, daß sich ein Energiefeld aufbaut. Solltest Du das Gefühl haben, die Kontrolle zu verlieren oder sollte Angst hochkommen, dann höre sofort auf, genieße das, was ist, und das »Kribbeln« verschwindet von selbst wieder. Halte beim Atmen die Bejahung in Deinem Bewußtsein und denke bei jedem Atemzug einfach nur das Wort »Ja«, begeistere Dich für Dich selbst, so wie Du als Embryo »Ja« zu dem »Auf-die-Welt-kommen« gesagt hast. Laß hochkommen, was hochkommen will, beobachte es wie ein neutraler Zeuge, versuche weder, etwas zu produzieren noch etwas zu unterdrücken, sei mit dem Atmen weder faul noch fleißig, laß den Atemkreis sich selbst aufbauen.

3. Wenn Du merkst, daß der ganze Körper voller »Power« ist, laß das Atmen ganz los, es kann sein, daß Du einige Augenblicke lang sogar gar nicht mehr atmest, und alles prickelt – genieße es! Du kannst Dir auch vorstellen, daß Du der Kosmos bist, und während der Körper einatmet, denkst Du: »Ich atme mich in den Körper aus«, und während der Körper ausatmet, denkst Du: »Ich atme mich aus dem Körper ein«! Erlebe, wie das »Ja« in Deinem Körper bereits alle Widerstände und Glaubenssätze ins Licht geschickt hat. Laß los, fühle ohne zu denken was *ist*. Genieße das Energiephänomen, das sich einstellt, wenn Du komplett losläßt.

4. Stehe ganz langsam auf, indem Du Dich auf die Seite rollst und dann hochgehst und lasse den Körper sich zur Musik bewegen, nicht daß Du bewegst, der Körper bewegt sich, und Du schaust zu. Fühle Dich, als wenn es nur noch eine feine Membran ist, die Dein »Sein-ohne-Körper« von dem »Sein-im-Körper« trennt. Laß diese Membran los und lerne »Raum sein«. Wenn Du willst, kannst Du Dir für den Hausgebrauch eine eigene Kassette zusammenschneiden aus den Kas-

setten *Atmen* von Jens Zygar (Phase 1), *Rebirthing* von Burghard Schroeder (Phase 2: Anfang der Rückseite), *Rebirthing* von Burghard Schroeder (Phase 3: Ende der Rückseite) und *Bolero* von Ravel (Phase 4). Zum Einüben ist es auch hervorragend, die Kassette *Rebirthing* im ganzen zu hören und mitzumachen.

Blitzschnell fit durch »Freiatmen II«

Im Alltag – wenn Du unterwegs bist und nicht viel Zeit hast –, reicht es, wenn Du in Dein Dreieck gehst, die Bejahung, die Du gerade ermöglichen möchtest, ins Bewußtsein nimmst, tief zu atmen beginnst und die Widerstände absaugen läßt. Eine noch stärker verkürzte Dreiecksübung also. Manchmal hat man dabei das Gefühl, als seien einem die Haare vors Gesicht gefallen und man würde die Gedanken wieder hinter sich kämmen. Wir nennen diese Übung »Freiatmen II«.

Den Gruppenprozeß nutzen, um Erfolgswiderstände loszulassen

Es gibt allerdings auch eine Möglichkeit, daß mehrere an einer Übung teilnehmen können, nämlich das »Zelt«. Das »Zelt« ist ideal für eine Gemeinschaft, die den gleichen Zweck verfolgt, zum Beispiel eine Tennismannschaft, eine Firma, eine Vertriebsorganisation, eine Familie, eine Reisegruppe etc.

Für das »Zelt« sind mindestens drei Personen erforderlich, weil bei zwei Personen, bedingt durch die Polarität, kein »Zirkuszelt« entstehen kann, d.h. die Energien nicht abfließen können. Die Teilnehmerzahl pro »Zelt« sollte in der Regel nicht größer sein als acht Personen, das sogenannte Oktagon. Großgruppen teilen sich auf in mehrere Oktagone, mit eigenen »Zelten«, die sich wiederum alle unter einem Überzelt zusammenfassen. Die Oktagone können sich bilden nach Zugehörigkeit bezüglich des Geburtselementes, der Numerologie, des westlichen oder chinesischen Sternzeichens, nach Geschmack, Bezirksdirektion, Firmengruppe etc. Es wird eine »Reservebank« gebildet, die sich zusammensetzt aus überzähligen Personen, d.h. bei einer Teilnehmerzahl von neunzehn

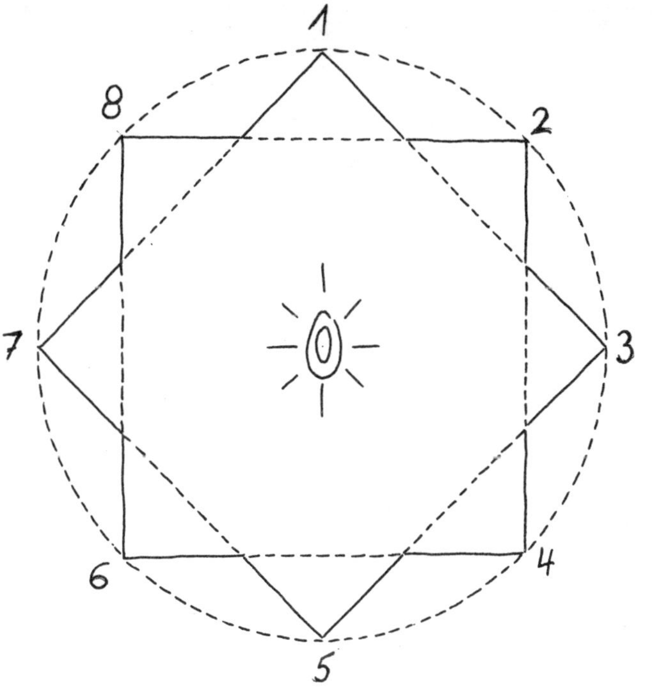

hätten wir zwei Oktagone und eine Reservebank mit drei Teilnehmern. Bei einer Teilnehmerzahl von sechsundzwanzig würden die beiden überzähligen Teilnehmer allerdings einem der Oktagone »zugeschlagen« (bitte nicht aufteilen auf zwei Oktagone), weil zwei Teilnehmer noch kein »Zirkuszelt« bilden können. Die »Reservebank« sollte vorrangig von »Wiederholern« und »Assistenten« gebildet werden, damit Unstimmigkeiten hier abgefangen werden können. Bei einer Teilnehmerzahl von einhundert Personen könnte das Zirkuszelt aufgeteilt sein in 12 astrologische Oktagone und ein Viereck. Die Großgruppe wird von einem »Bundestrainer« geleitet, jedes Oktagon wählt einen »Regionaltrainer«, der das jeweilige Oktagon überwacht. Der Regionaltrainer sollte unbedingt mitmachen, damit er keine »Außenseiterposition« einnimmt. Der Bundestrainer überwacht den ganzen Prozeß und nimmt an der Übung nicht teil, sofern es sich um eine Großveranstaltung von mehr als zwei Oktagonen handelt. Der Regionaltrainer bekommt eine grüne Karte für »alles klar« und eine rote Karte für »stop, bei uns läuft etwas schief« oder für »wir sind noch nicht so weit«.

Die Achtergruppe setzt sich kreisförmig zusammen (keine Kinobestuhlung) und stellt sich zusätzlich zu dem Dreieck, das jeder einzelne hat, ein großes »Zelt« mit einem Riesenstaubsauger vor, in dem die ganze Achtergruppe sitzt. Fühlt, riecht, schmeckt das »Zelt« mit allen Sinnen und spürt diesen »sicheren Raum«, den Schutz, den das Zelt bietet! Bei Großveranstaltungen werden die einzelnen Oktagone wiederum kreisförmig angeordnet, so daß sich ein »Überzelt« bildet, das von den gerade gebildeten »Zelten« visualisiert wird. Das »Zelt« hat den Energiemantel vervielfältigt, das Überzelt vervielfältigt sie nochmals. Ihr sitzt also in Euren Oktagonen. Das »Im-Kreis-sitzen« ist wichtig, damit sich die abzusaugenden Energien in der Mitte konzentrieren. Die Teilnehmer der einzelnen Oktagone schließen die Augen und installieren ihr Zirkuszelt, sobald sie damit fertig sind, öffnen sie die Augen, damit der Regionaltrainer es sehen kann. Dann hebt der Regionaltrainer die grüne Karte als Zeichen dafür, daß alles bereit ist, um das Überzelt zu installieren. Dann installieren auf einheitliches Kommando die Oktagone das Überzelt, und wieder signalisiert der Regionaltrainer dem Bundestrainer, wann das Oktagon fertig ist.

Bevor die Übung beginnt, fragt der »Bundestrainer«, ob die Gruppe bereit ist, alles zu akzeptieren, was immer ein anderer ausspricht, sich zu offenbaren, soweit es ihm möglich ist und gut tut. Es wird vorher klar gesagt, daß jeder, wenn es ihm zuviel wird, für sich aus dem Prozeß aussteigen darf wann immer er Lust dazu hat – er hat dies dazu dem Regionalleiter mitzuteilen, woraufhin dieser durch Zeigen der »roten Karte« einen »Ersatzspieler« aus der »Reservebank« bestellt. Möchte derjenige, der ausgestiegen ist, dann später wieder mitmachen, dann spielt er allerdings auf der Reservebank mit und wird erst als letzter von der gesamten Reservebank in den Oktagon wieder neu eingesetzt. Wer dazu ja sagen kann, spricht innerhalb seines Oktagons klar und deutlich das Wort »Ja« aus. Der »Regionaltrainer« hebt die Hand oder eine »grüne Karte«, wenn alle in seiner Gruppe »ja« gesagt haben. Diese Übung ist wichtig, damit sich nicht hinterher irgendeiner aufregt, wenn jemand sehr offen ist oder ihm plötzlich einfällt, daß das alles seiner Meinung nach doch »Quatsch« ist. Schmeiße Störenfriede vorher aus dem Seminar 'raus, auch »Voyeure«, die »nur mal schauen« aber nicht sich offenbaren wollen,

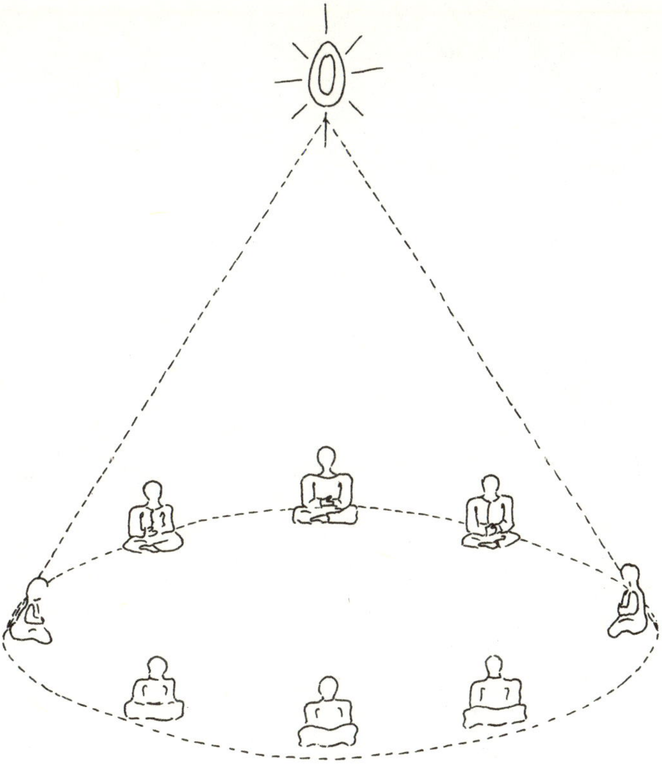

bevor so jemand hinterher stört, wenn die Gruppe im Prozeß ist. Wenn einer sich entscheidet, nicht mitzumachen, ist das völlig O. K., denn er ist ein »göttliches Wesen«, und auch das Seminar wird an seiner »Göttlichkeit« weder etwas dazugeben noch wegnehmen.

Der »Bundestrainer« beginnt, indem er die erste Bejahung ausspricht, und jeder offenbart, welche Widerstände gerade hochkommen, also nicht einfach lossprudeln, sondern schauen, was wirklich da ist. Jeder spricht gerade dann, wenn ihm etwas hochkommt. Dabei das tiefe Atmen nicht vergessen. Tauchen irgendwo Schwierigkeiten auf, hebt der Regionaltrainer still, ohne etwas zu sagen die rote Karte, damit ein Assistent dem Oktagon beistehen und gegebenenfalls einen Reservespieler in das Oktagon einberufen kann, damit es stabil bleibt (bitte unbedingt tun, weil sonst die aufgebaute Energie des Zeltes zu stark verändert wird). Wer fertig ist mit der Übung, öffnet die Augen, damit der »Bundestrainer« weiß, daß er weitermachen kann. Wenn der Prozeß beendet ist, wäre es ratsam, gemeinsam die Musik *Opening the heart* zu hören und den einzelnen Mitgliedern des Oktagons, aber auch den Regionaltrainern Dankbarkeit für ihre Mitwirkung zu schenken. Nochmals die einzelnen Schritte:

1. Die Stühle zu Oktagonen zusammenstellen.
2. Wahl der Regionaltrainer, Übergabe der roten/grünen Karten.
3. Zustimmung jedes einzelnen Teilnehmers zum Prozeß einholen.
4. Zirkuszelt und gegebenenfalls das Überzelt bilden, grüne Karte.
5. Bejahungen vom Bundestrainer bearbeiten.
6. Gemeinsam Musik hören, sich entspannen.

Sich begeistern durch Cracking

Manchmal ist die Atmosphäre überladen, und ein richtiges Gewitter scheint bevorzustehen. Dieses Gewitter muß man nicht an irgendeinem Unschuldigen ablassen – es gibt eine Supermethode, es nicht nur zu entladen, sondern sogar diese Energie zu nutzen, um sich selbst mit positiver und vibrierender Energie aufzuladen, sich dadurch reinigen und erfrischen zu lassen. Cracking kann aber auch gut sein, wenn Du einfach einmal geistige Schlacken loseisen und ausspülen möchtest, sofern Du das Gefühl hast, daß welche da sind. Dafür brauchst Du die Kassette *Breaking Up Etheric Crystallization with Sound.* Wenn Du »cracken« (engl. »krachen«, daher auch das Wort »Cracker«) willst, mache es Dir ganz bequem, ja kein Streß! Mache Dir Deine Bejahung bewußt, denn Du willst ja Befreiung für etwas, nicht gegen etwas (funktioniert nicht). Also denke zum Beispiel »Ja, ich bin der totale Erfolg auf allen Ebenen«, und alles, was dem inneren Fluß dieses Erfolges entgegensteht, lasse ich »cracken«, aber die Betonung liegt auf dem »Strom«, nicht auf dem »cracken«.

Vorab solltest Du eine Entspannungsübung machen, damit Deine Aura sich nicht aus Angst vor der Musik verkrampft und Du Dir Streß machst. Dann lege Dich hin und stelle den Walkman auf hohe Lautstärke (die Lautsprecher Deiner Stereoanlage wären noch besser, aber dann fallen wahrscheinlich Deine Nachbarn aus dem Bett). Vertraue der Musik, öffne

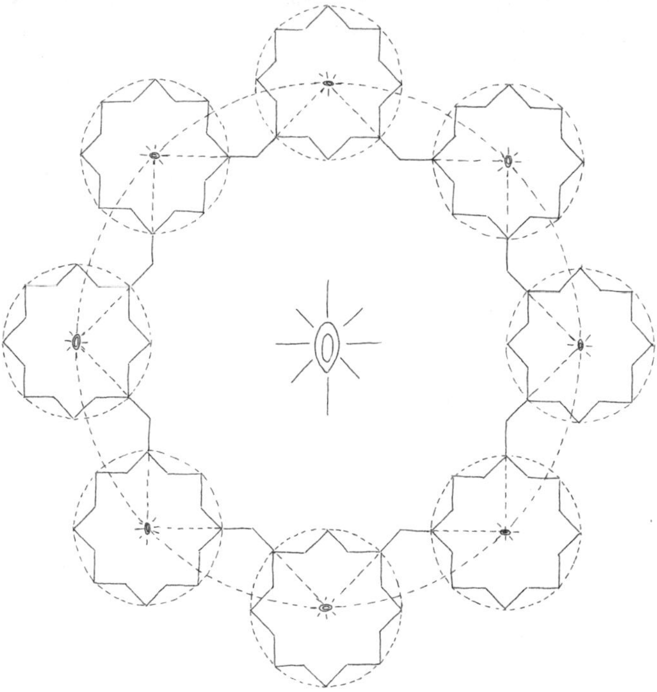

Dich ihr. Immer, wenn Du Dich den Tönen zu verschließen drohst, beobachte Dich, laß los; stelle lieber die Musik etwas leiser, als daß Du Dich verschließt, denn die Musik arbeitet von innen nach außen, d. h. spüre, daß Du von innen her offen, warm und weich bist. Wenn die Musik einmal im »Zellbewußtsein« gespeichert ist, kannst Du die Musik auch ganz ganz leise machen und die Töne benutzen, um »von innen her« durchzuarbeiten (es sei denn, Dir ist gerade nach Lautstärke zumute). Wenn Du die leise Version nehmen möchtest, solltest Du gut in Form sein, möglichst nicht zuviel gegessen haben und munter sein, denn die leise Version hat ein Erfordernis: Sie verlangt von Dir, mit dem Herzen ganz bei der Musik zu sein, damit Du nicht »wegdriftest«, vielleicht magst Du auch lieber sitzen statt liegen.

Jetzt stelle die Musik an und gehe in sie hinein, wie immer sie ist. Male Dir einen reißenden »Strom« aus, der alle Widerstände hinwegschleudert (wobei das Wort »Strom« hier eine doppelte Bedeutung hat, nämlich der elektrische Strom, d. h. das Freilegen von Energie, und der Strom des Wassers, also das »Sich in den Fluß, d. h. in die Harmonie bringen«). Baue die Musik in Deine Visualisation ein, fließe mit dem »Strom«, sei der »Strom«, aktiviere alle Sinne – Sehen, Hören, Riechen, Schmecken, Fühlen –, nutze penetrierende Töne, um Widerstände, die den »Strom« behindern, hinwegzuschleudern, zu durchstoßen und nutze helle schneidende Töne, um Widerstände hinwegzuschneiden, aber natürlich nur soweit sich die Widerstände dafür hergeben. Mache nichts mit Gewalt, denn Du weißt ja, daß Wille und Hingabe zusammengehören.

Gehe tief in diese Übung hinein, aber sieh sie gleichzeitig auch als ein Spiel an, mache sie also ernsthaft und doch spielerisch zugleich. Es ist wichtig, daß Du Dich weder »pushst« noch etwas unterdrückst, d. h. wenn gerade nichts wegzuschleudern ist, dann ist das doch fantastisch, dann genieße einfach nur das Klangerlebnis und nimm jeden Ton einzeln wahr! Was ist, ist, und was nicht ist, ist nicht. Bringe die Energie immer für etwas – nie gegen etwas ins Fließen!!! Es gibt keinen Blumentopf zu gewinnen dabei, es ist immer nur eine Offenbarung für das Jetzt, sieh es einfach als ein wertfreies »Experiment« an. Das Experiment selbst ist der Erfolg, nicht das Ergebnis!!! Danach solltest Du ein Essigbad nehmen, viel trinken oder zumindest »ausschwingen«, denn mit Sicherheit ist viel an geistigen Schlackstoffen gelöst worden, was sonst in Deiner Aura rumschwimmt.

Die Wand durchbrechen

Manchmal hat man das Gefühl, es ist eine Wand zwischen dem Erfolg und Dir. Wunderbar, nutze dieses Gefühl für die folgende Übung. Stelle wieder das Band *Breaking Up Etheric Crystallization with Sound* an, wenn Du magst, kannst Du zur Abwechslung aber auch mit Don Harris *Galactic Odyssee* oder einer ähnlichen, sehr kraftvollen Musik arbeiten. Verfahre wie oben, nur daß Du Dir diesmal vorstellst, daß Du mit Hilfe der Töne die Wand zertrümmerst, die Dich von der Erfüllung trennt. Gehe ganz mit der Musik in die Situation hinein. Hinterher trinke viel, bade oder dusche und ruhe Dich aus. Auch hier: »Pusche« Dich nicht, sondern laß die Musik für Dich die Arbeit tun.

Scherben bringen Glück

Hier ist eine Übung, wenn Du wirklich einmal überladen sein solltest und nicht weißt, wohin mit dieser Energie. Verdränge diese Energie nicht und gehe auch nicht in den Kopf, sonst verpaßt Du ein wichtiges Energieerlebnis. Ich selbst bin auf diese Übung gekommen, als ich einmal mit meiner Freundin einen Riesenkrach hatte, und – um mein »Statement« auch entsprechend zu untermauern – ich den Teller von unserem Frühstücksgeschirr auf der Terrasse zertrümmert hatte. Meine damalige Freundin sagte daraufhin kein Wort, nahm einfach ihre Kaffeetasse und zertrümmerte sie ebenfalls. So waren bald alle »Käfertassen« und Teller dem übergeben, wo sie hergekommen waren, bis meine damalige Freundin eine wertvolle Blumenvase hernehmen wollte, die ich früher einmal aus Bangkok mitgebracht hatte. Daraufhin rief ich: »Nein ... (der Name wird hier nicht genannt), Du wirst doch wohl nicht Ernst machen – nimm lieber den hier« und warf ihr einen Teller zu. Daraufhin brachen wir beide in Lachen aus, und kurz darauf taten wir genau das, was ein anständiges Liebespaar miteinander tun sollte, statt Teller zu zertrümmern. Aber jetzt zur Übung:

Gehe mit einem/mehreren billigen Porzellanteller(n) auf die Straße, Terrasse oder sonstwohin, wo ein stabiler Steinfußboden ist. Dann projiziere die gesamte in Dir tobende Energie auf den Teller und stelle Dir vor, daß Du mit diesem Teller jetzt sinnbildlich den Widerstand zertrümmerst. Übersetze das geistige Geschehen in Deinen Körper, d. h. spüre, wie Widerstandsteller zertrümmert werden. Prüfe für Dich, ob Du diese Übung wiederholen möchtest. Wenn ja, mache diese Übung mit gleicher Intensität und Bewußtheit wie die erste (sonst bringt sie nichts). Danach wäre es zum Beispiel hilfreich, die Technik »Ausschwingen I« oder »Freiatmen« anzuwenden und ein Essigbad zu nehmen.

Ich mag diese Übung sehr gerne, insbesondere, weil das »Kissenschlagen« oder die »dynamische Meditation« dazu verführt, einen destruktiven Mental-Fokus (gegen irgend etwas sein, etwas ablehnen) aufzubauen, der später in Form einer Rückwirkung Deine Erfolgs-Chancen nicht gerade fördert, während Du hier einfach nur Deine Kraft spürst, also für etwas bist (wobei Du natürlich auch Kissenschlagen oder die »Dynamische« für etwas machen kannst, aber ich finde, »zertrümmern« macht mehr Spaß, und Spaß soll es ja sowieso machen, sonst kann man es gleich bleiben lassen). Räume Dir in der Wohnung einen Platz ein, in dem das technisch möglich ist. Gut geeignet ist der Kellerfußboden. Wenn Du sichergehen willst, daß der Boden dabei nicht kaputt geht, lege ein großes Holzbrett darunter, wobei Steinfußboden viel schöner »knallt«. Nimm diese Übung bei allem Spaß, den Du dabei hast, ernst – immerhin kenne ich trotz eintausend gelesener »Therapiebücher« und ca. einhundert besuchter Selbsterfahrungsseminare nichts Vergleichbares. Danach solltest Du ebenfalls ein lauwarmes Essigbad nehmen (reinigt), duschen, »ausschwingen« oder zumindest einen guten Whisky trinken!!!

Loslassen durch Herzöffnen

Es gibt auch eine sehr sanfte Methode, Dinge ins Fließen zu bringen. Keine Methode ist schlecht, keine ist gut, es ist eher eine Sache des Timings und der aktuellen Mentalität, ob Du gerade mit der Kraft eines Gewitters oder mit einem sanften Landregen arbeiten möchtest. Herzöffnen ist so ein sanfter und weicher Landregen, wenn Du ihn suchst. Mache es Dir gemütlich, zünde ein Kerzchen an oder eine Duftlampe (Aromaessenz Melisse!), lege die Hände auf Dein Herz und höre die Kassette *Opening the heart* von George Goulding. Ebenfalls geeignet ist die Musik *Sky dreams*. Bleibe mit den Gedanken in der Musik und höre jeden Ton, d. h. weder der Melodie voreilen noch hinterherhinken, sondern sie zu Dir »sprechen« lassen und richtig zuhören. Höre sie, als wenn Dich jeder neue Ton überraschen würde, Du sie noch nie vorher gehört hättest. Spüre, wie sich Dein Herz öffnet und alles, was Dich belastet, einfach hinwegströmt. Danach kuschele Dich ein wenig zusammen und genieße. Du mußt ja nicht gleich am Daumen lutschen, aber Du kannst gut zu Dir selbst sein und wie ein kleines Baby einfach 'mal Dich selbst genießen ohne irgend etwas zu »müssen«, denn müssen muß man gar nichts!!! Diese Methode ist sehr gut geeignet für diejenigen, die sich in ihrer Entwicklung gerade dabei befinden, ihr Herzchakra zu öffnen. Sie ist auch hervorragend geeignet, wenn Du keine Lust mehr hast, Widerstände abzusaugen. Wann immer das der Fall ist, wäre es Zeit, gut zu Dir selbst zu sein (siehe Lektion 1 – Frühwarnsignale beachten). Es ist alles nur ein Spiel, es gibt keine »Fleißkärtchen« zu gewinnen. Am erfolgreichsten bist Du immer dann, wenn Du gut zu Dir selbst bist. Also tue immer nur, was Dir entspricht. Bitte vergiß das nie!!!

Wie Du Widerstände aus Deinem Energiefeld »ausschwingst«

Mit Hilfe Deiner Gedankenkraft kannst Du auch pauschal Widerstände und Gedankenpakete ausschwingen. Diese Technik ist insbesondere dann geeignet, wenn Du keine Lust hast, Dich »hochzupowern«, sondern einfach nur Deine Ruhe haben willst, am liebsten die Bettdecke über den Kopf ziehen möchtest und sagen willst: »Laßt mich in Ruhe!« Diese Technik ist auch geeignet, wenn Du das Gefühl hast, einen Knoten im Bauch oder sonstwo zu haben, einfach wenn Du loslassen willst. Für diese Technik brauchst Du die Kassette *Das Rad* vom Tamas Laboratorium. Es geht auch mit einer normalen Hemisynch-Kassette zum Beispiel von Harald Wessbecher oder, wenn auch die nicht vorrätig ist, mit Wellenrauschen, zum Beispiel der Musik *Atlantischer Ocean*. Du benutzt hier den Walkman, damit der Hemisynch-Effekt (Ausgleich, Verschmelzung und Entspannung beider Gehirnhälften) eintritt. Dazu legst Du Dich gerade auf den Rücken, zum Beispiel ins Bett, oder falls Du Gefahr läufst, Dich dort umzudrehen, auf eine Couch. Dann stellst Du die Kassette an und stellst Dir vor, wie alles, was Du loslassen möchtest, in Form einer Spirale aus Deinem Sonnengeflecht abströmt und Deine Aura verläßt. Die Hände liegen dabei auf dem Sonnengeflecht. Du läßt also von innen nach außen los. Dabei denkst Du die ganze Zeit »loslassen« oder »ausschwingen«. Wenn Du dabei Deinen Atem ganz sanft beobachtest, erhöht das den Effekt. Laß das Ausschwingen von selbst geschehen und »pushe« Dich nicht, sondern zerfließe, wie Butter in der Sonne.

Ausschwingen II – für den Alltagsgebrauch

Wenn Du durch die Stadt gehst, stelle Dir vor, daß Du in einem violetten Wirl oder einer violetten Windhose spazierengehst, die alle Unklarheiten sofort reinigt. Wenn jetzt etwas kommt, was Dich stört, denke einfach »ausschwingen«, und lasse es durch den Wirl hinwegströmen. Im Laufe der Zeit lernst Du immer mehr, den Gedanken »ausschwingen« zu halten und so stundenlang durch die Stadt, einen Stau oder Charlie-Chaplin-Filme zu gehen, ohne davon berührt zu werden.

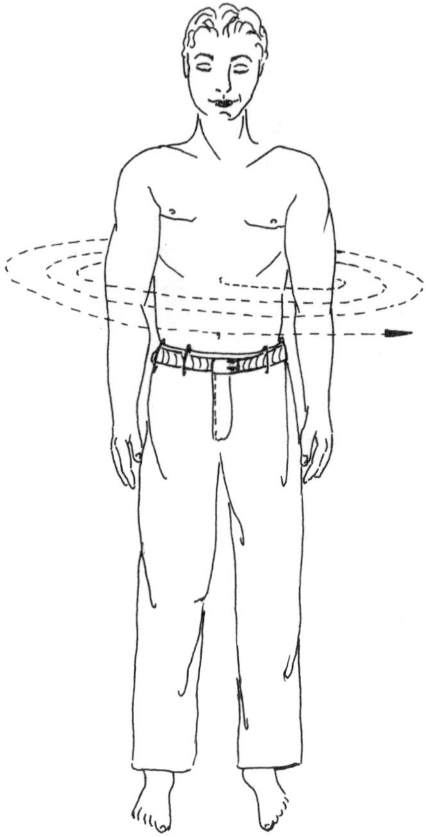

Wie Du Attraktionen in Dein Energiefeld »einschwingst«

Alles, was Du im Außen begehrst, kannst Du in Deine Aura einschwingen, und es nährt Dich – je nach Deiner Fertigkeit – nahezu genauso, manchmal sogar besser, als wenn Du es materiell zu Dir nehmen würdest. Beispielsweise ist bekannt, daß viele Yogis sich nur von Düften ernähren – sie riechen einmal am Tag an einem Apfel und sind satt. Durch »einschwingen« nimmst Du niemandem etwas weg. Wenn Du eine Zeitung

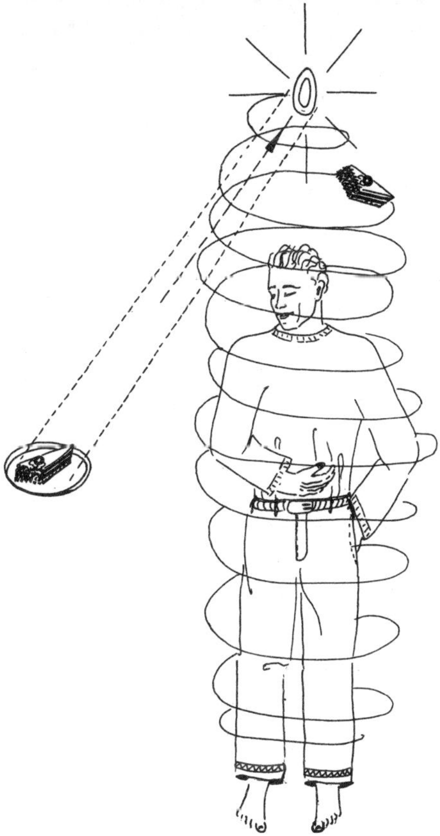

»ausliest«, dann hat derjenige, der sie nach Dir liest, ja immer noch die gleiche Freude daran, die Buchstaben sind ja nicht weg, ebenso ist es, wenn Du Dir einen Pfirsich oder ein Stück Schokolade »einschwingst«. Also auch eine hervorragende Methode für alle, die gerade kein Geld haben. Gehe einfach dorthin, wo das ist, was Du begehrst, und fühle, wie das, was Du begehrst, von Deinem »kosmischen Kristall«, der Sonne über Deinem Kopf aufgesogen und gereinigt wird und die Essenz in Form einer leuchtenden Flüssigkeit von dort aus in einer goldenen Spirale herunterfließt und in Deine Aura integriert wird. Die Einschaltung des »kosmischen Kristalls« ist wichtig, damit Du Deine Aura nicht verunreinigst, weil ja die Auslese durch den »Verdauungstrakt« hier wegfällt. Einschwingen kannst Du zum Beispiel die Essenz von einer Sahnetorte, einen erotischen Menschen, der an Dir vorübergeht, besonders gesunde Lebensmittel oder Präparate, die Vitalität eines Baumes oder eines jungen Hundes, eines Sonnenaufgangs, aber auch eines Ferrari, der gerade vorüberfährt. Letzteres bietet den Vorteil, daß Dir die autolosen Zeiten erspart bleiben, wenn Dein Luxusschlitten wieder einmal in der Werkstatt ist (es sei denn, Du begnügst Dich damit, in der Zeit Deinen »Rolls« aus der Garage zu holen). »Einschwingen« macht weder dick, noch nimmst Du jemandem etwas weg. Allerdings: Laß Deinen »kosmischen Kristall« ausfiltern, was er für richtig hält, und akzeptiere, daß er Unwesentliches, was momentan nicht für Dich gut ist, absaugt und verbrennt.

Experiment 2:

1. Probiere einmal für Dich: Der »rote« Sprung in die Badewanne, Freiatmen I, Freiatmen II, Cracken, Zertrümmern, Herzöffnen, Ausschwingen I, Ausschwingen II, Einschwingen I, »Einkreisen und Annähern«, »die Wand durchbrechen«, die »Viereckübung«.
2. Benutze das Arbeitsblatt »Willensbildung« für Deine persönliche Ausrichtung.
3. Mache die »Neun-Punkte-Übung«, d. h. versuche die neun Punkte wie im Text beschrieben mit drei geraden ununterbrochenen Strichen zu verbinden.
4. Liste auf: »Wodurch begrenzt Du Dich auf Deinem Weg zum Erfolg« und wähle als Überschrift: »Das Loslassen der Begrenzungen in Bezug auf ›Ich bin der totale Erfolg auf allen Ebenen!‹« Laß die Begrenzungen los und Dir vom Körper ein Signal geben, wenn das geschehen ist.
5. Benutze Liste 5 a für: »Was kann ich loslassen?« Dann notiere auf Liste 5 b unter »Ich Bin der totale Erfolg auf allen Ebenen«: »Was kann ich zulassen?/Was alles darf sein?«
6. Probiere mit einem Freund, Kollegen oder einem Partner die Technik »Herzschnur« und kommuniziere über ein heikles, für Deinen Erfolg aber gerade wichtiges Thema Deiner Wahl.
7. Setze Dich mit einem Freund, Kollegen, Partner oder mehreren an

einem Abend zusammen, einigt Euch auf ein bestimmtes Thema und macht die Übung »Erleichtern« bzw. »Zelt«. Für den ersten Abend kann es hilfreich sein, wenn Ihr die Bejahungen gemeinsam zusammenstellt und so gemeinsam herausfindet, was Ihr gemeinsam wollt. Für weitere Treffen könntet Ihr es so einrichten, daß immer jemand anderes das Ausformulieren bzw. »channeln« der Bejahungen als Hausaufgabe bekommt.

8. Mache die Dreieckmethode für die Bejahung »Ich bin der totale Erfolg auf allen Ebenen«.

Fazit von Lektion 2:

- Nutze die Chance, Dich immer wieder zu fragen: »Was will ich jetzt wirklich erleben?«
- Nutze die Chance, Einschränkungen gegen Deinen Erfolg mit Hilfe der »Dreieckmethode« abzusaugen.
- Nutze die Chance, Dich im Einzelgespräch mit Freunden oder im Gruppenprozeß unterstützen zu lassen.

Arbeitsblatt 2 (Muster) Willensbildung				
	Bereich	**Z –**	**Z +**	**KK**
1	Geld	60 000 DM Schulden	Geldsouveränität	Verantwortung
2	Berufung	Konfusion	Klare Ausrichtung	Dienen
3	Partnerschaft	»Häschen«	Traumfrau(en)	Selbstachtung
4	Freizeit	in Cafés sitzen	gemeinsame Unternehmungen	Kameradschaft
5	Mobilität	per pedes	eigenes Auto	Lebensfreude
6	Kleidung	korrekt	attraktiv	Selbstausdruck
7	Auftreten	passabel	anziehend	Vorbild sein
8	Freunde	kompliziert	Leben – lieben – lachen	das Positive fördern
9	Zeiteinteilung	gefühlsabhängig	bewußt	Expression
10	Beschäftigung	konsumieren	produzieren	erwachsen sein

Arbeitsblatt 2

Willensbildung

	Bereich	Z –	Z +	KK
1				
2				
3				
4				
5				
6				
7				
8				
9				
10				

Arbeitsblatt 3

Die Neun-Kreise-Übung

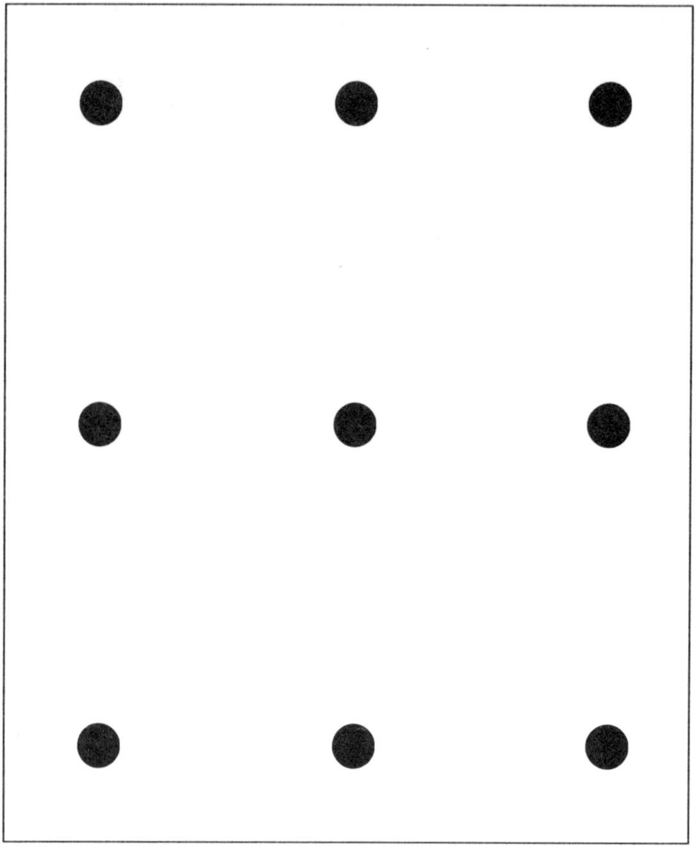

Arbeitsblatt 4 (Muster)

Das Loslassen der Begrenzungen bezüglich
»Ich bin der totale Erfolg auf allen Ebenen.«

Wodurch begrenze ich mich?

1 Ungeduld

2 Negative Selbstdarstellung

3 Abhängigkeit von Emotionen

4 Hemmungen

5 Kein Spaß am Erfolg

6 Reagieren statt zu agieren

7 Verärgerung über mein »Schicksal«

8 Nichtloslassen der Vergangenheit

9 Die Idee, alles schon versucht zu haben

10 Minderwertigkeitsgefühle

Arbeitsblatt 4

Das Loslassen der Begrenzungen bezüglich
»Ich bin der totale Erfolg auf allen Ebenen.«

Wodurch begrenze ich mich?

1 ....

2 ....

3 ....

4 ....

5 ....

6 ....

7 ....

8 ....

9 ....

10 ....

Arbeitsblatt 5 a

Was kann ich ganz konkret loslassen?

1 ....

2 ....

3 ....

4 ....

5 ....

6 ....

7 ....

8 ....

9 ....

10 ....

Arbeitsblatt 5b

Was kann ich ganz konkret zulassen?
Was darf sein?

1 ....

2 ....

3 ....

4 ....

5 ....

6 ....

7 ....

8 ....

9 ....

10 ....

Arbeitsblatt 6 (Muster)

Das Absaugen von Widerständen, Glaubenssätzen, Emotionen bezüglich »Ich bin der totale Erfolg auf allen Ebenen.«

1 Unerklärliche Hindernisse

2 Abhängigkeit von Außenreizen

3 Hemmungen

4 Angst, an Sympathie zu verlieren

5 Schwankungen

6 Schlappheit

7 Unbefriedigt sein

8 Bekannte, die mich in der »Versagerrolle« festhalten

9 Angst, an Zuwendungen zu verlieren und isoliert zu sein

10 Das geht nur mit Gewalt

Arbeitsblatt 6 (Muster)

Das Absaugen von Widerständen, Glaubenssätzen, Emotionen bezüglich »Ich bin der totale Erfolg auf allen Ebenen.«

1 ....

2 ....

3 ....

4 ....

5 ....

6 ....

7 ....

8 ....

9 ....

10 ....

Lektion 3

Integrieren!

Wende Dich nicht ab von möglichen Ereignissen aus der Zukunft, ehe Du sicher bist, daß Du nichts aus ihnen zu lernen hast

Integrieren macht frei!

Wir haben in Lektion 2 darüber gesprochen, wie Glaubenssätze Dich begrenzen und wie Du begrenzende Glaubenssätze »absaugen« kannst. Was bleibt, ist die »aktuelle« Wahrheit, die »bestmögliche« Wahrheit wohlgemerkt, denn eine Wahrheit kann nur so umfassend sein, wie der Verstand in der Lage ist, sie wiederzuspiegeln. Wenn ein Neger eines Urwaldstammes in Afrika, der noch nie in seinem Leben von Flugzeugen gehört hat, das erste Mal in seinem Leben ein Flugzeug sieht, wird er dieses vielleicht für einen donnernden Vogel halten, und »donnernder Vogel« wird auch die bestmögliche Wahrheit für den Neger sein, bis er eines Tages erfährt, daß »Donnervögel« weder beißen, noch sonstwie gefährlich sind, daß man sogar in sie hineinsteigen kann und daß sie einen sogar manchmal auf eine »große Reise« mitnehmen. Aber dafür muß der Neger erst einmal den Donnervogel in seinen Bordcomputer »integrieren«. Wenn Du einen Kunden anrufen willst, mußt Du »integrieren«, daß er Dich vielleicht für einen blöden Kerl hält, Dich blöde anmacht.

Du kannst die Liste beliebig ergänzen. Warum? Wenn Du beginnst, Kunden anzurufen, kramt Dein Oberflächenverstand das Bild aus seinem Archiv hervor, das er aufgrund von Vergangenheitserfahrungen zum Thema »Kundentelefonate« gespeichert hat und hält es Dir unter die Nase. Wenn Du »damals« vom Kunden abgelehnt wurdest, dann zeigt er Dir das alte Bild und fragt Dich: Willst Du das? Für ihn ist Kundenkreis gleich abgelehnt werden, gleich sich schlecht fühlen, gleich Minderwertigkeitskomplexe – aber ist das immer so? Nein, aber erst wenn Du den Mißerfolg integrierst, Du also sagst, ja »auch das« darf sein, öffnest Du Dich Deiner Intelligenz, die Dir sagt, daß es »auch anders« sein kann. Solange Du aber sagst: »Nein, genau so darf das nicht sein«, solange kann Intelligenz nicht wirken, weil der Oberflächenverstand beschäftigt ist mit »verhindern«, und »verhindern« ist ein Überlebensmuster. Immer, wenn Du sagst, daß Du »genau das nicht« willst, stellst Du den Plattenspieler mit den alten Mustern an. Also sage: »Ja! Alles darf sein!« Sobald alles sein darf aber nichts sein muß, entstehen für Dich ungeahnte Möglichkeiten, aber erst dann – deshalb lerne zu integrieren!

Es gibt in Wahrheit keine Feinde

Wir denken oft, uns »schützen« zu müssen. Dabei gibt es in Wahrheit keine Feinde, sondern nur Energien, die wir noch nicht verstanden haben. Nehmen wir einmal an, Du hast viele Jahre lang Knatsch mit Deinem Nachbarn, Deiner Klassenfreundin oder Deinem Vermieter, und Du denkst, mit dem kommst Du nie so richtig zusammen – und dann sprichst Du Dich mit ihm eines Tages so richtig aus, und ihr werdet zwei richtig dicke Freunde. Wie kommt das? Nun, Du hast *ihn* vorher nicht verstanden, und er hat *Dich* vorher nicht verstanden, ihr hattet verschiedene Standpunkte, und aus den verschiedenen Stand-Punkten heraus erschien der andere im wahrsten Sinne des Wortes als ver-rückt. Sobald Du aber Dich in den anderen hineinversetzt hast und er sich in Dich, kannst Du ihn plötzlich voll verstehen und erkennst: Ja, wenn ich sein Leben erlebt hätte, dann hätte ich auch eine Wut auf kläffende Hunde oder was auch immer Du früher nicht an ihm verstanden hast. Jetzt weißt Du plötzlich, warum er so ist, und dann hat er bei Dir einen »Stein im Brett« und kann eigentlich tun, was er will, Dir macht das nichts mehr aus. So kommst Du durch Kommunikation, engl. common = gemeinsam, lat. comittere = das Gemeinsame finden) von der Toleranz über die Akzeptanz zur Liebe. Von den verschiedenen Ansichten über die Einsicht, d. h. »das eine sehen«, in die Einheit, d. h. daß ihr Euch eins seid. Deshalb ist Kommunikation im Sinne von »zusammenfinden« so wichtig. Ein weiser Mann hat einmal gesagt: »Besser man rauft sich zusammen als man träumt sich auseinander.« Integration heißt also, daß die Dinge zusammenkommen.

Jetzt könntest Du meinen, es gäbe vielleicht wirklich Feinde, vor denen man sich schützen müßte – ich bezweifle das. Die jüngste politische Entwicklung zeigt, daß das, was die Leute unter »kaltem Krieg« verstanden haben, eine reine Illusion war, die nur solange vorherrschte, wie die Identifikationen dachten, daß kalter Krieg nötig wäre. Kalter Krieg ist, wie wenn die rechte Hand meint, sie müsse auf die linke Hand aufpassen, damit sie nicht immer so schnell zuschlägt und die rechte Hand zur linken meint, sie müsse diese dauernd aus der Tasche ziehen, weil die so schüchtern ist.

Wenn Du integrieren willst, ist es allerdings wichtig, daß Du demjenigen, den Du integrieren willst, auf die richtige Art und Weise, im richtigen »Winkel« begegnest. Wenn Du einem Freund in den Rücken fällst, kann das unangenehmer werden, als wenn Du einem Gegner frontal gegenübertrittst. Ich möchte die Astrologie verwenden, um die verschiedenen Energien, mit denen wir konfrontiert werden, zu erläutern, wobei die Energien sich in unserem Leben bemerkbar machen als Menschen, die wir mögen oder nicht mögen, Lebenssituationen, mit denen wir viel zu viel oder leider viel zu wenig konfrontiert werden, Dinge, die wir mögen, teilweise mögen, nicht mögen, Laß uns die Astrologie nutzen, um ein kosmisches Verständnis von Energien zu bekommen. Hierbei ist nicht wichtig, ob Du an Astrologie »glaubst«. Wenn Du mit Astrologie nichts zu tun haben willst, dann begrenze Dich nicht dadurch im Weiterlesen, daß Du Astrologie ablehnst. Ich möchte die Astrologie nur benutzen, um den Horizont zu erweitern. Wenn Du Dich dadurch begrenzen würdest, wäre das so, wie wenn ich über Weltfrieden spräche und dabei die Länder Rußland, Amerika und China hernehme und Du aufhörst weiterzulesen, weil Du Chinesen nicht magst. Sieh also das Ganze bitte nur als ein Gedankenmodell an, um Integration zu verstehen!!!

Gleichnis 3:

Lebensweg der Sternzeichen graphisch gedeutet

Widder: Ob all seiner Bocksprünge verliert er keineswegs die Richtung aus den Augen.

Stier: Eine gerade Linie ist der Lebensweg des Stiers, was sich ihm auch an Freud und Leid entgegenstellen mag.

Zwillinge: Flitzt gekonnt in alle Richtungen gleichzeitig und vergißt gelegentlich, wo er eigentlich selber steht.

Krebs: Er verläßt sein Schneckenhaus nur, um sich in ein neues zu verkriechen.

Löwe: Er rennt unverdrossen vorwärts, auch wenn er immer wieder auf der gleichen Ebene beginnen muß.

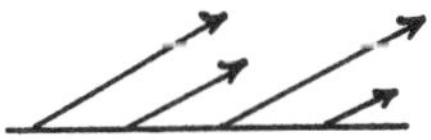

Jungfrau: Hier werden ihre komplizierten Lebenslinien einen Platz bekommen, sobald man sie sichtbar machen kann.

Waage: Ein ästhetisch-ätherisches Blumengebilde. Sie überläßt es den anderen, darin enthaltene Stacheln zu vermeiden.

Skorpion: Wer sich in diesem Wirbel verfängt, ist selber schuld, wenn er darin umkommt.

Schütze: In diesem Konzentrat ist keine Linie mehr zu erkennen.

Steinbock: Schraubt sich beharrlich in die Höhe und nimmt dabei Abstiege und Rückschläge in Kauf.

Wassermann: Hier ist er in das Universum eingetreten. Wohin ihn die Parabel seines Lebens führt, weiß keiner.

Fische: Rhythmisch bewegte Wellen tragen den Fisch über die Untiefen des Lebens hinweg – und machen Zuschauer seekrank!

Alle Teile seiner Selbst zulassen

Die Mystiker sagen, daß eine Seele eine kosmische Mischung ist, die aus zwölf verschiedenen Strahlen zusammengesetzt ist, die sich in zwölf Energiezentren, sogenannten Chakren, konzentrieren, im Klartext: Daß Du von der »Quelle« her gesehen nichts anderes bist als die Mischung aus zwölf Energieeinstrahlungen, daß es diese »Einstrahlungen« sind, die Leben schaffen. Eine Seele ist also nicht nur so und nicht so, sondern sie ist eine »Mischung« und hat viele Aspekte. Vielleicht hast Du selbst schon gemerkt, daß viele Seiten in Dir wohnen und gelebt werden wollen. Aus Angst davor, daß an diesen Teilaspekten irgend etwas nicht in Ordnung ist, hast Du vielleicht früher die eine oder die andere Seite unterdrückt. Der »Mönch« in Dir hat den »Lebemann« abgelehnt und versucht, sich durch Beten und Fasten zu »reinigen«, das »Tier« in Dir hat den »Controller« in Dir abgelehnt und hat versucht, durch ein Hippieleben Dich davon zu befreien. Dabei ist nichts gut und nichts schlecht. Alles bist Du. Integration erlaubt Dir zu integrieren, was Du nicht für integrationsfähig gehalten hast. Grenzt Du Dich gegen alles ab, sagst also: »Ich bin nicht meine Muster, ich bin nicht meine Rollen, ich bin nicht meine Vergangenheit«, dann ist das eine wunderbare »Schlankheitskur«, aber irgendwann einmal solltest Du damit aufhören, denn wenn Du sie zu extrem bis zur letzten Konsequenz betreibst, löst Du Dich in Nichts auf – erst ißt Du kein Fleisch mehr, dann keinen Zucker mehr und hinterher gar nichts mehr, und das ist fein – das ist der Weg ins »Nirwana«. Das Wort »Nirwana« stammt aus dem Sanskrit und bedeutet »Auslöschen der Lebensflamme«, Du hast kein Problem mehr, weil Du nicht existierst, ein Weg für »Lebensmüde« also – »they never come back«. Und dann gibt es noch das »Sat Chit Ananda«. Dieses Wort kommt ebenfalls aus dem Sanskrit und bedeutet: Existenz-Bewußtsein-Glückseligkeit. Im Klartext soll das heißen: In der Existenz zu sein bedeutet Glückseligkeit. Das ist der Traum der Götter, der »Sahaja-Samadhi«, von dem Sri Chinmoy spricht – leider haben ihn erst wenige erreicht. Der Traum der Götter ist es, in dem »Legoland«, das wir Erde nennen, zu leben, aber als Gott, d. h. im Körper, aber mit den Möglichkeiten eines Gottes.

Das »Experiment Menschwerdung«

Es gibt eine alte Sage. Nach dieser Sage teilte sich Gott in zwölf verschiedene Sternengötter. Jeder war für sich vollkommen und großartig und hatte hochrangige Qualitäten. Diese zwölf Sternengötter hatten die große Sehnsucht, als Götter miteinander zu kommunizieren, aber da sie so verschieden waren wie die Elemente Eisen, Kobalt, Nickel, Gold, Silber, Platin, Zinn, Blei, Aluminium, Kupfer, Titan und Palladium, kamen sie nie zusammen. Also beschlossen sie, ihre Energien in einem »Experimentierfeld« zusammenzugeben in der Hoffnung, kosmische Wesenheiten zu finden, die alle ihre Talente, die sie getrennt hatten, miteinander integrieren konnten. Es ist so, als wenn man versuchen würde, ein Tier zu schaffen, daß die Übersicht einer Giraffe, die Kraft eines Elefanten, die Wendigkeit eines Hasen, die Instinkte eines Hundes, die Geschmeidigkeit einer Katze usw. hätte. Also beschlossen die Götter, einen Schmelztiegel des Bewußtseins zu schaffen und in diesen die Samen ihrer Energien zu geben, d. h. sich hineinzufühlen, aber jeweils zu einem anderen Teil. Bei diesem Experiment stellten sie allerdings bald fest, daß diese »kosmische Mischung« ein separates Bewußtsein entwickeln mußte, weil sonst die Verschiedenartigkeit der Energien das neue Wesen sofort wieder in zwölf Teile zerteilt hätte. Also prozessierten die kosmischen Götter in den Körpern, in die sie sich hineingefühlt hatten, bis Wesen heranwuchsen, die wir heute Menschen nennen.

Menschen sind Repräsentanten dieser kosmischen Mischung, und wenn Sternengötter heute einen Menschen sehen, geben sie die Hoffnung nicht auf, daß sich dieser Mensch eines Tages zu einem Übermenschen entwickelt, der alle kosmischen Eigenschaften in sich integriert – nicht zu einem Übermenschen, wie er um 1930 populär war, sondern in der Form, die es jedem gestattet, sich als Übermensch auszudrücken, unabhängig von seiner »kosmischen Mischung«. Sri Aurobindo sagt: »Das Schöne am Menschen ist, daß er eine Brücke ist, kein Zweck.« Und Sri Chinmoy sagt: »Wenn ein Sternengott oder ein kosmisches Wesen wieder Gott sein will, muß er auf diesen Planeten kommen.« Dieser Planet sollte von Göttern bewohnt sein, nicht nur von Göttern in der Form von mittelklassigen Zauberkünstlern, die irgend etwas zum Verschwinden oder zum Erscheinen bringen und sich davon Beifall erwarten, sondern von kosmischen Wesen, die alle Widersprüche in sich integriert haben und deshalb auch außen keine Widersprüche mehr sehen. Damit dies möglich ist, muß ein erstes Mal die Möglichkeit für die Möglichkeit geschaffen werden – ist es einer »Identität« möglich, sich als Übermensch auszudrücken, ist es allen möglich, es ist nur eine Frage von Zeit, und Zeit ist dann nicht mehr wichtig.

Eine solche Integration, in der die ganze Erde von Übermenschen bevölkert ist, wäre eine Möglichkeit, daß der uralte Traum Gottes in Erfüllung geht, daß er mit sich selber spricht, und doch verschiedene Wege geht, und doch nie die Einheit aus den Augen verliert. Es wäre dann, als wenn die rechte und die linke Hand ausschweifen könnten über das ganze Weltall, sich in aller Ferne verlieren, völlig verschiedene Dinge tun und doch immer im Bewußtsein der Einheit und des Friedens blieben. Keine Form des Friedens also, in der die rechte und die linke Hand durch einen Mullverband aneinander gebunden werden, damit sie sich nichts tun können, sondern eine Form, in der Freiheit und Göttlichkeit eins werden.

Von der Isolation über die Integration zur Expression

Ich hatte einen Traum. In diesem Traum »klonte« sich die Erde in drei Teile. Der Begriff »klonen« kommt aus der Biologie. Es gibt Lebewesen, die sind Mann und Frau zugleich und pflanzen sich fort durch einfache Verdoppelung. In den Romanen von *Superman* gibt es Terra I (die Erde) und darüber hinaus noch Terra II und Terra III.

Stelle Dir vor: Auf Terra I gibt es Superman und Batman, auf Terra II gibt es weder Superman noch Batman und auf Terra III sind alle Supermänner. In meinem Traum teilen sich die drei Welten auseinander, so wie sich drei Scheiben voneinander wegbewegen, und wie durch drei verschieden gepolte Magnete gehalten, blieben automatisch auf jeder der drei Welten andere Identitäten hängen. Es war also nicht so, daß die Erde sich weiterentwickelte, wie man denken mag, sondern so, daß sie sich tatsächlich zweimal »klonte«.

In meinem Traum sah ich dieser Entwicklung zu und wollte verstehen, was da ablief, da kam mein »Copilot« mit einem großen Zeigestock hinzu, und während wir gemeinsam auf die drei Scheiben schauten, sagte er zu mir: »Alle zweitausend Jahre gibt es auf der Erde große kosmische Bewegungen, die die Entwicklung der Erde in einen neuen Prozeß bringen. Man könnte sagen: Stufe I des Bewußtseins war die Zeit vor Adam I, in der der Mensch noch nicht vom Baum der Erkenntnis gegessen hatte und noch sehr unbewußt im Garten Eden lebte. Dann kam Adam, der erste Avatar, und läutete damit das Zeitalter des Widders und damit Stufe II, die Individualisation ein. Der Mensch vertrieb sich aus Garten Eden, soweit er sich selbst erkennen wollte. Die Individualisierung, ein Geburtstagsgeschenk, manchmal fälschlich als Strafe gedeutet. Der Mensch verdiente im Schweiße seines Angesichts sein Brot. Im Laufe der Zeit teilen sich die Entwicklungsströme der Menschheit je nach Lebensabsicht. Für einen Teil der Menschheit trat Christus durch Jesus als zweiter Adam in Erscheinung, als zweiter Avatar , der für diese Menschen das Zeitalter des Fisches einläutete. Das Fische-Zeitalter symbolisiert Stufe III des Bewußtseins, die Vergrößerung: Dies ist in den letzten 2000 Jahren geschehen, dort gab es Mord und Totschlag, die größten Kriege, Klöster, Schreie nach Gott und vor allem Schreie nach Freiheit – so war für genau diese Wesen Christus durch Jesus die Vorbereitung für Lord Maitreya, den Wassermann, der die vierte Stufe einleitet, den Fluß. Die Energie des Wassermannzeitalters bringt Dinge in Fluß, alte Strukturen werden niedergerissen, Lügen werden aufgedeckt, alles wird umgeformt – das Musical *Hair* und der Song *Aquarius* als Symbol für das Zeitalter des Wassermanns. Dies allerdings nur für die Identitäten, die sich für diesen Weg entschieden haben. Für andere Wesen gab es andere Zweite Adams, zum Beispiel Mohammed – Du warst ja selbst zu Tränen gerührt und ergriffen, als Du in einer Moschee die Energie Mohammeds gespürt hast und das Gefühl hattest, daß diese wahrhaft gewaltige Seele der Verkünder einer fernen Zukunft ist, von der die Menschheit noch nicht einmal die Ahnung hat, daß so etwas möglich sein könnte, ein Ideal, das wirklich kosmisch ist; leider haben viele Mohammed ebenso mißverstanden, wie es die Christen mit Christus durch Jesus getan haben. Mohammed war der Prophet für die Wesen, die sich für diesen Weg entschieden haben. Vergiß nicht, daß die Erde ein multidimensionaler Fokus ist, in dem sich das ganze Weltall mit allen Sternengöttern spiegelt, und Mohammed war wahrhaftig ein kosmischer Gott, wie es keinen zweiten gibt, genau wie Christus durch Jesus! Lord Maitreya ist die Ernte von dem, was Christus durch Jesus gesät hat.«

Wir schauten weiter auf die Entwicklung der drei Scheiben. Terra I blieb im Fische-Zeitalter, in dem es nach wie vor Gurus gab und Halbgötter, die den Leuten halfen, den Kontakt zum großen Gott in sich herzustellen, Trost und Kraft zu spenden. Terra II ging ins Wassermann-Zeitalter, wo jeder zu sich selbst zu erwachen suchte. Hier entwickelten sich Gleichheit, Freiheit, Brüderlichkeit, »Denkmäler« wurden gestürzt, und jeder hatte eine direkte Beziehung zum Göttlichen, ohne durch Dogmen oder Rituale an irgend etwas gebunden zu sein. Und dann gab es noch etwas: Terra III ging völlig unerwartet plötzlich ins Steinbock- statt ins Wassermann-Zeitalter, in eine Zeit, die normalerweise erst in 2000 Jahren stattfinden sollte. Auf Terra III wollten die Identitäten wieder ihre Muskeln spielen lassen, aber nicht gegen irgend jemanden, sondern für sich selbst, die »neuen Menschen« gingen in eine »doppelte Transformation« und entwickelten sich statt zu »Luftikussen« plötzlich zu den »Übermenschen«, von denen der Kosmos immer geträumt hat, zu »Steinböcken«, die in der Lage waren, selbständig und immer wieder von tiefster Dunkelheit ins größte Licht zu schreiten. Die Brüderlichkeit wurde integriert, aber jetzt mit dem Fokus von Kraft – die Zeichen der Zeit für das Steinbock-Zeitalter. Die Fischmenschen auf Terra I riefen: »Wir wollen einen Vater!« Die Wassermänner auf Terra II riefen: »Wir wollen alle Brüder sein!« Und die Steinböcke auf Terra III riefen: »Wir wollen Gottmenschen um uns, nicht nur Brüder, wir wollen uns gegenseitig antreiben, nur Brüderlichkeit ist uns zu langweilig.«

Mein »Copilot« fuhr fort: »Ein Kurzsichtiger im Fische-Zeitalter kauft sich eine Brille, aber fühlt sich nicht so gut, wie ein Vollsichtiger. Ein Kurzsichtiger im Wassermann-Zeitalter sagt: Ich bin kurzsichtig, aber auch das ist vollkommen, ich bin eben vollkommen kurzsichtig, und daran brauchen wir auch nichts zu ändern. Im Steinbock-Zeitalter sagt er: Natürlich ist Kurzsichtigkeit göttlich, aber jetzt werden wir einmal anders göttlich, nämlich vollsichtig, und trainiert dafür. Wenn die Zeichen der Zeit wechseln, gibt es oft eine doppelte Chance, wenn man weiß, wie man durch den Tunnel fällt, die Chance, seiner Zeit 2000 Jahre vorzuspringen ins Steinbock-Zeitalter, d. h. ins Jahr 4000, wie wir es heute nennen würden. Dies entspricht bereits Stufe fünf der Bewußtseinsentwicklung der göttlichen Struktur, und das ist auch die Aufgabe des Steinbocks: Strukturen bauen, um von der dunkelsten Dunkelheit ans Tageslicht zu kommen. Natürlich muß der Steinbockmensch zuerst einmal auch Gemütlichkeit lernen, sonst kommt er mit seinem Gegenpol, dem Krebs, in Konflikt, und der Aufstieg klappt nicht. Du siehst, auch hier braucht es Synthese!

Manifestation geschieht durch Wort, Bild und / oder Gefühl, wobei immer das Hauptgewicht auf einem der drei Fokusse liegt, der als Magnet wirkt und die anderen beiden Fokusse anzieht. Im Fische-Zeitalter haben sich die Menschen manifestiert durch Vergrößerung, d. h. indem sie sich einbildeten, was sie vergrößert haben wollten – Imaginationstraining ist ein Ableger aus dieser Zeit. Im Wassermann-Zeitalter werden die Identitäten entdecken, daß einbilden nicht mehr funktioniert, und lernen, ihren Schallplattenspieler abzustellen und nur durch Gefühle zu manifestieren. Sie werden verstehen, einen emotionalen Fokus zu halten, der sie innerhalb des Flusses durch ihr Gefühl genau dorthin lenkt, wo das ist, was sie wollen. Statt sich Bilder von Reichtum anzuschauen, werden die Wassermänner beginnen, Reichtum zu fühlen und sich über das Gefühl an das Ergebnis herantasten.

Im Steinbock-Zeitalter wird die Manifestation über das Wort geschehen, d. h. die Steinbockmenschen werden das Wort sprechen, und daraus wird sich Gefühl und Bild ergeben, der Magnetische Punkt ist also ein anderer. Dafür muß der Steinbock, ob er will oder nicht, über den Ich-Bin-Prozeß gehen, d. h. die Ich-Bin-Kraft sein, sonst läuft da nichts! Christus durch Jesus repräsentiert den Start des Fische-Zeitalters, Maitreya den des Wassermann-Zeitalters und St. Germain den des Steinbock-Zeitalters. Wenn Du Dir das Gemälde anschaust, in dem Jesus an St. Germain die Schlüssel übergibt, dann siehst Du, daß zwischen den beiden eine große Sonne leuchtet – das ist Maitreya, der Wassermann. Wir befinden uns also hier an einer doppelten Wegzweigung, quasi – um in der Evolution der Tierwelt zu sprechen – wo der Fisch zum Krebs oder zum Adler werden kann, wo er die Wahl hat, eine doppelte Transformation einzugehen. Eine gnadenvolle Zeit für alle drei Welten!!! Wenn Du willst, lege doch einmal drei Listen an und ordne alles, was Du erlebst, den drei Energien Fische, Wassermann und Steinbock zu, zum Beispiel Filme wie James Bond, Gurus, Politiker, Musikrichtungen, Eigenschaften, Intentionen etc. – dann weißt Du, in welche der drei Welten Deine Erde strebt!« Damit endete mein Traum!

Zurück zur Praxis: Ohne Integration kein Erfolg! Wenn Du das, was Dir begegnet, nicht in irgendeiner Form integrierst, stoppst Du Dich und verkriechst Dich hinter Deinen vier Wänden, wo Du alt und schimmelig wirst. Also laß uns erst die Synthese finden, die Dinge in den Fluß bringen, um dann zu überlegen, ob Du noch einen draufsetzen und zum »Bodybuilding« übergehen willst, der nächsthöheren Stufe.

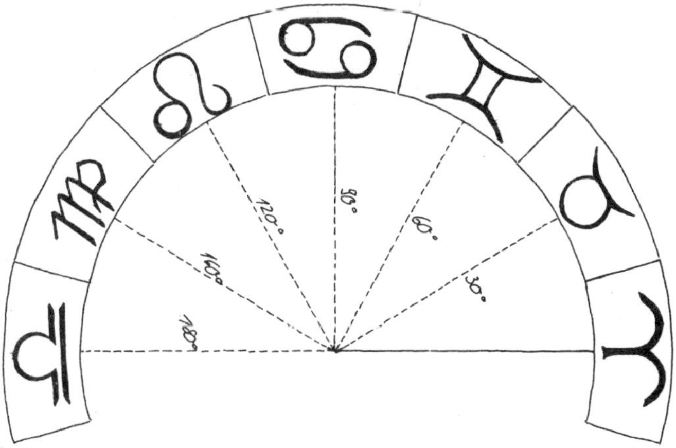

Das »Und-Zugleich«: Oppositionen ermöglichen Aufstieg

Auf der Horoskopscheibe siehst Du die Symbole der verschiedenen Sternkreiszeichen. Wenn Du zum Beispiel am 21. März geboren bist, so sagt man, bist Du ein »Widder«, d.h. die Sonne stand bei Deiner Geburt im Sternzeichen Widder. Der typische Widder zeichnet sich dadurch aus, daß er sich dauernd die Hörner einrennen muß, d.h. kaum sieht er eine Wand, schreit er »Hurra« und stürzt sich darauf los. (Astrologen bitte ich bei dieser sehr vereinfachten Erklärung ausnahmsweise einmal ein Auge zuzudrücken, wir könnten es auch wesentlich komplizierter darstellen, aber mir geht es hier ums Prinzip, nicht um Haarspalterei). Aus der Mathematik weißt Du vielleicht noch, was ein »Winkel« ist. Wenn Du genau zur entgegengesetzten Zeit, zum Beispiel am 23. September, geboren bist, dann sagt man, Du bist eine Waage. Der Winkel zwischen

Widder und Waage beträgt 180°, d.h. Widder und Waage stehen genau gegenüber, sie sind genau verschieden, das nennt man eine Opposition. Eine typische Waage will scheinbar genau das Gegenteil vom Widder: Sie will Harmonie, Ästhetik, sich an Schönem erfreuen, alles, nur keine Wände einrennen. Wenn jetzt ein typischer Widder und eine typische Waage zusammenleben und nicht Intelligenz einsetzen, um Integration zu finden, bekommen sie normalerweise sofort Krach, weil ihre Absichten so verschieden sind. Wenn Widder und Waage jetzt Intelligenz nutzen, um ein übergeordnetes Prinzip zu finden, dann kommen sie gut zusammen klar.

Wie läuft das mit dem »übergeordneten Prinzip«? Schauen wir in die Politik: Was ist das »übergeordnete Prinzip« von Regierungspartei und Opposition? Demokratie! Keine Demokratie ohne Opposition, und Du kannst der Opposition dankbar sein, daß sie hilft, Demokratie aufrechtzuerhalten. Beseitigst Du die Opposition, beseitigst Du zugleich auch die Demokratie. Wenn Du Fernsehen siehst und ärgerst Dich darüber, daß die sich da auf der Rednerkanzel im Bundestag dauernd streiten, und Du bist von der CDU, denke nicht: »Warum diskutieren die so blöde, die von der SPD müßte man erschießen!« Denke: »Hurra, hier findet Demokratie statt!« Ich war früher in der Politik und habe selbst erlebt, wie zwei Politiker, die sich noch kurz zuvor in der Diskussion die Klamotten an den Kopf geschmissen haben, danach in eine Bonner Kneipe »einen heben« gegangen sind und zwar als dickste Freunde – sie tun ihren Job und wissen um das »Spiel auf der Bühne«! Und wenn die politischen Parteien im Bundestag sich anschreien, in Wahrheit feiern sie Demokratie – das ist das Überziel.

Was kann jetzt der Überfokus von Widder und Waage sein? Vielleicht Freude!!! Jeder hat Freude, nur eben an etwas anderem. Der Widder hat Freude an Neuem, die Waage hat Freude an Geschaffenem. Wenn Du also ein Widder bist und eine Waage triffst, kannst Du Dich ruhig mit ihr konfrontieren, wenn Du als Fokus »Freude« wählst. Wenn Du selbst in Deinem Horoskop Widderaspekte und Waageaspekte hast, kannst Du die »Verdammung«, die dadurch entsteht, sofort »entdammen«, indem Du beginnst, Freude auszudrücken. Dann beginnen beide Aspekte, füreinander zu arbeiten und nicht gegen einen von beiden. Laß den Widder tun, was der Widder tut, und die Waage, was die Waage tut, und beide haben Freude! Synthetische Astrologie kann also bedeuten, nicht sich zu fragen, wo wer welches Karma verbockt hat oder was wem alles in Zukunft passieren könnte, synthetische Astrologie kann bedeuten, zu überlegen: Was ist die große Synthese, zu der alle Teilaspekte von mir, alle Rollen, die ich spiele, miteinander integriert werden können. Dafür braucht es natürlich Grips und Intuition. Grips bekomme ich durch Willen und Intuition durch Hingabe. Nimm doch einmal die Gegensätze in Dir, in Deinem Leben und bringe sie zusammen, und schon hast Du alle Energie, die früher verzettelt wurde, auf einmal. Was wären jetzt Synthesen bei anderen Horoskop-Oppositionen? Nun, Du kannst für Dich herausfinden, was es genau für Dich bedeutet, denn jeder hat andere Interpretationen. Als Synthese von Stier und Skorpion könntest Du Kraft herausfinden – jeder will Kraft ausdrücken, nur auf einem anderen Gebiet. Als Synthese von Zwilling und Schütze Bewegung – beide sind immer auf Achse, wenn auch in anderem Sinne. Als Synthese von Krebs und Steinbock Treue, von Löwe und Wassermann Expression, von Jungfrau und Fische Vertrauen etc. Was lernen wir daraus? Wann immer Du einer Opposition begegnest, bist Du gefordert aufzusteigen, statt zu denken »er oder ich«, »schwarz oder weiß« – Gegnerschaft ist nur fehlende Intelligenz! Wenn Du beispielsweise glaubst, »sieben« ist die höchste Zahl im Universum und triffst auf jemanden, der meint »acht« ist die höchste Zahl, so bist Du aufgefordert, auf »sechsundfünfzig« zu steigen, da kann er Dir nicht mehr widersprechen, denn die sechsundfünfzig enthält in sich auch die sieben. So erschafft das Universum ständig durch Konfrontation und Opposition Fortschritt. Du kannst ein richtiges Intelligenzspiel daraus machen, Dir Oppositionen einfallen zu lassen und sie zusammenzubringen, und ich würde Dir das auch empfehlen, denn dadurch schaffst Du Grips, d. h. Du verbindest in Deinem Gehirn Gehirnareale miteinander, die sich bisher feindlich gegenübergestanden sind. War für Dich früher die Erfüllung der Arbeit und der Genuß der Freizeit ein Gegensatz, so bringst Du beides zusammen zum Fokus Selbstausdruck und fängst von da an an, Deine Arbeit auch zu genießen und in Deiner Freizeit auch Erfüllung zu finden. Dadurch entsteht ein neues Bewußtsein.

Mit Oppositionen kannst Du allerdings noch mehr machen! An Oppositionen kannst Du Dich auch aufladen. »Konkurrenz belebt das Geschäft« heißt es so schön. Bist Du Tennisturnierspieler, dann lädst Du Dich natürlich am Gegner auf. Wir müssen hier also fein unterscheiden lernen zwischen »sich aufladen« (konstruktiv) und sich ärgern (destruktiv)! Ohne Gegner würdest Du nie richtig trainieren – also Gott bewahre Dir Deine »Gegner«! Tennis ist eine der »esoterischsten« Sportarten überhaupt: Sich im richtigen Winkel zum Ball (Situation) stellen, spielerische Konzentration, Ball und Schlägerschwung einander anpassen (zur richtigen Zeit das Richtige tun) – und vor allem: Sich am Gegner aufladen! Ich weiß noch, wie meine Mutter vor dem Endspiel immer nervös war, aber ihre Gegnerin hat sie »herausgefordert«, also hat sie wochenlang dafür trainiert, und dann war sie auch in Topform und hat meist den Blumentopf auch gewonnen.

Das Mandalin

Um zu wissen, daß Du »göttlich« bist, brauchst Du nicht Oppositionen zu integrieren. Du bist göttlich, warst göttlich und wirst immer göttlich sein. All das, was wir hier machen, ist nur gut, damit Du Dich hier mehr ausdrücken kannst. Du mußt es aber nicht, es ist ein reines Spiel. Bei allem, was Du tust, vergiß nicht, daß Du nicht die Opposition bist, die Du integrierst, Du bist ein »göttliches« Wesen, Bewußtsein, das Unterbewußtsein verzehrt. Nehmen wir einmal an, Du hältst Dich für eine Maus. Solange Du glaubst, Du bist eine Maus, mußt Du Angst vor Schlagen haben und organisierst Anti-Schlangen-Terrorgruppen, wobei auf der anderen Seite jetzt die Schlangen beginnen, sich mobil zu machen. Solange Du Dich mit »Maus sein« identifizierst, sind Schlangen wirklich gefährlich. Jetzt findest Du den Überfokus von Schlange und Maus, und das heißt »Igel« – ein Igel verspeist Schlangen und Mäuse, und beides schmeckt ihm köstlich. Der Titelumschlag des Buches *Mandalin* ist ein schönes Symbol für Aufstieg und Integration. Jedes Symbol ist aus kosmischer Sicht Integration durch Aufstieg, denn Symbol kommt aus dem griechischen »symballein« und bedeutet »zusammenwerfen«, im Gegensatz zum Diabolos, dem »Auseinanderwerfer« (griech. »diaballein«). Fazit: Immer wenn Du das übergeordnete Prinzip findest und ausdrückst, bist Du Herrscher über beide Pole!!!

Leben jenseits von »gut« und »böse«

Was ist der Überfokus von »gut« und »böse«? Kosmisches Spiel! Wer »kosmisches Spiel« erkennt, bleibt von gut und böse verschont. In einer alten Sage heißt es, daß Brahma, ein Drilling der Gott-Trinität Brahma-

Vishnu-Shiva, nachdem alle Dämonen besiegt waren und in Fesseln lagen, die Dämonen für alle Zeiten einschläfern wollte. Da erkannte er: Ohne Dämonen kein kosmisches Spiel. Beseitigt er die Dämonen, beseitigt er zugleich auch das ganze Spiel, und alles fällt in sich zusammen; also weckte er sie wieder auf, und es begann ein neues Spiel. Tötest Du Deine Opposition, tötest Du Dich selbst, denn Dein Dual (Du All) ist die Opposition.

Der Sinn des Lebens heißt nicht, »besonders gut« sein zu wollen, das macht nur pervers. Das schafft Schuldgefühle und Homosexualität im Kloster. Es heißt auch nicht, sich zu betrinken und nicht mehr zu beten, sondern: Wenn Du betest, betest Du, und wenn Du Dich betrinkst, betrinkst Du Dich, und wenn es Dir nicht entspricht, Dich zu betrinken, dann entspricht es Dir nicht, und dann wird das schon ein anderer für Dich tun. Der Sinn Deines Lebens ist, Dich selbst auszudrücken, wie fromm oder wie unfromm es Dir entspricht, und die Sorge um gut und böse denen zu überlassen, die in »gut« und »böse« denken. Sri Krishna zog auch in den Krieg, weil es ihm entsprach, und war ein Heiliger, wobei seine Motivation, ein Krieger zu sein, vielleicht etwas anders war als die derjenigen, die sich noch mit dem »Täter« identifizierten, aber dazu kommen wir später.

Oppositionen als Sprungbretter nutzen

Feiere Deine Oppositionen und nutze sie für Deinen »Aufstieg«, statt sie vernichten zu wollen! Vielleicht willst Du »Liebesromanzen«, und was Dich daran hindert, ist die Absicht, ein Buch zu schreiben. Nun, wenn Du diese beiden Gegensätze nicht miteinander zusammenbringst, dann wirst Du Dich immer wieder entweder beim »Flirten« erwischen und sauer sein, weil Du gerade nicht an Deinem Schreibcomputer arbeitest, oder aber es wird Dir am Schreibcomputer der Saft ausgehen, weil Du nicht flirten »darfst«, d. h. normalerweise macht das Unterbewußtsein das für Dich, es hält Dich fern von »Flirts«, solange Du ein Buch schreibst, damit Dir ja nichts passiert. Den Widerstand durch mentale Energie »niederknüppeln«, das wäre Polarität, Du würdest auf die Dauer Dich selbst zerstören, zerfleischen. Also finde den Überfokus. Was ist der Überfokus zwischen »Liebesromanzen« und »Buch schreiben«? Nun, für mich ist es Begeisterung! Also gehe zu einer »Liebesromanze«, feiere dort Begeisterung und sage: »Ja, ich hole mir hier die Begeisterung für mein Buch!« Und dann schreibe Dein Buch und sage: »Ja, ich begeistere mich hier für meine Liebesromanzen« – und plötzlich blockierst Du Dich nicht mehr unbewußt dauernd, weil Du überall »Gegner« siehst, sondern steigst solide und Schritt für Schritt Treppchen um Treppchen höher. Das ist wirklich die Umkehr der Lichter!!! Wer die »Kaballa« wirklich kennt, weiß, daß man nicht auf einem Strahl den Baum hochklettern kann, sonst rutscht man wieder 'runter, auch wenn die Zentralsonne gut als »Balance« genutzt werden kann – aber das wäre ein anderes Buch. Wann immer Du denkst in Deinem Leben, es geht nur das »oder« das, blockierst Du Deine Energie, weil, sobald Du das Eine bevorzugst, das Andere Dich wie ein Gummiband zurückzieht. Die Opposition entspricht dem roten Strahl des ersten Energiezentrums unterhalb des Schambeins, wo durch Zusammenbringen von Gegensätzen Neues im wahrsten Sinne des Wortes »erzeugt« wird, wo aus dem »entweder – oder« das »und« entsteht! Eine Freundin aus Stuttgart sagte immer zu mir, wenn ich eine »Lektüre« beendet hatte: »Klaus, das ist richtig – und auch wieder nicht richtig!« Diese Worte sind mir bis heute im Ohr geblieben, denn alles, was wir sehen, ist irgendwo richtig und auch wieder nicht richtig – nicht richtig oder falsch!

Die Energie des ersten Energiezentrums ist das Thema »müssen«. In der nachfolgenden Übung wollen wir die Energie des ersten Strahls nutzen, um Oppositionen für Deinen persönlichen Aufstieg zu nutzen! Schau doch einmal in Dein Leben, wo ist Dein »man kann nicht... und zugleich...« – man kann nicht zugleich ein gutes Familienleben führen und zugleich erfolgreich im Beruf sein, nur das Leben genießen und zugleich es zu etwas bringen, ...wo sind bei Dir »Glaubenssätze«, in denen es nur ein Entweder-Oder gibt und wo Du lieber ein Und-Zugleich hättest?

Schlage Experiment 3 auf und liste zehn Und-Zugleich's auf. Nimm aber nur Dinge, die wirklich Dein Leben betreffen, schau, wo Du Dich in Dir blockierst, sonst holst Du Dir nichts aus der Übung heraus. Beginne damit, daß Du zuerst zehn Bereiche aufschreibst. Dann finde Deine innere Opposition, Dein »leider kann man aber nur so... oder so...« Was ist eigentlich der wirkliche »Gegner« zu Deinen Lebensträumen? Was behindert Dich eigentlich, »genau das auch« zu bekommen? Nutze Deine Intuition und Deinen Grips, um die wirkliche Opposition zu finden. Du kannst Dir die Liste auch nachts unters Kopfkissen legen.

Nimm als Headline die Bejahung »Ich bin der totale Erfolg auf allen Ebenen!« Dann nutze die Intuition, um den Überfokus zu finden. Bist Du mit der Liste fertig, lege Dich hin und schließe die Augen.

Halte Dir die Bejahung »Ich bin der totale Erfolg auf allen Ebenen« vor Augen und nimm, was Du begehrst, zum Beispiel »Geldsouveränität«. Denke an »Geldsouveränität« und hebe Deine linke Hand. Halte die Handinnenfläche nach oben und fühle »Geldsouveränität«. Erlebe, wie alles, was »Geldsouveränität« für Dich bedeutet, in dieser Hand stattfindet. Dann drehe die linke Hand um, so daß die Handinnenfläche unten liegt und hebe die rechte Hand hoch, drehe sie mit der Handinnenfläche nach oben und fühle die Opposition dazu, zum Beispiel »Genußfreude«. Denke, erlebe, rieche, schmecke mit allen Sinnen, wie es ist, »Genußfreude« zu haben, und zwar in Deiner rechten Hand. Dann drehst Du beide Hände um, so daß die linke Hand mit der Handinnenfläche nach oben zeigt und die rechte Hand mit der Handinnenfläche nach unten und fühlst »Geldsouveränität«. Du drehst immer wieder die Hände um, bis Du klar spürst, in welcher Hand was ist. Atme in Dein erstes Energiezentrum unterhalb des Schambeins und nähere beide Hände mit den Handinnenflächen nach unten langsam Deinen Leisten, so daß die Fingerspitzen auf Dein erstes Energiezentrum zeigen. Laß dieses Heruntersinken sehr langsam und vor allem von selbst geschehen und spüre weiter die verschiedenen Energien in den beiden Händen. Atme in Dein erstes Energiezentrum und anerkenne es als »Sternengott in Dir«. Laß es aufleuchten. Dann, wenn die Hände auf den beiden Leisten liegen, so daß die Fingerspitzen sich fast oder sogar tatsächlich berühren, spürst Du, wie die beiden Bilder miteinander zusammenlaufen und durch die Kraft des ersten Energiezentrums ein »hoheres« Bild erzeugt wird. Denke jetzt nicht, wie der Überfokus aussieht, laß es einfach zusammenlaufen und spüre, wie die Oppositionen sich zu etwas Größerem zusammentun. Laß als Zeichen dafür, daß Dein Organismus energetisch dieses Thema »integriert« hat, in Deinen ersten Chakra oder – wenn Du Sinn für Humor hast –, an der Spitze Deiner Genitalien eine Lampe kurz aufleuchten. Manchmal zeigt Dir Dein Körper auch auf eine andere Art, daß die Übung beendet ist, zum Beispiel durch ein »Aha-Erlebnis«, durch ein »Oh-Ja-Gefühl« oder Ähnliches.

Nicht die Quantität, sondern die Qualität dieser Übung entscheidet. Für den Organismus geht es auch nicht so sehr darum, welche Bejahung Du gerade mit der Opposition zusammenbringen willst, ihm geht es mehr darum zu lernen, daß es möglich ist, also nimm die, die Dir am meisten Spaß macht! Im Leben wirst Du einfach Du selbst sein und erleben, wie die Oppositionen sich in Dir zu einem größeren Ganzen zusammenfügen, auch in Bereichen, für die Du nie Listen angelegt hast, aber dafür muß erst einmal im Gehirnkasten die Möglichkeit für die Möglichkeiten vorgesehen sein, und deshalb lernen wir hier den »Mechanismus« per Gehirnjogging. Weißt Du erst einmal, wie man Oppositionen integriert, hast Du erst einmal den Mechanismus »gecheckt«, dann kannst Du es sehr schnell auf allen Ebenen. Jetzt viel Spaß bei Deiner Übung!

Das »Ohne«: Fremdkörper helfen Dir, Dich abzugrenzen

Kommen wir zum 150°-Winkel, dem »Fremden«. Was haben ein Igel und ein Reißnagel gemeinsam? Nun, Du kannst natürlich irgend etwas an den Haaren herbeiziehen, aber wenn Du hinfühlst, erlebst Du, daß ein Igel und ein Reißnagel soviel gemeinsam haben wie eine Kuh und ein Klavier. Das einzig Gemeinsame bei einem Igel und einem Reißnagel ist, daß sie nichts miteinander gemeinsam haben. Was rauskommt, wenn Du einen Igel und einen Reißnagel zusammenbringen willst, ist Unfug, im wahrsten Sinne des Wortes: Es »fugt« (d. h. fügt) sich nicht zusammen. Hier geht es nicht um einen Überfokus, sondern um Abgrenzung! Zwei Kühe sind im Keller und hacken Heizöl. Da sagt die eine zur anderen: »Weißt Du schon, morgen ist Weihnachten.« Da sagt die andere: »Das macht nichts, ich gehe sowieso nicht hin« – das ist Unfug!!! Der Igel gehört in den Garten und der Reißnagel an die Wand – das ist Abgrenzung!

Was haben jetzt »Fremde« in einer Welt voller Brüder zu suchen? Wollen wir nicht alle Brüder sein? Nun, ein Gegenüber muß es immer geben. Vielleicht ist das der Grund, warum zugleich mit dem Wassermann-Zeitalter, wo alles sich verbrüdern will, auch die »Steinböcke« auftreten. Es gibt Leute, die halten es für besonders erleuchtet, sich gegen nichts abzugrenzen. Integrierst Du alles, beseitigst Du jede Abgrenzung, dann zerstörst Du ebenfalls Dich selbst. Nirwana, wie ein Tropfen, der im Ozean aufgeht. Fein, wunderbar, nur das ist das Ende der Reise. Hast Du alles erlebt, was Du erleben wolltest, bist Du Supermann gewesen, mit Deinem Lichtkörper auf den Mond geflogen – versuche es doch erst einmal, solche Überfokusse und noch größere zu manifestieren, auflösen kannst Du Dich hinterher immer noch. Es gibt Gurus, die beweisen Dir,

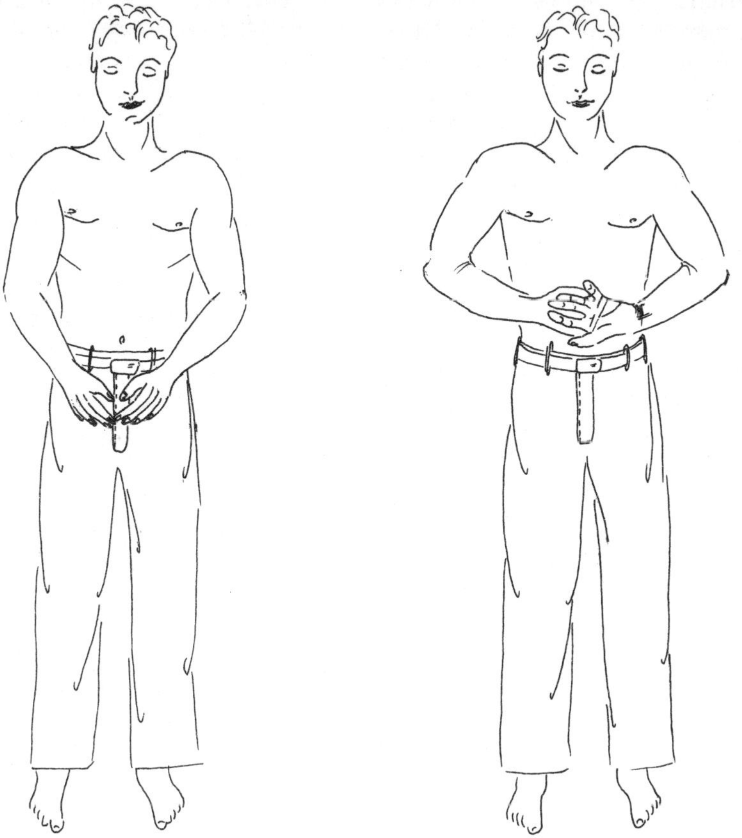

daß Du nicht existierst, und das auch sehr logisch, fein, aber wobei hilft Dir das? Hilft es Dir beim Schreibmaschineschreiben, beim Blumenkohleinkaufen, hilft es Dir, Deine Kraft mehr herauszubringen? Natürlich kannst Du in einen Zustand gehen, in dem Du nicht existierst, und man nennt das Transzendenz. Du mußt nur die Schwingung verändern – und dann?

Ich kenne einen geistigen Menschen, der zuckt vor Schmerz zusammen, wenn jemand in seinem Seminarraum in der hintersten Reihe eine Blume abbricht, weil er sich so sehr mit allem identifiziert, daß er sich auch als

Blume erlebt. Ich kenne diese Zustände, und jeder, der jemals wirklich meditiert hat, kennt sie – auch ohne Drogen!!! Ich weiß, wie es ist, wenn man ein Glas Wasser trinkt und nicht weiß, ob man das Wasser ist, das Glas oder der, der trinkt, und dann fließt das Wasser hin und her, und man findet sich überhaupt nicht mehr zurecht in der Welt und kann nicht einmal ein Glas Wasser trinken. Also bitte, was soll daran besonders erleuchtet sein, wenn es einem dauernd weh tut, weil jemand eine Blume abbricht oder sich in der Nase bohrt. Einen bekannten sogenannten geistigen Führer hat man vor kurzem in der 5th Avenue in New York vor einem Kaufhaus gefunden, er wußte nicht, wer er war, wie er dorthin gekommen war, was er überhaupt wollte. Erst, als man ihn »einliefern« wollte, kamen ein paar junge Männer und sagten: »Laßt ihn los, das ist unser Guru!« – Komische Gurus, wenn man sich in einem Kaufhaus nicht zurechtfindet. Wohlgemerkt, ich kenne diese Zustände, ich weiß, was ein kosmischer Orgasmus ist! Ein anderer geistiger Führer ist so transzendent, wenn da nicht jeden Abend eine knackige, erotische, sehr erdige Frau mit ihm ins Bett steigt, dann kann es sein, daß er am nächsten Tag nicht mehr aufwacht, weil er sich vor lauter »Spacy« in Luft aufgelöst hat. Seine Schüler müssen ihn wie einen Luftballon hinter sich herziehen, damit er nicht »abhebt«, und abends gibt es großes Händeringen unter den Schülern: »Wer schläft denn heute nacht mit unserem Guru?« – Ist das Erleuchtung??? Es gibt Menschen, die werden von anderen angebetet, weil sie sagen: »Ich grenze mich nun wirklich gegen nichts mehr ab, ich habe gar keine eigene Identität mehr!« Schön, daß man sie anbetet, was für ein Pech aber auch, daß genau diese Leute fast alle innerhalb der letzten Jahre an Krebs gestorben sind! Ist es erleuchtet, an Krebs zu sterben? Mit Sicherheit nicht! Krebs, das Zeichen von falsch verstandenem Mitleid statt Mitgefühl. Bei Mitgefühl heißt immer die Frage: Mitgefühl mit wem? Natürlich nicht mit dem »Leidenden«, sondern, wenn ich erleuchtet bin, fühle ich mit dem »Gott« im anderen, egal wie der Schein aussieht, denn worauf ich mein Bewußtsein richte, das verstärke ich. Wenn niemand mehr Mitleid hat, stirbt Leid von alleine, so einfach ist das!!!

In einer 1990 veröffentlichten Großstudie haben Ärzte in Heidelberg nachgewiesen, *daß schwere Krankheiten vom Charakter abhängen*. Untersucht wurden 10 Jahre lang 20 000 Frauen und Männer zwischen 40 und 60. Ergebnis sind vier Haupttypen und ihre Gesundheitsrisiken:
Typ 1: Er ist sanftmütig, selbstlos, erfüllt dem geliebten Partner jeden

Wunsch und stellt die eigenen Wünsche hintenan. Er frißt Ärger in sich hinein und gibt immer nach. *Er erkrankt dreimal so häufig an Krebs wie andere Gruppen.*

TYP 2: Er fordert vom Partner bedingungslose Liebe und handelt nach dem Motto: Alles hört auf mein Kommando. Dieser Mensch geht mit dem Kopf durch die Wand. Er ist extrem ehrgeizig und fleißig. *Er erleidet doppelt so oft wie andere Herzinfarkt oder Gehirnschlag.*

TYP 3: Himmelhochjauchzend, zu Tode betrübt. Mal kann er überströmend liebenswürdig sein, mal kalt und abweisend oder aggressiv. Er ist unberechenbar. Im Beruf ist er ein schwieriger Kollege, der oft Streit provoziert. *Er ist viermal so anfällig für alle Krankheiten wie andere. Jede Erkältung macht ihm zu schaffen.*

TYP 4: Er braucht viel Liebe, ist aber auch bereit, viel Liebe zu geben. Er ist freundlich, aufgeschlossen, hilfsbereit, aber er läßt sich nicht die Butter vom Brot nehmen. Im Beruf ist er der ideale Kollege. *Er ist erfreulich gesund, weder von Krebs noch von Infarkt oder anderem bedroht.*

Wenn Du nicht lernst, Dich abzugrenzen, dann kann es sein – wenn Du wirklich so transzendent bist –, daß Du Dich innerhalb weniger Minuten in einen Blumentopf verwandelst oder in ein Stück Schwarzbrot, und wer soll dann noch das Buch zu Ende schreiben und vor allem zu Ende lesen. Also lassen wir das schön sein und grenzen uns sauber ab. Das heißt natürlich nicht, daß Du Dich gegen alles abgrenzt, sondern nur gegen Fremdkörper; es heißt, daß Du lernst zu unterscheiden: Du hier – ich dort!!! Also: Wer ist Deine Opposition, und wer ist Dein Fremder. Konservative und Sozialisten bilden eine Opposition – gemeinsam erfüllen sie einen Überfokus, und das heißt Demokratie. Der Kleingärtnerverein Pusemuckel und der Tennisclub Biederstein in München, das sind Fremde. Sie haben sich nicht miteinander zu ärgern, sich nicht zu bekriegen, sich nicht zu fördern, das einzige, was sie miteinander zu tun haben, ist, daß sie nichts miteinander zu tun haben. Das einzige, was Du also zu lernen hast bei einem »Fremden«, ist Abgrenzung und Aufgabenteilung.

Gehen wir ins Horoskop: Ein typischer Widder und eine typische Jungfrau, das sind Fremde, was sollen die bitteschön miteinander machen können? Arbeitsteilung, ja, das ist möglich, wenn man miteinander zu tun hat, weil man zum Beispiel in derselben Firma arbeitet. Dann sind die beiden ein gutes Team, weil sie sich halt nicht in die Quere kommen. Die Jungfrau ist vielleicht der »Controller« und sorgt dafür, daß die Finanzen immer schön in Ordnung sind, und da hat ihr der Widder nicht hineinzureden. Und der Widder stürmt dann los und »reißt etwas auf«, und da hat dann die Jungfrau ihm nicht reinzureden. Hat man »fremde« Aspekte in sich, d. h. Aspekte, die sich weder mögen noch ablehnen, einfach nur fremd sind, ist dies kein Grund, einen der beiden »herauszuschmeißen«; Aufgabenteilung ist hier das Stichwort. Hast Du zum Beispiel einen Steinbockmars, d. h. einen Kämpferaspekt, der sehr zäh und strebsam ist, und einen Jupiterlöwen, der sich am liebsten im Ferrari der Öffentlichkeit zeigt, dann ist beides O. K., alles was zu tun ist, ist, daß Du jeden seine Sache tun läßt. Der Kämpfer arbeitet zäh und unermüdlich im Büro und bringt solide Ergebnisse hervor, und kaum ist der Kämpfer aus dem Büro draußen, verwandelt er sich in einen Partylöwen, der sich im Ferrari vor Kaj's Bistro von der Öffentlichkeit bewundern läßt – und beides ist fein. Nur: Wenn der Partylöwe anfängt, über den Kämpfer im Büro zu urteilen oder ihn vielleicht sogar in Kaj's Bistro mitnehmen will, dann »paßt« irgend etwas nicht, nicht, daß es überhaupt nicht zu einem passen würde, nur gerade hier und jetzt dieser Aspekt völlig fatal ist. Fremde Aspekte in uns zwingen uns also auch, das Timing anzuerkennen. Konrad Adenauer wurde einmal gefragt, was der Unterschied zwischen dem damals noch sehr jungen Franz Josef Strauß und ihm sei, und Gottseidank darf ich diesen Witz erzählen, weil inzwischen beide sich die Radieschen von unten anschauen und ich beide sehr mag. Adenauer schmunzelte und sagte: »Wenn ich ins Kabinett mit einer wirklich guten Rede komme und merke, die Stimmung ist danach, dann stecke ich sie weg und rede frei, der Strauß zieht sie raus und liest sie vor!« Du siehst also: Timing ist sehr wichtig!!! Es gibt auch eine Synthese, aber die heißt hier Aufteilung: Du integrierst diesen fremden Teil in Dir, indem Du ihm eine andere Aufgabe zuweist. Sich abzuspalten, zu sagen: »Ich mag das nicht, deshalb du hier, ich dort«, ist auch das Symbol für das zweite orangefarbene Energiezentrum unterhalb des Bauchnabels, das sich mit »Genuß« befaßt.

Überlege jetzt einmal bezüglich der Bejahung »Ich bin der totale Erfolg auf allen Ebenen«: Was möchte ich eigentlich abgrenzen, ausgliedern? Wo haben sich Dinge miteinander vermischt, die nichts miteinander zu tun haben? Vielleicht erkennst Du, daß Du Dein Privatleben aus der Firma lassen kannst? Vielleicht ist es, daß Du nach Feierabend die Akten im Büro lassen kannst, um am Wochenende einmal wirklich ins Grüne zu fahren statt am Schreibtisch zu hocken. Es kann sein, daß Du glaubst, daß Du »nur so« Deine Firmenposition aufrecht erhalten kannst – ich sage

Dir: Das ist ein Glaubenssatz! Es ist nur so, weil Du Dich so organisiert hast, daß es so sein muß. Der Glaubenssatz bezüglich der fremden Aspekte heißt also »nur so« – und das stimmt eben nicht. Wo sind in Deinem Leben die »nur so's«? Ich sage nicht, daß diese »nur so's« immer schlecht sind, aber manchmal magst Du es doch eigentlich ganz anders, wenn es nur ginge? Das zweite Energiezentrum hat mit »mögen« zu tun. Also überlege: Was magst Du eigentlich und was nicht? Ja, den einen Teilaspekt magst Du, den anderen aber nicht. Die Lösung für Fremde heißt *ohne* wie zum Beispiel »Erfolg ohne Streß«.

Jetzt nimm Dein Arbeitsblatt zur Hand und liste zehn Dinge auf, die Du gerne hättest bezüglich des Themas: »Ich bin der totale Erfolg auf allen Ebenen«. Dann überlegst Du Dir: Was ist das, was Du immer denkst, »mitschlucken« zu müssen, weil es ja nicht »Ohne« geht. Liste die jeweiligen zehn »Ohnes« auf und verwende hierfür wirklich Deinen Grips, damit Du den Splitter an der Wurzel erwischst. Nimm also wirklich Bereiche, die Dein Leben betreffen und mit denen Du etwas zu tun hast, also nicht »Sahnetorte Ohne Gräten«, denn erstens sind in Sahnetorten keine Gräten, und außerdem befähigt es Dich nicht, glücklicher und erfolgreicher zu leben. Wo hättest Du es gerne »Ohne« – es kann auch in den Intimbereich gehen, dafür nimmst Du vielleicht ein extra Blatt Papier. Wenn Du jetzt die Wünsche und die »Ohnes« hast, dann gibt es etwas, das entsteht, wenn Du »Wunsch minus Ohne« erfüllt hast, quasi ein »Feinfokus«. Was könnte der »Feinfokus« von »Erfolg Ohne Streß« sein? Nun vielleicht ergibt sich Selbstbewußtsein, d. h. Du erkennst, daß Du es über Dein Selbst in der Hand hast, Erfolg ohne Streß zu kreieren. Wäre also hier »Selbstbewußtsein« Dein »Feinfokus«, so schreibe es dann neben die beiden Begriffe »Fokus« und das »Ohne«, fülle so die komplette Liste aus. Wichtig ist, daß Du den Feinfokus so formulierst, daß er für sich genommen wieder einen neuen Sinn gibt!

Jetzt werden wir »energetisch« das »Gelbe vom Ei trennen«: Nimm das Sammelarbeitsblatt zur Hand. Lasse Dir bezüglich eines Erfolgspunktes, zum Beispiel »Geldsouveränität«, von Deinem Unbewußtsein die geladenste Situation kommen, nicht die, in der Du am besten aussiehst, sondern die Situation, wo Du merkst: »Ja, da wäre eigentlich am meisten Ladung drauf, aber irgendwo mag ich Teilaspekte davon nicht.« Das Bild ist also richtig saftig geladen, nicht schlecht, aber damit sind auch andere Dinge »assoziiert«, die mit dem, was Du willst, eigentlich gar nichts zu tun haben, zum Beispiel Arroganz. Lege jetzt Deine rechte Hand mit der

Handinnenfläche auf den Bauch und Deine linke Hand darauf, aber mit der Handinnenfläche nach oben zeigend, so daß die Handaußenflächen sich berühren. (Diese Handstellung fühlt sich ein wenig verdreht an). Dann gehe ganz stark in das Bild hinein. Atme in Deinen Bauch und laß es immer stärker werden, – mit all seinen »negativen« und »positiven« Begleiterscheinungen. Habe keine Angst, steh zu diesem Bild, Du mußt erst eins mit dem Bild sein, bevor Du Teilaspekte ausgliedern kannst. Laß das intensivste Bild kommen, das Dir einfällt, Hauptsache es »törnt« Dich an. Wenn Du ein gestreßter Topmanager bist, laß das gestreßteste Bild kommen, was Dir einfällt, Hauptsache es »törnt« Dich an. Wenn Du ein frustrierter Verkäufer bist, laß das frustrierendste Bild kommen, was Dir einfällt, Hauptsache Ladung. Es geht also hier darum, nicht das schönste, aber auch nicht das häßlichste, sondern einfach das geladenste Bild auszusuchen. Liebe das Bild, werde eins mit ihm, akzeptiere es und spüre, wie Deine Hände eins mit dem zweiten Energiezentrum, eins mit dem Bild werden. Und dann hebe die obere Hand langsam hoch mit den Handinnenflächen nach oben und sieh, wie durch die obere Hand alle »Fremdkörper« zurück in den Kosmos strömen, eine tiefe Reinigung. Laß dieses Ausströmen durch die Kraft des zweiten Energiezentrums geschehen, anerkenne den Sternengott im zweiten Energiezentrum und laß ihn »von innen« die Arbeit machen. Ziehe also die »Fremdkörper« aus diesem Bild heraus, die »Assoziationen«, die Du gemacht hast, die, mit dem, was Du wirklich willst, Lebensfreude, Reichtum, Anerkennung, nun wirklich nichts zu tun haben. Laß als Zeichen dafür, daß diese Übung beendet ist, geistig eine wunderschöne weiße Perle in Deinen Bauchnabel fallen oder rollen, und lege dann Deine linke Hand »richtig herum« (d. h. jetzt mit der Handinnenfläche nach unten) auf die andere, so daß die Handflächen übereinander liegen und die Daumen sich berühren und zwischen Zeigefinger und Daumen ein Dreieck bilden, durch das der Bauchnabel »schaut«, und fühle die Veränderung.

Mache Dir bei dieser Übung keine Vorstellungen davon, wie der Endzustand sich entwickelt. Es kann sein, daß Du bei »Erfolg Ohne Streß« nach wie vor Deinen dunkelblauen Anzug anbehältst und am Schreibtisch hockst statt, wie erwartet, in der Karibik zu sitzen, aber irgendwie merkst Du plötzlich, daß das Bild stimmt, so daß Du sagen kannst: Ja, anders als ich dachte, aber es stimmt für mich jetzt! Die Energie bleibt erhalten, aber die Konfusion durch Fremdkörper verschwindet.

Auch hier geht es darum, daß Dein Unbewußtsein den Mechanismus lernt. Wie gesagt, Du bist ein »göttliches« Wesen und brauchst das alles nicht, aber wenn Du Dich hier mit voller Kraft ausdrücken willst, dann brauchst Du es schon – aber mache Dir keinen Streß daraus, Du bist bereits »göttlich«, und es ist alles nur ein Spiel! Und es geht nur um den Mechanismus. Weiß Dein Unbewußtes einmal, wie man durch »Feinfokus« »gemischte Bilder« sauber trennt, gehe ins Leben und laß Dich überraschen, denn das Leben selbst ist der größte aller Lehrer. Was Du im Innen erarbeitet hast, mußt Du im Leben ausdrücken, sonst hat es keinen Wert. Wenn der Kaiser von China seinen Hofarchitekten bittet, binnen eines Jahres einen Tempel zu bauen, und der Kaiser ruft nach einem Jahr den Hofarchitekten, und der zeigt ihm als Antwort die schönsten Pläne der Welt und sagt ihm: »Ich bin offen für neue Pläne«, dann wird der Kaiser sagen: »Du Gnom, ich will in dem Tempel leben, nicht mich an den Bildern davon aufgeilen! Nichts da mit weiteren Plänen – erst durchleben und dann den nächsten Tempel!« Dies gilt auch für Dich: Gehe ins Leben und baue Deine Tempel, bevor Du die nächste Stufe nimmst, denn mit »Papiertigern« kannst Du den »Chef« kaum beeindrucken – die hat er selbst!!!

Ihr habt die Straße gebaut, auf der wir uns fortbewegen.

Die »Mit-Und-Zur-Formel«: Verwandte helfen Dir!

Kommen wir jetzt zum 120°-Winkel, dem »Verwandten gerader Linie«. Verwandte gerader Linie sind aus demselben Holz geschnitzt, sie bestehen aus dem gleichen Element, sie haben nur einen andern Aggregatzustand, oder man könnte sagen, ein anderes Alter. Bist Du ein »Erwachsener«, so ist Dein Vater vielleicht im Alter eines Großvaters und verkörpert Erfahrung, Dein Kind ist ein Teenager und verkörpert Vitalität. Ja, so erfahren wie Dein erfahrener Großvater und so vital wie ein quicklebendiger Sohn möchte man sein. Im Horoskop finden wir im 120°-Winkel vom Widder aus gesehen den Löwen. Beide repräsentieren das Element Feuer. Der Widder ist das Kind des Feuerelements. Er rennt sich den Kopf ein und verschafft dem Feuerelement den Durchbruch. Der Löwe ist ebenfalls ein Feuerzeichen, aber er hat das Losstürmen schon hinter sich, er ist quasi ein »erwachsener Widder«, wenn man so sagen darf, und präsentiert sich auf Partys usw. deshalb heißt er ja »Partylöwe«. Der Schütze repräsentiert den »Opa-Aspekt« des Feuerelements. Er hat aus Erfahrung gelernt, seine Kräfte konzentriert auf ein Ziel zu fixieren und den einen Pfeil, den er hat, so erfahren abzuschießen, daß er auch trifft. Die drei Aspekte sieht man überall im Alltag. Ich stamme beispielsweise aus einer »Tennisfamilie«. Sehe ich Tennisturniere von Bambinos, sehe ich Kinder herumtollen und mit Eifer und Vitalität ihre Punkte erlaufen. Sehe ich die Turniere der Erwachsenen, sehe ich Herkulesse auf dem Höhepunkt ihrer Kraft. Und sehe ich Turniere der »alten Herren«, dann sehe ich Tennisspieler, die manchmal Jugendliche und sogar Erwachsene in die Tasche stecken durch Cleverneß und vor allem durch die Genauigkeit, mit der sie ihre Bälle »plazieren«, wie es eben nur ein kampferprobter Schütze kann. Was ist jetzt die Chance, wenn Du auf einen »Verwandten« triffst? Nun, die Chance liegt darin, den anderen »Reifezustand« zu nutzen. Bist Du Generaldirektor und hast als Assistenten einen Junior »gleichen Blutes«; so wie ich es in einem meiner ersten Jobs für meinen damaligen Chef war, kann Dich seine Vitalität inspirieren, so wie früher auch einmal, die Nacht durchzuarbeiten, falls Deine Ehefrau nichts dagegen hat. Bist Du ein Vorgesetzter mittleren Alters und hast so wie ich später einen Mitarbeiter, der nicht mehr der jüngste ist, aber über sehr viel Erfahrung verfügt, kann Dich seine Erfahrung vor allerlei »Fallen« behüten. Ein Verwandter hilft Dir auf jeden Fall, Deine Macht auszubauen – man denke nur an die Großfamilien in Sizilien!... Das Verwandtenprinzip gilt natürlich auch für Deine inneren Wesensanteile – der Jupiterlöwe zum Beispiel hilft Dir, wenn Du eine Widdersonne bist, Dein Temperament und Deine Willenskraft auch auf »königliche« Art und Weise auszudrücken und Dein Schützesaturn hilft Dir, daß Du dabei auch das rechte Maß nicht überschreitest.

Sieh einmal Dich selbst als Kind, in Deinem jetzigen Alter und im Alter eines Großvaters. Geh richtig hinein und spüre: Kein »Aggregatzustand« ist besser als der andere – er ist eben nur anders, so wie Eiswürfel nicht schlechter und nicht besser sind als Wasser und dieses nicht schlechter und nicht besser als Wasserdampf.

Verwandte integrierst Du durch die »mit... und... zur«-Formel. Wie geht das? Nimm Dir einen Fokus, den Du gerade lernst, zum Beispiel finanziellen Reichtum. Und jetzt schau, wo ist Dein »Kind«, d. h. was hast Du bereits gelernt, als Du noch ein Seelenkind warst? Nun, vielleicht ist es Strebsamkeit! Und nun schau, wo ist Dein Großvater, d. h. Dein Fernziel? Was wirst Du gelernt haben, wenn Du eine »alte« Seele bist (wobei dieser Begriff immer relativ zu sehen ist)? Nun, vielleicht ist es, »sich zeigen« – es hat, wie Du an diesem Beispiel siehst, nichts mit den Klischees von Kind, Erwachsener, Großvater zu tun, sondern es geht darum, was *Du* schon gelernt hast, jetzt lernst und noch lernen wirst. Jetzt notiere auf dem entsprechenden Arbeitsblatt die zehn Ziele, die Du erreichen willst unter der Headline »Ich bin der totale Erfolg auf allen Ebenen«. Und dann schau: Was kannst Du schon, was mit dem Fokus zusammenhängt, und was wirst Du eines Tages können. Bringe das Kind, d. h. wo Du innerlich sagst »ja, das kann ich schon«, zusammen mit dem Ziel zum Fernziel. Dadurch entsteht ein Sog, der die Erfüllung »geraderückt«. Bilde so Sätze wie »Mit Liebe und Erfolg zum Selbstwert«, »Mit Luxus und Reisen zur Freiheit«, »Mit Freiheit und einer Geliebten zur Familie«, etc. Am interessantesten ist hier das Fernziel, weil es noch zusätzlich der Vision (Z+) eine Sinngebung verleiht! Frage Dich dafür: »Was ist mein Ziel, wenn ich das jetzige Ziel erreicht habe?«

Napoleon Bonaparte hatte fast immer eine Hand auf dem Solarplexus, und das aus gutem Grund: Er hat dadurch sein drittes Energiezentrum, das Sonnengeflecht, mit Energie versorgt und geschützt. Dieses Energiezentrum, das mit dem »Verwandten« zusammenhängt, repräsentiert nämlich das »Machtzentrum« des Menschen, und das tun auch Verwandte – die Machtstellung verstärken. Wer das nicht weiß, braucht sich bloß einmal mit einem Mitglied einer sizilianischen Großfamilie anzulegen, aber so etwas wollen wir natürlich nicht tun. Wichtig ist also, daß Du weißt: Du mußt es nicht alleine schaffen, Du kannst Deine Zukunft und Deine Vergangenheit mit all ihren Vorzügen zur Gegenwart zusammenziehen, und wer an »frühere Leben« und »spätere Leben« glaubt, kann diese gleich mit einbeziehen!

Nimm jetzt eine »mit-und-zur-Formel« hinüber in das Sammelarbeitsblatt. Spüre jetzt in Deine linke Hand und fühle Dein Kind, d. h. fühle in Deiner linken Hand, was Du als göttliches Wesen bereits manifestiert hast, daß Du es kannst, zum Beispiel Strebsamkeit, wenn Du willst, laß ein Bild dafür aufsteigen und spüre das Bild und all Deine Strebsamkeit in Deiner linken Hand. Dann spüre in Deine rechte Hand und fühle, was Du in 20 oder 2000 Jahren manifestiert haben wirst, daß Du es kannst, zum Beispiel Mitwirkung an größeren Projekten, und wenn Du willst, laß auch dafür ein Bild aufsteigen und halte es in der rechten Hand. Jetzt atme in Deinen Solarplexus und spüre dort die Energie, die Du gerade jetzt manifestieren willst, daß Du es kannst, zum Beispiel Reichtum, und sehe dafür auch ein Bild, wenn Du magst. Lege dann beide Hände übereinander auf den Solarplexus, so daß die Hände komplett genau übereinander liegen und die Daumen auch übereinander liegen, also nicht verschoben. Jetzt fühle im Solarplexus, was Du gerade lernst zu manifestieren als kleine runde Scheibe. Anerkenne das dritte Energiezentrum als »kosmische Sternengottheit« und spüre, wie ihre Energie eine Erweiterung um die Energie der »Kind-Hand« schafft. Erlebe die Energie in Deiner »Kind-Hand« als mittelgroße Scheibe, die jetzt in den Solarplexus hinuntergeht und die kleine Scheibe dort vergrößert. Wenn Du einmal Töpfern zugeschaut hast, wie sie auf einer Töpferscheibe aus einer Säule eine Vase machen, kann das eine gute Inspiration für Dich sein. Sehe die beiden Bilder, die Du gegebenenfalls hast, zusammenfließen zu einem großen und spüre es als Erweitern der Scheibe. Dann lasse aus der »Großvater-Hand« die Energie als große Scheibe mit Bild herunterkommen und in die untere Scheibe einfließen, so daß diese Scheibe jetzt ganz groß wird. Spüre diese Erweiterung im Sonnengeflecht und laß sie sich über den ganzen Körper ausdehnen. Spüre, daß alle Zellen Deines Körpers sich ausdehnen wollen, auch vielleicht an den Fußgelenken, im Magen oder sonstwo, spüre diese Ausdehnung, diese Expansion und erlebe dabei, wie die drei Bilder jetzt eines geworden sind. Laß als Zeichen, daß der Prozeß abgeschlossen ist, in Dir das Gefühl aufsteigen, daß Du geschützt und sicher in einem wunderbaren Ball, einer Fruchtblase o. ä. liegst.

Auch bei dieser Übung geht es mehr darum, daß Dein Bordcomputer den Mechanismus lernt, mache also diese Übung mit der Sache, die Dir am meisten Spaß macht. Weiß einmal Dein Organismus, wie man aus einem kleinen Feuer ein großes macht, weiß er einmal, wie man sich ausdehnt, dann kann er es leicht in alle Bereiche integrieren. Wenn Du später die Übung machst, kannst Du sie auch einfach nur pauschal machen, d. h. daß Du einfach nur die Integration von Zukunft und Vergangenheit pauschal übst, indem Du die Hände vor dem Solarplexus zusammenlegst. Wenn Du es damit zur Perfektion bringst, könntest Du damit tatsächlich die Zeit überwinden, denn Du bist mehr als Zeit, darüber aber mehr in einer anderen Lektion. Weil dieser Fokus mit Zeit und Zeitraffung bzw. Zeitdehnung zu tun hat, heißt er auch »Zeitfokus« (Time-Fokus). Öffnest Du ihn, erlebst Du Zeitraffung und bekommst Energien aus anderen Zeiten für Dich selbst, schließt Du ihn, erlebst Du Zeitdehnung und schließt so Unerfreuliches kurz davor oder danach aus. Du wirst später selbst merken, wie Du mit diesen Fokussen spielen und experimentieren kannst.

Was spielen im Angesicht der Ewigkeit andere Existenzen
noch für eine Rolle?
Zum Beispiel die Dinge, die wir getan haben:
Hollywood, das Leben im Wohnwagen, der Kampf um die
Rettung des Waldes?

Was werden sie in tausend Jahren bedeuten, was bedeuten sie im Augenblick?
Kommt es nicht ausschließlich darauf an, was wir aus ihnen gelernt haben?
Ist das nicht das einzige, was zählt?
(Richard Bach, *Brücke über die Zeit*)

Das »Auch-wenn«: Lehrer fördern Talente.

Kommen wir jetzt zum 90°-Winkel, so treffen wir auf den »Lehrer«. Der Lehrer bzw. auch der Schüler steht Dir nicht frontal gegenüber, wie die Opposition, sondern er kommt Dir in die Quere, deshalb nennt man ihn auch »Querkopf«. In unserem Horoskop sind das Widder und Krebs, sie sind nicht gegeneinander gerichtet wie Waage und Widder, aber auch nicht fremd, wie Widder und Jungfrau. »Lehrer«, das sind Beziehungen von Menschen, die nicht ohne einander und nicht miteinander leben können, das sind die Paare, die dreißigmal miteinander Schluß machen und dann doch immer wieder zusammengehen, die wunderbare Seele, die man sofort heiraten würde, wenn die gleiche Seele doch nur nicht in dem schwabbeligen Körper, sondern in einer sexy Verpackung wäre, oder umgekehrt, die »Miß Bayern«, in die man sich verknallt hat, aber mit der man nicht reden kann. »Quadrate« schleifen einen wie Diamanten. Was kannst Du tun bei einem »Lehrer«? Nun, das liegt auf der Hand, bei einem Lehrer gibt es nur eine Chance, heil aus der Sache wieder rauszukommen, und die heißt lernen – oder den Lehrer im ganzen abwählen. In meiner Schule durfte man wählen zwischen »Neusprachlich« und »Altsprachlich«, heute darf der Schüler noch viel mehr wählen, wenn ein Lehrer Dir nicht paßt, darfst Du ihn »abwählen« oder die Schule wechseln – nur wenn Du gänzlich den Unterricht schwänzt, wird Dich eines Tages der Direktor holen und fragen, was Du eigentlich hier überhaupt willst. Aber es gibt auch Tricks, sich teilweise um den Unterricht herumzumogeln, man kann nachts per Nachhilfelehrer lernen, das nennt sich dann Schlaflernen usw. Lehrer bilden Talente aus und dann, wenn Du gelernt hast, dann kannst Du dem Lehrer dafür dankbar sein. Wenn der Widder auf einen typischen Krebs stößt, hat er Häuslichkeit zu lernen, und lernt er das nicht, dann wird er vom Krebs in die »Zangen« genommen, bis er sein Zuhause in sich gefunden hat, und dann ist es eigentlich egal, ob der Widder mit dem Krebs wohnt und zu Hause in der Wohnung herumrennt oder der Krebs verschwindet und der Widder sein Zuhause in sich trägt, während er draußen herumläuft. In der Regel verschwindet der Lehrer, wenn der Schüler gelernt hat, oder er wandelt sich zum Beispiel zum Freund. Was man bei einem Lehrer tun sollte, ist, sich daran zu erinnern, daß jeder Lehrer ein Geschenk für einen hat und dieses Geschenk suchen, dann kannst Du dankbar sein. Der Lehrer entspricht dem grünen vierten Chakra, das mit Akzeptanz, Toleranz, Liebe zu tun hat, und genau die ist es ja, die wächst, sobald wir bereit sind zu lernen. Das Leben serviert uns also jemand, in den wir uns »einlieben« müssen und erwartet von uns, daß wir sagen: »O. K., selbst wenn ...«, beispielsweise: »Selbst wenn ich einen Korb bekomme, fange ich jetzt an zu flirten« oder »Selbst wenn der Kunde vom letzten Mal noch sauer auf mich ist, rufe ich ihn an«.

Vergiß bei allem nicht, daß Lehrer und Schüler prinzipiell das gleiche ist – bei einem richtigen Lehrer. Kein Avatar (göttliche Inkarnation) kann auf dieser Erde irgend etwas bewirken, wenn er nicht bereit ist, von seinen Schülern zu lernen. So sagt Sri Ramakrishna: »Ihr denkt, ihr seid meine Schüler, dabei bin ich der Schüler von Euch allen!« Jeder Schullehrer ist der Schüler seiner Schüler, er muß ständig von ihnen dazulernen: Menschenkenntnis, Einfühlungsvermögen, wahre Autorität; tut er das nicht, wird er nicht lange Lehrer bleiben. Also, der Krebs hat genauso vom Widder zu lernen wie umgekehrt, ein Lehrer, der das nicht tut, ist ein Tyrann – und kein Lehrer, und wird sehr schnell »Klassenkeile« bekommen.

Gehe jetzt über zu Experiment 3 und liste unter der Headline »Ich bin der totale Erfolg auf allen Ebenen« Deine zehn Visionen und danach Deine dazugehörigen »auch wenn's« auf und überlege Dir gleich dabei dazu das Geschenk, das dabei herauskommt, und verbinde es mit beiden durch die Formel »und das ergibt«. Die Formeln könnten lauten: »Ich riskiere es, Kunden anzusprechen, auch wenn sie komisch reagieren, und das ergibt Aktion«, »Ich habe den Mut, mich herauszubringen, auch wenn die Leute mich auslachen, und das ergibt Selbstliebe« usw. Nimm aber hier auch nur die Punkte, die für Dich anstehen, d. h. erstens, nimm nur die Fokusse, die Du Dir wirklich als Wunsch vorstellen kannst, und dann nimm nur den Lehrer, der für Dich hier relevant ist – wenn Du genau hinfühlst, kommst Du ihm schon auf die Schliche. Vergiß nie, daß Du bestimmst, wo Du Dich erweiterst. Im Gegensatz zum »Fremden« geht es beim Lehrer jetzt nicht darum, irgend etwas zu vermeiden, sondern vielmehr darum, etwas zu integrieren, was »möglicherweise« auftauchen könnte und die Angst vor dem »möglicherweise« wegschmelzen zu lassen, damit Du am Erfolg teilnehmen kannst und Dich durch diese Angst nicht begrenzen läßt.

Dafür nimmst Du einen dieser Punkte in die Sammelliste. Fühle in Dein

Herz, gegebenenfalls zur Musik *Opening the heart*, sieh Dein Herz aus reinem Gold, kreuze die Handflächen über das Herz und fühle das Bild zu der Bejahung mit den Händen, wobei Du spürst, daß der »Gerne-Aspekt« in der oberen und der »Nicht-so-gerne-Aspekt« in der unteren Hand gespeichert ist. Atme in Dein Herz, anerkenne die wirkende Gottheit in Deinem Herzchakra und fühle eine kleine Kerze in Deinem Herzen. Sieh, wie sich die Flügeltüren zum Herzen öffnen und die Energie des vierten Energiezentrums dann die beiden Energien »anzieht«, so daß die mittlere »Lehrerenergie« von der äußeren Hand (dem Begehrten) und dem Herzen (dem Resultat) aufgeweicht wird. Laß Dein Herz ganz weich werden und spüre, wie Dein Herz diese Energien aufnimmt und in flüssiges Gold verwandelt. Sage zu den »Lehrer-Energien«: »Ja, auch das darf sein!« Vertraue, daß Intelligenz sowieso das wählt, das für Dich gut ist. Wenn Du etwas akzeptierst, muß nicht »genau das« kommen; was aber auf jeden Fall kommt, ist eine Befreiung. Es handelt sich hier also um eine »Heimholung« von Gedanken, denke nicht »aussenden«, sondern »zurücknehmen« in Dein großes Herz – also eine Dematerialisation, keine Manifestation. Laß als Zeichen, daß diese Arbeit angekommen ist, Dein spirituelles Herz, das sich in der Mitte des Brustbeins befindet, sich bis über beide Ohren ausdehnen und lächeln. Sieh und fühle im Herzen die Vision, die sich ergibt, wenn Du den Lehrer integrierst. Weil wir bei diesem Fokus Liebe lernen, heißt er auch »Liebesfokus«.

Sei nicht verzweifelt,
wenn es ums Abschiednehmen geht.
Ein Lebewohl ist notwendig,
ehe man sich wiedersehen kann.
Und ein Wiedersehen ist denen gewiß,
die Freunde sind.

Das »Durch-für«: Der Freund

Kommen wir nun zum 60°-Winkel, dem Freund. Ein Freund ist jemand, der anders ist als man selbst, aber einem helfen möchte. Der Zwilling in seiner Beweglichkeit liebt es, wenn der Widder voranprescht und die Bahn schafft, und der stürmende Widder liebt die Flexibilität des Zwillings. Die beiden können zusammen einiges »aufreißen«. Während der

Widder auf Teufel komm 'raus »anbaggert«, hält der flexible Zwilling die Stimmung bei Laune. Die »Luft« des Zwillings facht das Feuer des Widders an, und das Feuer des Widders bringt frischen Wind in die Luft des Zwillings, Elemente also, die sich gut vertragen. Bei einem Freund sollte ich mich also fragen, wie wir uns gegenseitig unterstützen können. Der Freund entspricht dem blauen fünften Chakra, das auch für »Selbstausdruck« zuständig ist, der Widder kann auch mal das Maul aufreißen, wenn der flexible Zwilling die Stimmung notfalls retten kann. Freunde sind auch Hilfsmittel, etc. Hast Du zum Beispiel als Widdersonne einen Zwillingsaszendenten, so kann Dir die Beweglichkeit des Zwillings helfen, Dich als Widder entsprechend auszudrücken. Ein Freund ist in der Regel nicht genauso wie Du, aber ihr habt irgendwo ähnliche Ambitionen.

Frage Dich also einmal: Wer in meinem Umfeld will eigentlich Ähnliches wie ich? Welche Eigenschaften, die ich habe, die zwar mit der Sache selbst nichts zu tun haben, aber vorhanden sind, helfen mir? Wenn Du flirten willst und Du empfindest Dich als schön, dann ist Schönheit Dein Freund. Wenn Du etwas verkaufen willst, und Du bist in einem »Club« sehr angesehen, dann kann die Clubmitgliedschaft Dein Freund sein. Wenn Du Vertriebschef bist, dann kann der Marketingdirektor Dein Freund sein, wenn Du es so einrichtest, daß Ihr Euch über die Werbestrategie abstimmt. Freunde integrierst Du mit der »Durch ... für ...«-Formel, also zum Beispiel »Erfolg *durch* Begeisterung *für* sich selbst«. Bei einem Vertriebschef könnte die Formel sein: »Umsatz *durch* eine gute Marketingstrategie *für* das Firmenwohl.« Bei der »Durch-für-Formel« bringst Du also die beiden »befreundeten« Aspekte und dann das, was diese Aspekte gemeinsam haben, zusammen. Wenn Du Regionalligaspieler im Tennis bist und Bundesligaspieler werden willst, und Dein Verein spielt gegen einen anderen Verein um den Aufstieg, dann ist der Clubkollege, der gerade gegen den anderen Verein kämpft, Dein Freund. Hier wäre die Formel: »Aufstieg *durch* Freds Sieg *für* den Verein!« Liste jetzt Deine »Durch-Für's« auf bezüglich des Fokus »Ich bin der totale Erfolg auf allen Ebenen!« Liste zuerst auf, was Du willst, dann schau: Wo sind Deine wirklichen Freunde, d. h. Deine Talente auf anderem Gebiet, Personen, Umstände? Finde einen Begriff für den gerade besten Freund für diese Sache. Dann schau, was Ihr gemeinsam wollt. Luft und Feuer wollen vielleicht gemeinsam Bewegung, Erde und Wasser vielleicht Befruchtung – also schau, daß Du die Energien zusammenbringst.

Atme in das fünfte Energiezentrum im Hals und anerkenne es als

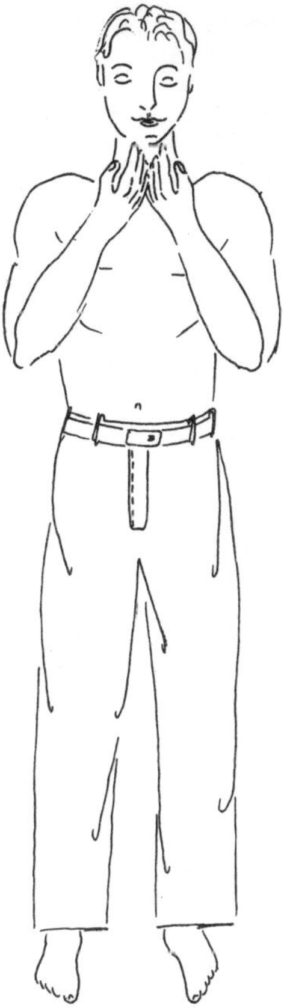

wirkende Gottheit und stelle Dir vor, daß Dein Fokus sich dort befindet. Dann stelle Dir vor, daß in einer Hand alle Deine Freunde bezüglich dieses Fokus' gespeichert sind. Spüre es mit allen Sinnen und lege dann die Fingerspitzen auf die untere Kuhle am Halsansatz, d. h. dort, wo der Hals unten beginnt. Habe das Gefühl, als würdest Du die Freunde, die Dir helfen, in den Hals aufnehmen und das Energiefeld des Fokus' verstärken und so umwandeln in etwas Neues, den Teamfokus. Stelle Dir vor, dort am Hals ist ein kleiner Pingpongball, der beweglicher wird, und laß als Zeichen dafür, daß Du Deine Freunde integriert hast, den Pingpongball sich aufladen und dann wie von einem Wasserfall getragen tanzen. Fühle die Flexibilität und Unterstützung durch das Halszentrum.

Der »Mini-Max«: Nachbarn fördern Angemessenheit

Kommen wir jetzt zum 30°-Winkel, dem Nachbarn. Was ist ein Nachbar? Nachbar ist derjenige, der an meine Grenze stößt. Mache ich meine Grenze zu klein, wird er mich ermuntern, mich zu erweitern, mache ich meine Grenze zu groß, wird er mich anregen, ein wenig zurückzustecken. Ein Nachbar fördert also meine Mäßigkeit. Es ist nicht immer richtig, sich seine Latte besonders hoch zu legen. Legst Du sie zu hoch, verlierst Du sie aus den Augen und Du hast keine Erfolgserlebnisse. Legst Du sie zu tief und springst jahrelang nur immer in gleicher Höhe, findet keine Evolution statt. Die Konfrontation mit dem Nachbarn ergibt also »Angemessenheit«, wobei Angemessenheit nicht immer damit zu tun hat, daß Du zurückstecken sollst. Es kann auch sein, daß Du Dich unmäßig klein machst, Dich unmäßig zurückhaltend benimmst – dafür bist du vielleicht auf anderem Gebiet unmäßig faul oder unmäßig arrogant. Was angemessen ist, bestimmst allerdings alleine Du!!! Was für den einen ein Ausmaß an Faulheit ist, kann für Dich ein Übermaß an Streß und ein »zuwenig« an Muße sein. Der »Nachbar« hilft Dir also nur herauszufinden, was für Dich stimmt. Wohnst Du wie ich zum Beispiel eine Zeitlang in einer Wohngemeinschaft und hast nur ein kleines Zimmerchen, während Dein Nachbar in der Wohngemeinschaft ein Riesenzimmer mit Wohnzimmergarnitur hat, dann fordert dieser Nachbar Dich auf, herauszufinden, ob das kleine Zimmer in der Wohngemeinschaft noch für Dich »angemessen« ist. Und wie gesagt, es gibt keine feste Grundregel für Angemessenheit außer Deinem inneren Maßstab. Was für den einen Völlerei ist, kann für den anderen Unterernährung bedeuten, das gilt für geistige, vitale, emotionale, karrieremäßige und auch für physische Nahrung – schließlich hat jeder seine Fokusse woanders.

Der Widder hat sich »hindurchgeboxt«, der Stier sagt: Jetzt geh darüber hinaus, gründe eine Familie etc. Oder: Der Stier hat es sich behäbig gemacht und ein riesengroßes Haus gebaut, und dann kommt eine Wirtschaftskrise. Jetzt ist er aufgefordert zurückzustecken, gegebenenfalls den Widder herauszukehren und wieder zu »schaffen«. Hat jemand eine Widdersonne und eine Stiervenus, so kann dies bedeuten, daß das Widdermännchen nach getaner Arbeit auch einmal darüber hinaus gehen sollte und seine Sinnlichkeit genießen, während ein Fischmerkur als Nachbar auf der anderen Seite den Widder ab und zu zurückpfeift und ihn auffordert, doch einmal den »Chef« anzurufen. Ein Nachbar läßt Dich nicht der gleiche sein, er lädt Dich ein, Dich zu erweitern oder kleiner zu werden, wobei man sich manchmal auch »gesundschrumpfen« kann; lieber ein praller Apfel aber klein, als ein großer schrumpeliger. Eine weise Frau hat einmal gesagt: »Harmonie ist, wenn man alles im rechten Maß besitzt«. Für Dich im rechten Maß muß es sein, nicht für andere. Was für den einen ein Sittenstrolch ist, ist für den anderen ein Keuschheitsapostel. Der Nachbar hilft Dir nur, den Fokus zu finden. Beim Nachbarn fragst Du Dich also: Soll ich jetzt ein Treppchen höher steigen oder eines heruntergehen? Laß uns gleich zur Praxis gehen. Wenn Du ein Optikermeister bist, also ein Meister im »Hinschauen«, also den »Mini-Max« gelernt hast, und in der Nachkriegszeit kommt ein kurzsichtiger Amerikaner zu Dir und fragt dich, was diese Brille kostet, dann sagst Du: »DM 40,–« und schaust ihn genau an. Bleiben seine Pupillen offen und weich, sagst Du »pro Glas und Gestell natürlich extra«. Schaut er jetzt schon skeptisch, sagst Du: »Inklusive Gestell, Etui und ein Jahr Garantie, – wenn Sie kein Etui wollen, käme es natürlich billiger.« Das ist »Mini-Max« in der Praxis! Beim Fotoapparat gibt es das Weitwinkelobjektiv und das Teleobjektiv. Rückt ein Fokus zu weit in die Ferne, machst Du die Linse etwas »enger«, d. h. Du holst Dir die Sache heran durch einen etwas kleineren Fokus, das Teleobjektiv. Ist der Fokus direkt vor der Nase, nimmst Du noch etwas mehr mit aufs Bild, d. h. Du erweiterst den Fokus durch das Weitwinkelobjektiv. So ähnlich funktioniert der »Mini-Max«. Beim »Mini-Max« geht es also um das »Genau-hinschauen«, um das »Aufpassen«, und das ist auch die Energie des lilafarbenen sechsten Chakras auf der Mitte der Stirn, das mit »Genau-hinschauen« zu tun hat, deshalb heißt es auch das »dritte Auge«.

Schlage Experiment 3 auf, nimm Dir jetzt wieder Deine Ziele (immer zuerst komplett auflisten) und stufe sie einmal herunter und einmal herauf, d. h. wähle einmal einen etwas kleineren Fokus und einmal einen etwas größeren. Du mußt Dich hierbei nicht festlegen, wichtig ist nur, daß Dein Computer »Denkstraßen« zwischen diesen Fokussen gebaut hat, damit er im Bedarfsfall draußen im Leben hoch- bzw. herunterschalten kann. Im Klartext bedeutet das: Siehst Du eine tolle Frau und willst mit ihr »flirten« und sie ist sehr, sehr offen, dann schaltest Du den Fokus eine

Nummer größer und machst »Rendezvous« daraus, ist sie sehr verschlossen, schaltest Du den Fokus eine Nummer kleiner und machst »nach der Uhrzeit fragen« daraus – so steuerst Du immer den bestmöglichen Fokus an, ohne Dich zu oft danebenzusetzen. Liste jetzt zehn Fokusse auf und stufe sie, so gut Du kannst, herunter und herauf. Bei Umsatzerfolg könnte das so aussehen. Normalfokus: »Kundentermin«, »Mini-Max« minus: »Kunden anrufen«, »Mini-Max« plus: »Abschlußerfolg«. Wenn Du Dich auf eine große Sache spezialisiert hast, kannst Du den »Mini-Max« noch weiter auffächern, so daß viele kleine »Erfolgstreppchen« entstehen. Viele Menschen trauen sich gar nicht mehr, mit Visionen durch den Tag zu gehen, weil sie enttäuscht wurden. Der »Mini-Max« erlaubt Dir Visionen, weil Du sie ständig vergrößern oder verkleinern kannst.

Nimm die momentan wichtigste Vision und trage sie in die Sammelliste ein. Lege den Minifokus in die eine Hand, den Maxifokus in die andere Hand und dann beide Hände an den Hinterkopf. Sieh Deinen Fokus im sechsten Chakra und spüre, wie er mit den Energien der beiden Hände verschmilzt. Dann anerkenne die wirkende Gottheit in diesem Energiezentrum und bitte sie um Scharfeinstellung. Sieh in Deinem Stirnzentrum ein Bild dafür, was momentan »angemessen« ist. Als Zeichen dafür, daß dieses Bild genau »eingestellt« ist, laß das Bild einmal stark aufleuchten und sei dankbar.

Du hast jetzt gelernt, den »Überfokus« (Oppositionen), den »Feinfokus« (Fremde), den »Zeitfokus« (Verwandte), den »Liebesfokus« (Lehrer), den »Wirfokus« und den »Mini-Max« anzuwenden – wenn Du mit diesen Fokussen übst, wirst Du im Alltag automatisch die richtige »Einstellung« zu allen Dingen finden und automatisch den Fokus vergrößern, verkleinern, anbauen, abbauen, ausgliedern, integrieren können, wie immer es dem Augenblick entspricht. Damit verfügst Du über Werkzeuge, die andere nicht haben. Erspare dir das Lesen von tausend Büchern, nimm die Werkzeuge und arbeite damit, statt Dich zu verzetteln und ein bißchen hier und ein bißchen dort herumzudoktern!

Das Geheimnis des »kleinstmöglichen Erfolgserlebnisses«

Manchmal ist man »stock« (engl. »festgefahren«). Es kann sein, daß irgendwann einmal Dein Körper so geschwächt ist, daß es eine gewaltige Kraftanstrengung ist, sich überhaupt von der Liege zu erheben und zur

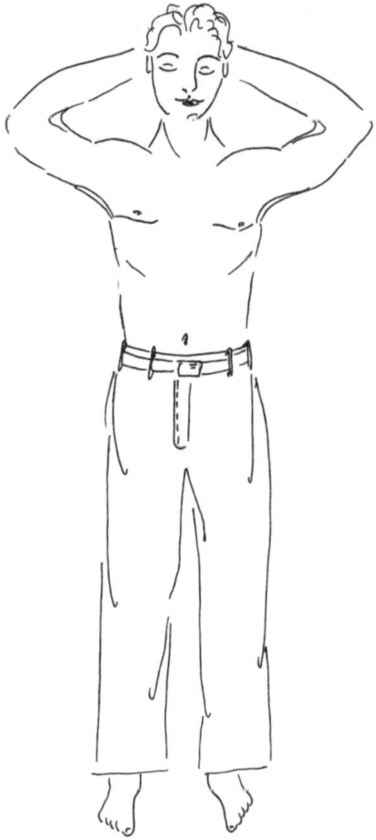

Küche zu gehen. Was tun? Zuerst einmal: Sei gut zu Dir selbst!!! Manchmal ist auch einfach angesagt, den ganzen Tag auf der Liege zu bleiben. Wer weiß, vielleicht arbeitet zugleich ein Teil von Dir woanders auf Hochtouren, arbeitet und serviert Dir plötzlich eine »geniale« Lösung, auf die Du durch Anstrengung nie gekommen wärst, so daß Du eine Woche Geistesarbeit im Büro eingespart hast! Manchmal spürst Du aber: Nein, es stimmt für mich nicht, sich dem hinzugeben. In dem Fall nutze das Geheimnis des »kleinstmöglichen Erfolgserlebnisses«! Wann immer Du in einer Situation »stock« bist, frage Dich: Was ist das kleinstmögliche

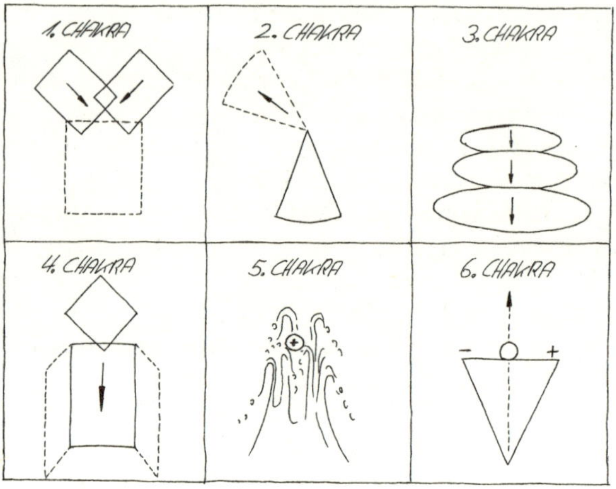

Erfolgserlebnis? Je kleiner, um so besser, denn nur so setzt Du ohne Aufwand das »Freudenrad« wieder in Gang. Pusche Dich nicht beim Start, »trabe« langsam an! Das Tun selbst, wie klein es auch sei, ist bereits der Erfolg!!!

Die große Synthese: Der Zugvogel!

Nehmen wir einmal an, in ein Flugzeug steigen zehn Personen ein. Sie haben das Flugzeug für ihren Urlaub gechartert und den Piloten gleich mit, haben genügend Zeit, genügend Geld, die Flugzeit kann dauern solange sie will, und alle wollen an einen Platz, aber jeder hat andere Vorstellungen: Der erste will Sonnenschein, der zweite will surfen, der dritte will Skilaufen, der vierte will exotische Mädchen um sich herum, der fünfte will Mystik, der sechste will in ein Land, in dem er mit US-Dollar bezahlen kann, der siebte will baden, der achte will Natur, der neunte will Tourismus, der zehnte will Einsamkeit. Wohin fliegt unser Flugzeug?

Nun, zum Beispiel nach Hawaii. Dort gibt es Sonne, Surfgelegenheiten, exotische Mädchen, Mystik (die Kahunas), Natur, Tourismus, Einsamkeit und Luxus, man kann dort Skilaufen und baden, und es handelt sich um einen US-Bundesstaat. Hawaii wäre für unsere Passagiere die »große Synthese«. Die »große Synthese« nennen wir deshalb den *Zugvogel*, die große Synthese verfügt also über »Zugkraft«. Solange Du keinen Zugvogel hast, kann Dein Flugzeug nicht losfliegen, ober es tuckert nur ein bißchen, und dann wird einem Passagier aus Trotz schlecht, und man muß auf dem nächsten Flughafen einen Notstop machen.

Hast Du nicht manchmal auch das Gefühl, daß viele Seiten in Dir sind und Du nicht weißt, wie Du sie integrieren sollst? Hier hilft Dir der Zugvogel. Wie baust Du einen Zugvogel? Schlage Experiment 3 auf. Dann notiere auf dem Arbeitsblatt zehn Visionen auf der linken Spalte. Dann überlege: Wo kann ich »Überfokusse« zwischen einzelnen Energien schaffen. Hast Du einen Aspekt gefunden, der zu Fokus Nr. 1 paßt, so notiere »Kandidaten« für Fokus Nr. 1 in Form einer Platzziffer daneben und streiche ihn durch, wenn Du ihn integriert hast (siehe Beispiel). Schreibe den neuen »Überfokus« in die nächste Spalte rechts neben Fokus Nummer 1, hake den integrierten Fokus ab und mache so aus allen zehn Fokussen maximal fünf »Überfokusse«. Dann gehe zur dritten Anleitung und fasse in der Spalte rechts daneben die »Überfokusse« zu maximal drei »Superfokussen« zusammen. Dann gehe in die Spalte ganz rechts und fasse die »Superfokusse« zu einem »Zugvogel« zusammen. Wenn Du jetzt aus dem Gebilde, das sich ergibt, ein Dreieck bastelst, sieht das Ganze tatsächlich aus wie ein Zugvogel. Glaube nicht, daß diese Arbeit unwichtig ist. Wenn Du Deinen Zugvogel gefunden hast, wird bei Dir ganz schön Energie frei, das kann ich Dir sagen, aber es braucht vorher ein bißchen Grips dafür, aber den hast Du ja!!! Ein Freund von mir – Vorstandsvorsitzender eines Konzerns – hat die Kraft des Zugvogels genutzt, indem er auf jeder Jahrestagung ein Jahresmotto für die Firma herausgegeben hat, das alle motiviert hat, die Angestellten wie den Außendienst. So entstanden Mottos wie: »Mit einer starken Gemeinschaft zum Erfolg« als Zugvögel, und der Erfolg gab ihm recht: Er verdoppelte den Umsatz seines Konzerns binnen fünf Jahren, und das ist bei einem Konzern mit Milliardenumsatz schon etwas!

Wenn Du einmal die Möglichkeit des Zugvogels in Dir integriert hast, dann kannst Du das gleiche Ergebnis viel schneller über Deine Intuition haben. Wie? Stell Dir vor, Du bist mit zehn Leuten zusammen, von denen jeder etwas anderes will. In dem Augenblick schließt Du kurz geistig die Augen und fragst Dich: »Was ist der Zugvogel von diesem Team?« Du atmest in Deinen »kosmischen Kristall« und wartest, bis das Ergebnis kommt. Ich weiß, es ist nicht leicht, diese Werkzeuge herzustellen, aber hast Du sie einmal in Deinem Leben hergestellt, dienen sie Dir ein Leben lang, genauso wie ein Haus nicht leicht zu bauen ist, aber hast Du es einmal errichtet, kannst Du jahrelang oder sogar ein Leben lang darin wohnen. Weitere Anregungen zur Technik »Zugvogel« bekommst Du in meinem Buch *Urlaub für immer* unter dem Thema: »Das Prinzip des größten gemeinsamen Nenners.«

Der Ritt auf dem Glücksdrachen

Jetzt, wo Du die verschiedenen »Winkel« in Deinem Computer eingerichtet hast, kommen wir wieder zur Vereinfachung. Genauso wie wir in Kapitel 2 alle Möglichkeiten des »Loslassens« aufgegliedert und dann unter dem Motto »Loslassen« vereinfacht haben, werden wir das jetzt auch unter dem Motto »Integrieren« tun. Der Mensch gelangt ja immer vom »Primitiven« über das »Komplizierte« zum »Einfachen«, aber: Das Komplizierte als Zwischenschritt ist notwendig, damit das Einfache entstehen kann. Wenn Du in Zukunft einem Menschen begegnest, brauchst Du Dich gar nicht mehr zu fragen, ist er ein Fremder, ein Freund oder ein Nachbar, frage Dich einfach: Was ist der Zugvogel von uns? Wenn Du in einer Situation bist, wo Du merkst, Du solltest Deinen Fokus verändern – es läuft zuviel oder zuwenig ab, Blockaden oder aber Überproduktion –, dann frage Dich einfach nur: »Was ist der Zugvogel von meiner jetzigen Situation«, und Du hast auf einmal alles das als Ergebnis, was wir uns in Kapitel 3 erarbeitet haben, aber dafür mußt Du vorher Deine Schularbeiten gemacht haben. Es ist wie Autofahren im Straßenverkehr: Sehr, sehr einfach, eigentlich instinktiv nimmst Du alle Schilder wahr und reagierst nahezu immer richtig, trotz der vielen Schilder. Vorher aber mußte man Dir tausend Straßenverkehrsregeln erklären, und Du mußtest alles über das Auto bis ins kleinste Detail lernen, später kannst Du beim Autofahren sogar die Hand auf das Knie Deiner hübschen Mitfahrerin legen, obwohl das mit Autofahren nicht mehr viel zu tun hat. Genauso ist es auch mit dem Zugvogel: Ist er erst einmal installiert, fliegt er von selbst, und wo immer du hinkommst, wirst Du zerstrittenen Menschen helfen, Zugvögel

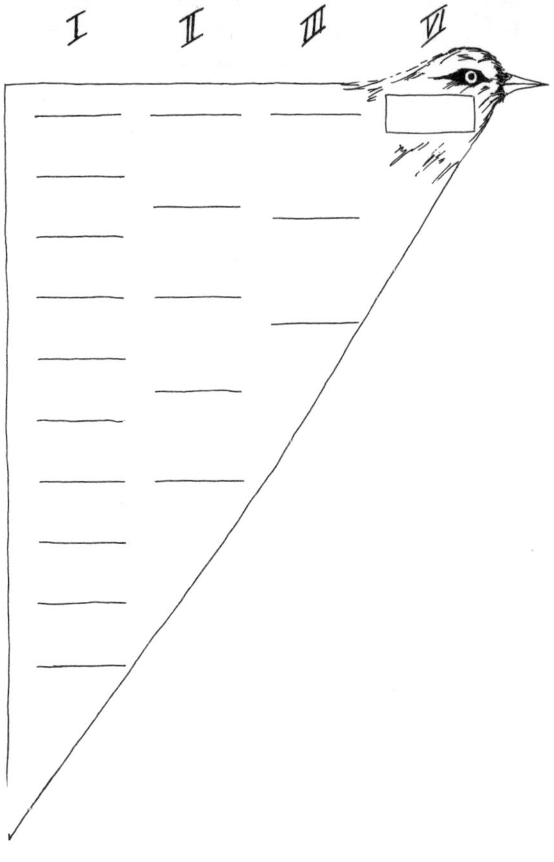

zu finden, und das ist der einzig mögliche Weg, wirklich Weltfrieden auf Dauer zu schaffen – am Anfang ist es Fieselarbeit, ist der Zugvogel aber erst einmal installiert, fragen sich alle, wie es möglich war, daß man einmal nicht »eins« in der ganzen Welt war!!!

Übung: Schließe jetzt die Augen und stelle Dir zehn Teilaspekte von Dir vor. Erlebe, wie Du sie durch Kommunikation integrierst und mit ihnen in einem Zugvogel in Deinen »Superfokus« fliegst. Benutze dafür zum Beispiel die Filmmusik *Ritt auf dem Glücksdrachen* aus der *Unendlichen Geschichte*.

Ob wir etwas lernen, hängt nicht davon ab,
ob wir ein Spiel verlieren oder nicht, sondern wie wir es verlieren,
wie diese Niederlage uns verändert
und was für neue Erkenntnisse wir daraus ziehen,
um sie dann wieder auf andere Spiele anzuwenden.
In gewisser Weise – so merkwürdig es auch klingen mag – ist die Niederlage ein Sieg.
(Richard Bach, *Brücke über die Zeit*)

Das »Doch nicht«: Manchmal ist es gut, keinen Erfolg zu haben

Kommen wir jetzt zum 0°-Winkel. Der 0°-Winkel entspricht dem siebten Chakra, das mit höherer Erkenntnis zu tun hat. Manchmal besteht der Erfolg darin, keinen Erfolg zu haben. Nehmen wir an, Du willst einem Großkunden zehn Tonnen Koks verkaufen, und kurz vor Abschluß platzt das Geschäft, ein voller Mißerfolg, aber: Dreißig Tage später hörst Du, daß der Großkunde Konkurs angemeldet hat und bist dankbar, denn sicher hätte er alle Deine Kohlen »verheizt«, ohne sie zu bezahlen. Hast Du einmal scheinbar keinen Erfolg, solltest Du den Erfolg im Mißerfolg erkennen, dazu mußt Du Ausweichmöglichkeiten haben, d. h. erkennen, was Erfolg »auch« sein kann. Schlage jetzt einmal Experiment 3 auf und mache eine Aufstellung, was Erfolg »auch« bedeuten kann.

Was ist jetzt mit den Energiezentren acht bis zwölf werden Eingeweihte gefragt. Gut, der Vollständigkeit halber seien sie erwähnt: Auf dem anderen Halbkreis des Horoskops geht es in absteigender Reihenfolge weiter, aber aus mystischer Sicht sind die Energiezentren acht bis zwölf nichts anderes als die Energiezentren eins bis sechs, eben nur auf der spirituellen Ebene, wo das gleiche, was wir hier physisch erleben, noch einmal spirituell abläuft. Da wir aber Praktiker sind und uns beim Lesen hier auf der Erde befinden, wollen wir es für diese Übung bei dem Gelernten belassen.

Wenn Du einen Zauber erleben willst, laß Deine Rüstung fallen. Zauberei ist viel stärker als Stahl.

Es gibt keinen Feind!

Die Arbeit mit den verschiedenen Winkeln zeigt Dir: Du siehst, es gibt keinen Feind. Feind ist immer nur der, dem Du im »falschen Winkel« begegnest. Wenn Du von einem »Fremden« verlangst, daß er mit Dir die Welt aus den Angeln hebt, hast Du einen Feind, respektierst Du die Verschiedenartigkeit, hast du einen Zugvogel. Verlangst Du von einem »Verwandten«, daß er mit Dir »diskutieren« soll, wie es vielleicht bei der »Opposition« sinnvoll wäre, hast Du einen Feind, erweiterst Du Dich um seine Zeitqualität, hast Du einen Freund. Lehnst Du einen »Lehrer« ab, weil Du mit der »Mischung« nicht klarkommst, hast Du einen Feind, bist Du bereit, sein »Lerngeschenk« anzunehmen, hast Du einen Freund. Enttäuschst Du einen »Freund«, der sich für Dich engagieren will, hast Du einen Feind, freust Du Dich über seine Unterstützung, hast Du einen Verbündeten usw. Letztlich kannst Du all dies zusammenfassen unter dem Stichwort: Es gibt keinen Feind, es gibt nur Intelligenz, und die brauchst Du, um jeweils immer den »Zugvogel« zu finden!!!

Jahreshauptversammlung – Firmenziele definieren!!!

Wir wollen jetzt die Übung »Zugvogel« benutzen, um ein Firmenziel zu finden. Das Wort »Firma« bedeutet »Name, Gefestigtes« (daher auch das Firmament und die Konfirmation). Eine Firma ist also ein Name, unter dem sich etwas festigt. Laß uns jetzt den »Zugvogel« der Firma finden, denn das ist der eigentliche Name der Firma, das, was der Firma einheitlich Energie gibt. Deine »Firma« kann auch eine Familie sein, eine Großfamilie, eine Reisegruppe, ein Tennisclub, eine Partnerschaft, ein Freundeskreis, ein Team jeder Art. Notwendig für diese Übung ist, daß die Mitglieder der »Firma« zusammenkommen. Wird es ein sehr großes Team (über 20 Personen), sollte sie sich zu »Oktagonen« aufgliedern (siehe Lektion 2) oder auch nach »Abteilungen« ordnen. Eine Abteilung kann auch eine Altersgruppe, eine Turnierklasse sein; Du wirst sehr schnell Deine eigene Gliederung finden. Und dann laß jeden sich fragen: Was will er eigentlich wirklich? Wofür arbeitet er oder warum ist er hier »Mit-Glied« im wahrsten Sinne des Wortes. Hierbei darf jeder ruhig sein Ego kundtun und offenbaren. Die Spielregeln sind, daß keiner dafür verurteilt wird, was er sagt – er sollte nur so konstruktiv wie möglich sein. Dann laß in den einzelnen Abteilungen den »Zugvogel« finden. Es kann sein, daß dabei ausgegliedert, ergänzt werden muß – man könnte diese Übung auch »den Brillanten schleifen« nennen. In Lektion 2 hast Du gelernt, den Diamanten von Dreck zu säubern, hier wird er geschliffen mit Hilfe diverser Fokusse zu einem Brillanten. Jeder »Regionaltrainer« trägt den »Gruppenzugvogel« vor, und der Bundestrainer baut daraus den »Firmenzugvogel«. Abstimmungen mit roten und grünen Karten stellen sicher, daß tatsächlich alle, wirklich aber auch alle Mitglieder hinter der Firma stehen – so können Erfolge entstehen, von denen »Mitbewerber« nur träumen!!!

Wie Du Deine vier Elementar-Energien unter einen Hut bringst

Kaum einer weiß, daß das normale Kartenspiel eigentlich Okkultismus in höchster Form ist. Wenn drei Personen gemeinsam »Skat« spielen, verkörpern sie das »zwei und eine«, das Spiel des Einen mit der Polarität, wenn vier Personen gemeinsam »Doppelkopf« spielen, verkörpern sie das »vier in einem«, das Wechselspiel des Einen innerhalb seiner selbst. Das Skatspiel selbst ist in sich selbst eine Ansammlung von akkulten Symbolen. Schau Dir einmal die Konstellation der »Pik Sieben« aus einem umfassenden Bewußtsein an. Wann immer Menschen Karten spielen, findet Okkultismus statt – auf einer anderen Ebene, wobei das Wort »Okkultismus« griechisch ist und nicht mehr bedeutet als »das Verborgene!« Kreuz, Pik, Herz und Karo symbolisieren die vier Grundenergien des Menschen. Diese vier Symbole sind artverwandt mit den vier Grundsymbolen des Tarot: Stäbe, Schwerter, Münzen, Kelche und haben den gleichen Ursprung. In der Astrologie kennen wir die entsprechenden Elemente: Feuer, Wasser, Erde, Luft. Arbeiten wir hier mit dem Tarot und seinen Aspekten, die sich allesamt auch in uns wiederfinden.

Was ist ein *Schwert*? Nun, ein Schwert ist ein künstlich geschliffenes Werkzeug, das Du benutzt zum Zerteilen, zum Töten, zum Unterscheiden. Das Schwert ist das Symbol der Unterscheidung durch Denken. Viele Trainer und Bücher lehren ihre Schüler Denken, womit wir die Kraft der Unterscheidung, nicht das »Schallplattendenken« meinen. Das Geschenk des Denkens ist Klarheit. Nur wenn diesen »großen Klaren aus dem Norden« das »Herz« fehlt, nutzen sie nur ein Bruchteil ihres Potentials, und wenn sie dann wieder zu ihrem »Guru« gehen und »mehr vom gleichen« lernen, wird sie das kaum glücklich machen. »Schwert-Menschen« erkennst du an Ihrer Klarheit.

Was ist ein *Kelch*? Bei einem Kelch ist eigentlich nicht so wichtig, woraus er gemacht ist, wichtig ist der Inhalt. Bezieht man das auf den Menschen, so sagt der Kelch-Mensch: »Mir ist eigentlich nicht so wichtig, wie ich aussehe (die Form des Kelches) oder was ich verdiene, mir ist wichtig, daß ich mein Gefühl entwickele (einen guten Inhalt hineintue).« Das sind dann Leute, die kein Geld haben und aussehen, wie ein Pfannkuchen, aber vor lauter Rührung die Mutter der ganzen Nation sein könnten. Wenn diese Menschen dann nur weiterhin ihr Gefühl pflegen, dann kommt immer mehr Gefühl dabei heraus – schöner werden sie dadurch nicht, und wenn sie nichts anderes pflegen als ihr »Innerstes«, werden sie sich schwer tun, ihren reichen Inhalt auszudrücken. (Niemand kommt in Versuchung, den tollen Drink zu trinken, weil die »Form« des Bechers so abstoßend häßlich ist, niemand will die Ware kaufen, weil die Verpackung so billig aussieht.) Gefühl ist das Geschenk der Kelch-Energie. Man erkennt einen »Kelch-Menschen« an den Energien, welche er gerade lernt und daran, daß er weniger auf die Form achtet, dafür aber mehr sein Gefühl öffnet. Ich sage nicht, daß diese Energie schlecht wäre. Seelenvolle Musik hören, sich hingeben, »hinfühlen«, alles das sind große Tugenden, aber »Manifestation« wünscht auch eine angemessene Form!!!

Damit sind wir schon bei der nächsten Energie, der *Münze*. Bei einer Münze ist eigentlich gar nicht wichtig, aus welchem Material sie besteht, wichtig ist auch hier die Form. Um Münzen zu sammeln, muß ich bestimmte »Formen« wahren, ich muß vor allen Dingen mich selbst in Form bringen, in welche Form auch immer. Ein »Schweizer Vränerli« ist nicht häßlicher als eine Königin Wilhelmine. Wenn Du also auf Deine Form achtest, Deinen Body stylst, ins Sonnenstudio gehst, Dich gut anziehst, dann betonst Du die Münze, denn Münzen haben mit Form zu tun. Das Geschenk der Münze ist Wertschätzung. Münze-Menschen erkennst Du am »Styling« (Auto, Kleidung ...) und am materiellen Erfolg. Ohne »Münze-Erfolg« wird ein Mensch irgendwo unbefriedigt bleiben, aber: Es gibt Multimillionäre mit Herz, Verstand und Geld, die doch das Gefühl haben, das ihnen etwas fehlt – was? Sie haben das Gefühl, durch ihren Reichtum eine Rolle spielen zu müssen, und das begrenzt sie.

Kommen wir jetzt zur vierten Energie, dem *Stab*. Der Stab ist ein Stück von einem Baum. Bei einem Baum ist nicht wichtig, wie er aussieht, welche Form er hat, aus welchem Material er ist, beim Baum ist nur wichtig, daß er eines tut, nämlich blühen, wie immer er ist. Ein Baum fragt nicht, ob er häßlich oder schön ist, er drückt sich aus, wie immer er ist, er geht in Aktion, ob es den anderen Bäumen paßt oder nicht. Die Energie des Stabes fordert Dich auf, Dich herauszubringen wie immer Du bist, Hauptsache, daß es Dir entspricht. Für einen Menschen, der die Stab-Energie zu lehren hat, ist es ein voller Erfolg, wenn er eine Rede vor Leuten hält, Kunden anruft, Projekte mitteilt, vor allem ehrlich zu sich und anderen ist, für sich selbst blüht ohne Rücksicht darauf, ob die anderen ihn häßlich oder schön finden. Wer also immer fragt: Darf ich denn jetzt eigentlich oder darf ich nicht, der sollte die Stab-Energie lernen. Hier ist völlig egal, wie die Form oder das Ergebnis aussieht – hier zählt die Aktion. Expression, also Ausdruck, ist das Geschenk des Stabes.

Leider haben einige »Verhaltenstrainer« andere »Trainer« verteufelt, nur weil sie »andere« Energien geschult haben. Jemand, der »Herz« schult, sagt: »Wann immer etwas mit Geld zu tun hat, ist etwas faul daran!« Jemand, der Münze schult, sagt: »Unerhört, wie dieser Mann seine Schüler auffordert, sich herauszubringen, man muß doch die Form wahren« usw. Dabei gibt es auch hier eine »große Synthese«, die es Dir erlaubt, sowohl Dich rücksichtslos herauszubringen als auch die Form zu stylen, sowohl reich als auch wahrhaft herzlich und mitfühlend zu sein. Du bist nicht nur Verstand oder nur Herz oder nur Form oder nur Aktion – Du bist alles, und wenn Du einen Bereich nicht ausdrückst, kann das »Freudenrad« sich nicht drehen, wobei es schon sein kann, daß aufgrund Deiner individuellen Struktur die starke Betonung eines dieser vier Aspekte angesagt ist. Wenn dies aber wirklich so ist, dann findest Du in Deiner Umgebung aber auch die Freunde etc., die Dich genau in dem Bereich unterstützen, der nicht so sehr zu Deinem Ausdruck gehört, d. h. jemand, der zum Beispiel sich aufgerufen fühlt, als Sänger die Herzensenergie zu leben, wird zum Beispiel Fans um sich herum haben, die die Sache in eine Form bringen und finanziell unterstützen usw.

Liste einmal die Menschen, Gurus, Länder, Politiker, Gegenstände, Eigenschaften aber vor allem Deine derzeitigen Umstände auf und ordne sie einer der vier Grundenergien zu. Anerkenne dabei: Kein Mensch und kein Umstand ist schlecht, aber vielleicht möchtest Du Deinen Fokus um andere Energien erweitern? Vielleicht ist es aber auch so, daß Du andere Fokusse früher sehr stark betont hast, zum Beispiel das »Denken«, und Dich jetzt auf die Herzensenergie konzentrierst? Alles ist O. K. Wenn Du »pendeln« kannst, dann pendele doch einmal aus, wie Du gerade in Deiner

Betonung stehst, trage es in ein Diagramm ein und dann pendele aus, welche Betonung im Moment angemessen wäre, so daß Du erkennst, was Du momentan »überbetonst« und was Du »unterbetonst«. Nicht, daß nicht alles »göttlich« wäre, aber Du kannst einmal »etwas anderes« kreieren! Aber: Mach Dir nie einen Streß daraus, denn die Realisation ergibt sich sowieso von selbst, wenn Du »es« erst einmal begriffen hast!

Schließe einmal die Augen und sieh ein Kreuz und dabei in jedem Quadrat das Verhalten, das bezüglich dieser Grundenergie Deiner jetzigen Situation am meisten angemessen wäre. Warte solange, bis Du für jede der vier Energien einen Namen, eine Headline gefunden hast. Dann laß diese vier Quadrate vor Deinem geistigen Auge zu einem großen Bild zusammenschmelzen und warte, bis Du auch dafür eine Headline, einen Überbegriff gefunden hast. Öffne die Augen und notiere die Namen der vier Einzelenergien und auch die »große Synthese«.

Wenn Du das Gefühl hast, Du möchtest einen der vier Aspekte stimulieren, kannst Du das zum Beispiel durch die Kassettenserie *Die Elemente – Musik von Klangfeldern der Kraft* tun, wobei Du Dir beim Hören vorstellst: »Ich Bin das Feuer, die Erde, die Luft oder das Wasser« und die Musik einbaust, um Dich als dieses Element wirken zu sehen – ganz ohne eigene Kraftanstrengung laß das Wesen des Elementes die Arbeit für Dich tun!

Pauschales Integrieren

Laß uns jetzt das Integrieren einmal zusammenfassen auf einem Arbeitsblatt, denn oft reicht es in einer Situation einfach, sich zu fragen, was Du integrieren kannst, um den Zugvogel zu finden.

Schlage Experiment 3 auf und fülle das Arbeitsblatt »Integrieren« aus, zum Thema: »Ich bin der totale Erfolg auf allen Ebenen«. Frage Dich: »Was kann ich noch integrieren?« Es können Dinge aus der Vergangenheit, der möglichen Zukunft oder der Gegenwart sein. Nimm nicht nur positive oder nur negative Punkte, nimm ohne Rücksicht auf »gut und böse« alles, was kommt, was Du jetzt abschließend integrierst, um Dich ganz zu fühlen und Freude daran zu haben, aus ganzem Herzen »Du selbst« zu sein, was bereits die nächste Lektion ist!

Experiment 3:

1. Liste zehn Bereiche auf, die Dir wichtig sind für totalen Erfolg auf allen Ebenen und finde dazu die jeweilige »Opposition«. Verbinde sie mit der »Und zugleich... und das bedeutet«-Formel zu einem »Überfokus«.
2. Liste zu den o. a. zehn Erfolgsbereichen die jeweiligen »Fremdkörper« auf. Gliedere sie aus mit der »Ohne... und das bedeutet« -Formel zu einem »Feinfokus«.
3. Liste zu den o. a. zehn Erfolgsbereichen die jeweiligen Verwandten, also die »Großväter und Kinder« auf. Lasse ihre Energien durch die »Mit... und... zur...«-Formel zu einem »Zeitfokus« verschmelzen.
4. Liste zu den o. a. zehn Erfolgsbereichen die jeweiligen Lehrer, also die »Querköpfe« auf. Lasse ihre Energien durch die »Auch wenn... und-das-ergibt...«-Formel zu einem Liebesfokus verschmelzen.
5. Liste zu den jeweiligen Erfolgsbereichen die jeweiligen Freunde, also »Clubmitglieder«, »Helfer« und »Hilfen« auf. Lasse ihre Energien mit Hilfe der »Durch... für...«-Formel zu einem Teamfokus verschmelzen.
6. Liste zu den jeweiligen Erfolgsbereichen das jeweilige »Mini-Max«, d. h. die jeweils nächstleichtere oder nächstschwerere »Hantel« auf. Nutze im Alltag immer wieder das Geheimnis des »kleinstmöglichen Erfolgserlebnisses«.
7. Liste auf, was Erfolg »auch« bedeuten kann! Mache dazu die Übung »Zugvogel«. Dann schließe die Augen und stelle Dir vor, wie Du mit dem Zugvogel und Deinen zehn Teilaspekten zu diesem »Superfokus« fliegst (siehe dazu die Übung »Phantasieurlaub« aus meinem Buch *Urlaub für immer*). Nimm dazu eine Musik Deiner Wahl, zum Beispiel den *Flug auf dem Glücksdrachen* aus der Filmmusik zu der *Unendlichen Geschichte*.
8. Setze Dich mit Freunden/Kollegen zusammen, und jeder sagt einen Begriff, so daß ein »Begriffs-Mischmasch« entsteht. Dann schreibt diese Begriffe aneinander und versucht, eine möglichst interessante Geschichte daraus zu erfinden, die zusammenpaßt. Wenn ihr zu mehreren seid, könnt ihr mehrere Gruppen bilden und die beste Geschichte prämieren. Ein »Begriffs-Mischmasch« könnte zum Beispiel sein: Bettlaken, Testpilot, Ziege, Schwarzbrot, Hochzeit, Grüazi, Enttäuschung,...

9. Setze Dich mit Freunden/Kollegen zusammen und notiere Tugenden/Absichten/Firmenziele/Interessen o. ä., und bilde dann daraus den Zugvogel, zum Beispiel von Freiheit, Geld, Liebe, Gelassenheit, Umsatzsteigerung, Freizeit... Benutze dafür die Technik »Brillanten schleifen«, bis der Zugvogel fliegt.
10. Mache die Energieübung für einen Fokus für alle 7 Chakren
11. Notiere einmal zehn Freunde, Bekannte, Umstände, Dinge, Orte und sortiere sie nach Fremder, Lehrer usw. Du kannst für das Sortieren zwei Durchgänge benutzen, um wirklich klar zu sein.
12. Notiere einmal für Dich selbst, was die vier Energien Schwerter, Kelche, Münzen, Stäbe für Dich bedeuten, was für Dich noch dazu gehört. Dann notiere, wie Dein Leben aussieht (Handlungen, Bekannte, Tagesablauf, Umstände) und ordne sie den vier Energien Schwerter, Münze, Kelche, Stäbe zu. Dann nimm ein neues Blatt zur Hand, sieh das »Handlungskreuz«, lasse vor Deinem geistigen Auge das angemessene Verhalten für jede Elementar-Energie erscheinen und all dies zu einer großen Synthese verschmelzen. Notiere, was Du gesehen hast. Wenn es Dir lieber ist, kannst Du für diese Selbstanalyse auch die Elemente Feuer, Wasser, Erde, Luft oder die vier Königreiche Mineralreich (essentiell, saugend, intellektuell), Pflanzenreich (duftend, ausdehnend, empfindsam), Tierreich (gesellig, animalisch, emotional) und Engelreich (hingebungsvoll, altruistisch, spirituell) verwenden und dort Balance ausdrücken.
13. Notiere pauschal auf, was Du integrieren kannst, unabhängig vom »Winkel«, vom Element, von angenehm und unangenehm. Bringe alles zusammen und notiere, was jetzt aus Deinem »intelligenteren Hirn« kommt auf den Fokus »Integration« bezüglich. »Ich Bin der totale Erfolg auf allen Ebenen«.
14. Notiere auf Arbeitsblatt 13, was Erfolg »auch« sein kann.

Fazit Lektion 3:

- Nutze das Geheimnis des kleinstmöglichen Erfolgserlebnisses.
- Nutze die Chance, zu allem was Dir begegnet, jeweils den »Zugvogel« zu finden. Du mußt nicht merken, wer Fremder oder wer Freund ist. Frage Dich einfach nur: »Was kann ich integrieren/angliedern?« Dein »Copilot« wird Dir schon sagen, wie es geht. Wichtig ist nur die

Bereitschaft zur Integration. Hast Du die, kannst Du alles vergessen. Sei einfach Du selbst, und alles integriert sich von selbst!!!

Arbeitsblatt 7 (Muster)

Überfokus

Thema: »Ich bin der totale Erfolg auf allen Ebenen.«

»Und zugleich« (1. Strahl – Opposition) Z x 0 = Zü

	»Ich wünsche« Ziel	»und zugleich«	»und das ergibt«
1	Geld-souveränität	Genuß, Freude	sich selbst genießen
2	Klare berufliche Ausrichtung	Vielseitigkeit	Lebensstil Expression
3	Traumfrau(en)	Dickschädel	Wachstum
4	gemeinsame Unternehmungen	Bequemlichkeit	sich verwöhnen lassen
5	eigenes Auto	loslassen	verwalten
6	attraktive Kleidung	sich gehen lassen	Nonchalance
7	anziehende Ausstattung	sich selbst sein	Selbstliebe zeigen
8	lebenslustige Freunde	Herz-zu-Herz-Kontakt	gemeinsame Visionen
9	Zeitplanung einhalten	im Augenblick leben	Weitsichtigkeit
10	sich produzieren	studieren	agieren und an Reaktionen der anderen lernen

Arbeitsblatt 7

Überfokus

Thema: »Ich bin der totale Erfolg auf allen Ebenen.«

»Und zugleich« (1. Strahl – Opposition) Z x 0 = Zü

	»Ich wünsche« Ziel	»und zugleich«	»und das ergibt«
1			
2			
3			
4			
5			
6			
7			
8			
9			
10			

Arbeitsblatt 8 (Muster)

Feinfokus

Thema: »Ich bin der totale Erfolg auf allen Ebenen.«

»Ohne« (2. Strahl – Fremdkörper) $Z – F_R = Z_F$

> ohne

	»Ich wünsche«	»ohne«	»und das ergibt«
1	Geld-souveränität	Arroganz	Wert-schätzung
2	berufliche Klarheit	Engstirnigkeit	Mannigfaltigkeit im beruflichen Ausdruck
3	Traumfrau	Imponiergehabe	Freude an schönen Frauen
4	Teamgeist	sich eingeengt fühlen	Mit-verantwortung
5	Kraftfahrzeug	Belastung	Nutznießen eines Kraftfahrzeuges
6	attraktive Kleidung	eine Rolle spielen müssen	Ansehnlichkeit
7	Ausstrahlung	Isolation	die richtige Frequenz wählen, dort senden und empfangen
8	lustige Freunde	Verkrampfung	Freunde genießen
9	Zeitplanung	Selbst-vergewaltigung	Zeitgefühl
10	sich produzieren	abgelehnt werden	sich und andere begeistern

Arbeitsblatt 8

Feinfokus

Thema: »Ich bin der totale Erfolg auf allen Ebenen.«

»Ohne« (2. Strahl – Fremdkörper) $Z – F_R = Z_F$

	»Ich wünsche«	**»ohne«**	**»und das ergibt«**
1			
2			
3			
4			
5			
6			
7			
8			
9			
10			

Arbeitsblatt 9 (Muster)

Zeitfokus

Thema: »Ich bin der totale Erfolg auf allen Ebenen.«

Mit Manifestation und Vision zum Fernziel

$M + Z = Z_T$

	Manifestation	Vision	Fernziel
1	Strebsamkeit	Geld-souveränität	Mitwirken an Projekten
2	Unterscheidungs-kraft	berufliche Klarheit	Mitschöpfer
3	Sinnlichkeit	Traumfrau	Familie
4	Einfühlungs-vermögen	Teamgeist	Unterstützungs-struktur
5	Beweglichkeit	Kraftfahrzeug	Netzwerk
6	Spaß an Anerkennung	attraktive Kleidung	Ausdruck von Schönheit
7	Bewußtsein	Ausstrahlung	Anerkennung
8	Verbundenheit	lebenslustige Freunde	»Vergnügungs-park«
9	Disziplin	Zeitplanung	Befreiung
10	Wissen	sich produzieren	Beitragen

Arbeitsblatt 9

Zeitfokus

Thema: »Ich bin der totale Erfolg auf allen Ebenen.«

Mit Manifestation und Vision zum Fernziel

$M + Z = Z_T$

	Manifestation	Vision	Fernziel
1			
2			
3			
4			
5			
6			
7			
8			
9			
10			

Arbeitsblatt 10 (Muster) Liebesfokus Thema: »Ich bin der totale Erfolg auf allen Ebenen.« Ziel – auch wenn (Lehrer) – und das ergibt $Z + L = Z_L$			
	Ziel	**auch wenn …**	**und das ergibt …**
1	Geld-souveränität	… ich Verantwortung übernehmen muß	… Geld-bewußtheit
2	berufliche Klarheit	… ich Bereiche abwählen muß	… Durchbruchs-chancen
3	Traumfrau	… ich auf einiges verzichten muß	… Qualitäts-bewußtsein
4	Teamgeist	… ich Kompromisse eingehen muß	… »Wir«-Gefühl
5	Kraftfahrzeug	… ich für den Unterhalt sorgen muß	… Inanspruch-nahme
6	attraktive Kleidung	… ich permanent gesehen werde	… Präsens
7	Ausstrahlung	… ich Trägheit überwinden muß	… Wirkungs-bewußtsein
8	lebenslustige Freunde	… ich loslassen muß	… Spaß am Leben
9	Zeitplanung	… Widerstände auftauchen	… Wille zur Klarheit
10	sich produzieren	… ich abgelehnt werde	… anderen durch mein »Sich-Produzieren« dienen

Arbeitsblatt 10

Liebesfokus

Thema: »Ich bin der totale Erfolg auf allen Ebenen.«

Ziel – auch wenn (Lehrer) – und das ergibt

$Z + L = Z_L$

	Ziel	**auch wenn ...**	**und das ergibt ...**
1			
2			
3			
4			
5			
6			
7			
8			
9			
10			

Arbeitsblatt 11 (Muster)

Teamfokus

Thema: »Ich bin der totale Erfolg auf allen Ebenen.«

	Z	(Freund) **durch**	**für**
1	Geld-souveränität	... Schöpfungs-kraft	... Urlaub für immer
2	berufliche Klarheit	... Selbstliebe	... Vorbildlichkeit
3	Traumfrau	... Geborgenheit	... Vertrauens-würdigkeit
4	Teamgeist	... Gemütlichkeit	... eine bessere Atmosphäre
5	Kraftfahrzeug	... Bereitschaft zur Verantwortung	... Ausdehnung
6	attraktive Kleidung	... Schönheits-liebe	... Wert-schätzung
7	Ausstrahlung	... »Ich-bin-Kraft«	... Erinnerung
8	lebenslustige Freunde	... Integrations-vermögen	... Spaß am Leben
9	Zeitplanung	... Kraft der Vision	... Erfolg in Harmonie
10	sich produzieren	... Selbst-erkenntnis	... Selbst-verwirklichung

Arbeitsblatt 11

Teamfokus

Thema: »Ich bin der totale Erfolg auf allen Ebenen.«

	Z	(Freund) **durch**	**für**
1			
2			
3			
4			
5			
6			
7			
8			
9			
10			

Arbeitsblatt 12 (Muster) »Mini – Max« Thema: »Ich bin der totale Erfolg auf allen Ebenen.«			
	Z	**Mini**	**Max**
1	Geld- souveränität	liquide sein	Geld läuft mir hinterher
2	berufliche Klarheit	Kommunikation über Berufung	voll im Geschäft sein
3	Traumfrau	Flirt und Gelegenheit	Idealpartnerin
4	Teamgeist	Jemandem eine Freude machen	Gemeinsame Projekte
5	Kraftfahrzeug	Mofa	Neues Auto
6	attraktive Kleidung	korrekte Kleidung	Qualität und Design im Ausdruck
7	Ausstrahlung	Im »hier und jetzt« sein	andere zur Größe bringen
8	lustige Freunde	gemeinsames Würfelspiel	Wochenend- ausflug
9	Zeitplanung	ein kleines Tagesziel	Zeit- verantwortung
10	sich produzieren	seine Stärken erkennen	Verantwortung für eine Gruppe

Arbeitsblatt 12

»Mini – Max«

Thema: »Ich bin der totale Erfolg auf allen Ebenen.«

	Z	Mini	Max
1			
2			
3			
4			
5			
6			
7			
8			
9			
10			

Arbeitsblatt 13 (Muster)

Thema: »Ich bin der totale Erfolg auf allen Ebenen.«

Erfolg kann auch bedeuten ....

	Erfolg kann auch bedeuten	
1	niemanden zu beschuldigen, keine Schuld anzuerkennen und somit auch frei von Schuldgefühlen zu sein.	
2	aufhören zu fragen und beginnen, Antwort zu sein.	
3	sich für jeden und alles zu begeistern.	
4	als Fremder zu kommen und als Freund zu gehen.	
5	niemandem Angst zu machen und somit vor nichts Angst zu haben.	
6	sich nicht zu belügen und somit auch nicht belogen zu werden.	
7	in niemand ein Problem projizieren, deshalb auch keine Probleme zu bekommen.	
8	jedem alles Gute zu wünschen, deshalb auch von jedem alles Gute gewünscht zu bekommen.	
9	nur seinem wahren Wesen und seiner eigenen Wahrheit zu folgen.	
10	sich selbst zu vertrauen (d. h., das Vertrauen ist bereits der Erfolg, er muß nicht erst noch bewiesen werden).	

Arbeitsblatt 13

Thema: »Ich bin der totale Erfolg auf allen Ebenen.«

Erfolg kann auch bedeuten ....

	Erfolg kann auch bedeuten	
1		
2		
3		
4		
5		
6		
7		
8		
9		
10		

Arbeitsblatt 14 (Muster)

Der Zugvogel

Thema: »Ich bin der totale Erfolg auf allen Ebenen.«

	?	1. Synthese	?	2. Synthese	Zugvogel
1 Geld-souveränität	2, 7, 9	I. Ver-marktung		A. sich verkaufen	Visionen mitteilen
2 berufliche Klarheit		II. Expression		B. »Mitglieder« finden	
3 Traumfrau		III. Auslese			
4 Teamgeist		IV. Sich unterstützen			
5 Kraft-fahrzeug		V. Reprä-sentation			
6 attraktive Kleidung					
7 Ausstrahlung					
8 lustige Freunde					
9 Zeitplanung					
10 sich produzieren					

Arbeitsblatt 14

Der Zugvogel

Thema: »Ich bin der totale Erfolg auf allen Ebenen.«

	?	1. Synthese	?	2. Synthese	Zugvogel
1		I.		A.	
2		II.		B.	
3		III.			
4		IV.			
5		V.			
6					
7					
8					
9					
10					

Arbeitsblatt 15

Raster

Thema: »Ich bin der totale Erfolg auf allen Ebenen.«

	Opposition	Fremder	Verwandter	Lehrer	Freund	Nachbar
....						
....						
....						
....						
....						
....						
....						
....						
....						
....						

Lektion 4

Weg vom Problem – hin zu sich selbst

Die Welt ist Dein Schulheft, die Seiten, auf denen Du Deine Rechenaufgaben löst. Es ist aber nicht die Wirklichkeit, obwohl Du, wenn Du willst, die Wirklichkeit auch dort ausdrücken kannst.

Technik »T-Shirt-Wechsel«

Wenn Dein Oberflächenverstand aufgrund von alten Erinnerungen glaubt, daß Erfolg Streß macht, wirst Du es so einrichten, daß in Deiner Umgebung keiner Erfolg hat. Du spielst den Oberlehrer, den Heiligen oder sonstwen, nur um »Erfolg« aus dem Weg zu gehen. Du merkst es vielleicht nicht und hast sehr intelligente Strategien, es vor Dir zu verheimlichen, aber es ist, als wenn Du Dir ein T-Shirt anziehst, auf dem steht: »Bitte keine großen Erfolge« oder: »Kunden, bitte weglaufen«. Alle können das T-Shirt sehen – außer Dir. Manchmal kauft man sich so ein T-Shirt jedoch bewußt. Als ich mit meinem Produzenten zur Produktion meines neuen Videos in Fernost war und wir beim Arbeiten dauernd von Thailänderinnen, die »nur das eine« wollten, gestört wurden, kauften wir uns kurzerhand ein T-Shirt, auf dem stand: *No Sex please – Thank You.* Wenn Du integrieren kannst, was immer geschieht, bist Du frei, das T-Shirt zu tragen, das Dir paßt.

Schließe einmal die Augen, sieh Dich in Deinem T-Shirt und sieh, welche Aufschrift es trägt. Und dann sieh, wie Du Dein T-Shirt wechselst, wenn Du magst. Es kann aber auch sein, daß Du die Headline beibehalten willst oder nur geringfügig wandeln willst. Mache diese Übung immer wieder, so daß Du »draußen« blitzschnell das T-Shirt wechseln kannst. Eine Freundin von mir ist Mannequin, sie ist in der Lage, sich binnen dreißig Sekunden komplett neu aus- und anzuziehen, manchmal sogar auf offener Bühne, ohne daß jemand das merkt...

Vergiß nicht, woher Du gekommen bist, wohin Du gehst und warum das Durcheinander, in das Du geraten bist, von Dir selbst geschaffen wurde.

Du bestimmst Deine Welt durch Deine Identifikation. Du lebst in »Deiner« Welt, und niemand auf der Welt erlebt die Welt so wie Du. Wie Du die Welt erlebst, hat mit Dir und nur mit Dir zu tun. Wenn Du allerdings behauptest, das, was Du erlebst, hätte mit jedem anderen zu tun, nur nicht mit Dir, dann ist das so, als wenn Du als »Schöpfer« den Schöpflöffel wegschmeißt und erwartest, daß die anderen Dich füttern. Was Du »da draußen« siehst, ist nichts anderes als Deine Identifikation über Deine Sinne – wie über einen Filmapparat nach außen projiziert. Wenn Du denkst: »Der Herr hat's gegeben, der Herr hat's genommen, der Herr wird's schon richten« und siehst den Herrn als getrennt von Dir, dann bist Du eine arme Sau, denn woher soll der Herr wissen, was er wohin richten soll, wenn für *ihn* doch sowieso alles »göttlich« ist? Gott kennt weder gut noch bose, weder Freud noch Leid. Gott sagt: »Du stellst Dir das Leben böse und häßlich vor? – Prima, für Dich mache ich es böse und häßlich«, oder er sagt: »Du liebst das Leben? Gut dann mache ist es für Dich liebenswert«. Was immer Deine Identifikation ist, das wird der »Chef« machen, darum heißt es auch: »Gott ist Liebe« – nicht mehr, nicht weniger und nichts anderes. Wenn Du Deinen »Schöpflöffel« wegschmeißt, der Dein Geburtstagsgeschenk auf dieser Ebene ist, denkt der »Chef«, daß Du nichts mehr »schöpfen« willst, und das ist O. K., aber dann wirst Du »abgerufen«.

Wenn Du auf »Hasenjagd« bist und denkst: »Die alten Meckerziegen, die da rumlaufen, die habe ich nicht kreiert; wenn das junge knackige Dinger wären, die hätte ich schon kreiert, aber nicht so was«, dann darfst Du Dich nicht wundern, daß Du die alten Meckerziegen nicht wegkriegst und daß es sogar immer noch mehr werden. Ist doch klar: Wenn Du glaubst, Du hast nicht kreiert, was Du siehst, bedeutet das, jemand anderes hätte all das kreiert, und dann mußt Du natürlich auch folgerichtig glauben, daß auch nur jemand anderes kreieren kann, damit »da draußen« sich etwas ändert. Also bitteschön, das ist so, als wenn Du Dir einen »John Wayne« reinziehst und von John Wayne erwartest, daß er aus dem Fernseher kommt und für Dich umschaltet auf »Whitney Houston«. Es gibt ja viele Strategien, sich zu belügen, aber dies ist mit Sicherheit die blödeste, den »Schöpflöffel« wegzuschmeißen! Das Problem ist nur, daß Du manchmal nicht weißt, was Du tust.

In einem Dorf wohnte eine für ihre Tugendhaftigkeit bekannte junge

Frau, die ließ sich mit einem für seine Ehrenhaftigkeit bekannten Schäfer ein und bekam ein Kind von ihm. Da ihr Ruf aber gewahrt werden sollte, erzählte sie ihren Eltern, der Zen-Meister Rinzai habe sie vergewaltigt und von ihm stamme das Kind. Daraufhin haben die Eltern des Mädchens Rinzai das Kind vor die Füße geworfen und ihn übelst beschimpft. Rinzai hat nur stumm genickt und gesagt: »Ja, das habe ich gezeugt, also werde ich es mit aller Liebe verwöhnen, die ich habe.« Ein Jahr später, als Rinzai das Kind schon sehr, sehr lieb gewonnen hatte, kam die junge Frau zu Rinzai und sagte: »Verzeih mir, ich habe Dir Unrecht getan. Es ist das Kind von mir und dem Schäfer, wir wollen jetzt heiraten und es wiederhaben.« Daraufhin sagte Rinzai: »Ich muß es wohl so kreiert haben«, und er gab dem Mädchen das Kind zurück. Das heißt, zu seiner Schöpfung stehen. Rinzai kannte dieses Gesetz!!!

In einem anderen Dorf ging ein berüchtigter Räuber umher und bestahl die Menschen. Auf einer Anhöhe traf er den Zen-Meister Husui, der meditierte gerade im Freien. Der Räuber schrie ihn an: »Ich bin der berüchtigte Räuber, gebt mir sofort all Eure Habe.« Husui antwortete: »Ja, das muß ich wohl kreiert haben, oben in meiner Hütte liegt ein Beutel mit siebenundzwanzig Talern, das ist mein ganzer Besitz, nehmt ihn und laßt noch einen Taler zurück, den brauche ich für meine Milch. Und nun laßt mich weiter hier sitzen, ich meditiere.« Am nächsten Tag ging ein großes Geschrei ob des Diebes umher, und die Leute fragten auch Husui, ob er bestohlen worden sei. Da lächelte er und sagte: »Nein, bei mir war kein Dieb, da war ein älterer Herr, der brauchte gerade Geld, da hab ich ihm meines gegeben.« Lange rätselten die Dorfbewohner, wie Husui auf diese Interpretation käme, bis eines Tages ein anderer Zen-Meister im Dorf einkehrte und den Bewohnern sagte: »Husui weiß, daß er alles ist, was er sieht. Er hatte nicht vor, sich zu bestehlen!« Das heißt zulassen! Du denkst vielleicht, so ein Verhalten sei verrückt, dabei ist es genau das Gegenteil. Sobald Du die Verantwortung für das hast, was Du erlebst, hast Du nämlich auch wieder die Macht zurück, Dein Leben völlig neu zu erfinden. Wenn Du aber meinst, für das, was Du siehst, sei Deine Erziehung, Dein Vater oder ein »Gott draußen« zuständig, dann bist Du davon abhängig, was »die da draußen« beschließen – und das ist nicht die Manifestation von einem »göttlichen« Leben auf Erden, das ist Büßertum, Selbstgeißelung und nicht im Sinne des Erfinders. Der erste Schritt heißt also »zulassen«, der zweite aber »darüber hinausgehen«!!!

Abstand gewinnen durch die »Scheint-Formulierung«

Der einzige Weg, den »Schöpflöffel« zurückzubekommen, liegt also darin, daß Du die volle Verantwortung übernimmst, egal was Du glaubst, wer »wirklich« daran »Schuld« ist. Damit Du wieder mit im Spiel bist, mußt Du Dich darauf einlassen, was immer es ist und was immer geschehen mag – in dem Augenblick bist Du wieder am Steuer. Sage: »Ja, ich habe das kreiert, und ich lasse mich auch darauf ein, denn nichts kann mir passieren, was ich nicht will, denn ich bin alles, was ich sehe.« Jetzt fragst Du Dich möglicherweise: »Manifestiere ich denn dadurch nicht, daß die Dinge weiterhin so bleiben? Wie kann ich Verantwortung übernehmen und doch über die Sache hinausgehen?« Die Lösung liegt in der »Scheint-Formulierung«. Wie Du weißt, ist alles, was in Er-Scheinung getreten ist, nur ein »Schein«, der vorübergeht, und Du erklärst jetzt Deine Verantwortung und zugleich, daß es nur ein Schein, d. h. leicht auszuradieren ist durch die »Scheint-Formulierung«: Sieh Dich geistig wie einen neutralen Beobachter und liste auf, wie momentan Deine Lebens-Umstände sind. Wie würdest Du Deine aktuelle Situation aus der »Vogelperspektive« beschreiben, jenseits von »gut und böse«? Wie sind die nackten »Tatbestandsmerkmale« bezüglich des Themas »Ich Bin der totale Erfolg auf allen Ebenen«? Benutze dafür ein paar Spielregeln:

1. Vermeide das Wort »Ich« in der Formulierung, formuliere so, als hätte ein Fremder die Probleme.
2. Vermeide jegliche »Interpretation«, beschränke Dich auf die nackten Tatbestandsmerkmale (wer Jura studiert hat, weiß, was das ist)
3. Setze das Wort »scheint« davor, zum Beispiel: »Es scheint, als ob Schulden da sind, ich übernehme volle Verantwortung, dies kreiert zu haben und gehe jetzt darüber hinaus!«
4. Sieh vor Deinem geistigen Auge wie die aktuelle Situation sich wandelt durch Deine Übernahme von Verantwortung.

Kommen gegen diese Übung Widerstände hoch, arbeite noch einmal mit Arbeitsblatt 2 und benutze diesmal die Bejahung: »Ich bin bereit, meiner aktuellen Lebenssituation ins Auge zu sehen« und beginne dann mit dieser Übung von neuem!

Wie Du dich von einem Problem um 180° abwendest

Dein Unbewußtsein versteht kein »nein«! Dein Unbewußtsein ist hier wie ein spanischer Ober – wenn Du dem sagst: »Bitte kein Cerveza«, weißt Du, was er Dir dann binnen fünf Minuten serviert (wenn nicht gerade Siesta ist); Du wirst es kaum für möglich halten, natürlich »Cerveza«, und das, obwohl Du doch gesagt hast, daß Du *kein* Bier willst. Woran liegt das? Das Unbewußtsein versteht kein »nein«. Darin sind Unbewußtsein und spanischer Kellner und übrigens auch spanische Straßenverkäufer völlig identisch – ich muß es wissen, denn ich lebe gerade in Spanien.

Ein Experiment: Schließe einmal die Augen und denke an alles möglich, nur ja nicht an einen roten Elefanten. Und was passiert? Du hast an einen rosaroten Elefanten gedacht, auch wenn Du gerade nicht die rosarote Karte der Bundesbahn vor Augen hast. Warum, ich habe doch gesagt, Du sollst *nicht* an einen rosaroten Elefanten denken, außerdem gibt es die gar nicht wirklich! Weil Dein Unbewußtsein kein »nein« versteht! Nun gibt es ein geistiges Gesetz, das lautet: Woran Du denkst, davon bekommst Du mehr. Du kannst das ganz leicht ausprobieren: Wenn Dir der Ober das Bier serviert, das Du nicht haben willst, und Du rufst ganz einfach »nein, kein Cerveza«, dann hast Du bald das zweite Bier auf dem Tisch, bis Dein ganzer Tisch voller Bier ist, und das nennt man dann Biersuppe. Oder probiere es doch einmal mit spanischen Straßenverkäufern. Sage: »Bitte keine Straßenverkäufer«, rufe es immer wieder, und bald wirst Du die Attraktion der ganzen Fußgängerzone sein, weil es um Dich herum nur so wimmelt von Straßenverkäufern. Oder sag doch mal Deinen Kindern, bevor Du in Urlaub gehst, sie sollen zu Hause ganz lieb sein, und sie dürften alles tun, nur eines sollten sie nie versuchen, nämlich sich Kaffeebohnen in die Ohren zu stecken. Weißt Du, was die Kinder dann vierzehn Tage lang versuchen? Sich Kaffeebohnen in die Ohren zu stecken – wie wenn so etwas Spaß macht, aber das nur, weil Du gesagt hast, sie sollen das *nicht* tun.

Also, wie überlistest Du das »Nein«? Ganz einfach, statt »nein« denkst Du an etwas anderes, zum Beispiel an Schwarzbrot, wenn Du Dir unbedingt den Magen verderben willst, oder an Sahnetorte, es gibt ja auch Angenehmeres. Also, nochmal die Probe: Ich sage jetzt: »Denke an alles, nur nicht an rosarote Elefanten«, und Du denkst einfach »Sahnetorte«! Bums, fertig, extra! Nicht Sahnetorte ohne Elefanten, denn in Sahnetorten sind ja bekanntlich keine Elefanten, und wenn Du damit anfängst, aus den Elefanten die Sahnetorten hinauszudenken, dann kommst Du nie zu etwas, dann mußt Du eines Tages die Nilpferde aus den Pommes Frites herausdenken und die kleinen Walfische aus der Erbsensuppe, und dann macht das Essen keinen Spaß mehr.

Was hat das Ganze jetzt mit Erfolg zu tun? Wenn Du Dich in einer »Routine« befindest, wo es Dir keinen Spaß macht, dann hast Du die Chance, Dich von dem, was Du erlebst, um 180° abzuwenden, nachdem Du wohlgemerkt die volle Verantwortung dafür übernommen hast. Erst wenn Du im Kino erkennst, daß Du derjenige warst, der den Film eingelegt hat, kannst Du aufstehen und einen anderen Film einlegen. Wenn Du Dich für den Schauspieler auf der Leinwand hältst – und das kannst Du, wenn Du Dich richtig 'reinfühlst –, dann kommst Du aus Deinem eigenen Film nicht mehr 'raus, und das muß ja nicht sein. Also sage: »Ja, ich war es, der den Film eingelegt hat, und jetzt wechseln wir die Rolle, nicht, weil ich den Film ablehne, sondern einfach zur Abwechslung; so, lieber Klaus, jetzt lassen wir uns vom Leben mal ein bißchen verwöhnen ...« – das ist alles!!!

In Verkaufstrainings wird oft die Technik »Stierkampf« geschult, und die geht so: Man führe einen tobenden Stier aus der Arena, indem man eine sexy Kuh (woher man so etwas nehmen soll, weiß ich auch nicht) hereinführt und vor ihm herlaufen läßt. Im Verkaufsgespräch sieht das so aus. Kunde: »Ich kaufe das nicht, das ist mir zu teuer!« – Verkäufer: »Gut, daß Sie auf den Preis zu sprechen kommen. Gestern sagte ein guter Kunde zu mir, der Preis muß immer in einem guten Verhältnis zur Leistung (dreimal betonen) stehen, Herr Kunde, wenn Sie Leistung hören, welche Leistungen erwarten Sie von einem guten Staubsauger?« – und schon hat der Kunde unterschrieben und bekommt jeden Monat seinen neuen Staubsauger geliefert, und alle freuen sich. In einer Klasse munkelt man, daß beim Abitur die Würmer geprüft werden. Also lernt jeder alles über die Würmer. Dann kommt der erste in die Prüfung, geprüft wird aber der Elefant. Natürlich sagt unser Schüler: »Im Vergleich zum Elefanten ist der Mensch nur ein Wurm. Die Würmer gliedern sich in ...« – Diese Geschichte »ließe« sich noch beliebig fortsetzen, wenn wir genug Zeit hätten, die haben wir aber nicht, denn sonst müßte das Buch ja heißen: »Mein Wurm und ich« oder so ähnlich, hier aber geht es um Erfolg. Als Kind lernte ich in meiner ersten Skischulklasse zuerst einmal die »Spitzkehre«. Die »Spitzkehre« geht ganz einfach: Wann immer Du vor einem Abhang, einem Felsen oder einer blöden Kuh stehst, streckst Du einfach einen Ski in die Höhe, drehst ihn um 180° und fährst auf der anderen Seite weiter. So, was bedeutet das für Deinen »totalen Erfolg auf allen Ebenen«? Wann immer Dir etwas nicht paßt, sage einfach: »Ja, das habe ich kreiert, und jetzt drehen wir uns einmal um 180° und erfinden uns völlig neu!« Sage zu jemandem, der frech ist: »Halt die Klappe, oder ich erfinde Dich neu, diesmal aber als Zwergkarnickel«, und schon wird der andere sich in einen braven Ochsen verwandeln und gemütlich davon wackeln. Vor kurzem hatte ich ein Seminar in Wien, da kam eine junge Dame in der Mittagspause in das Lokal, in dem wir gerade saßen, setzte sich zu uns an den Mittagstisch und wollte uns mit bissigen Argumenten beim Beißen stören. Ich sagte nichts, dachte aber im stillen: Warte nur, Dich erfinden wir jetzt neu. Sie hat sich zwar nicht in einen Blumenkohl verwandelt, aber immerhin hat sie sich binnen einer Stunde dafür entschieden, an meinem nächsten Seminar teilzunehmen, sich für die Gesellschaft aufs beste bedankt und begonnen, vor versammelter Mannschaft von *Urlaub für immer* zu schwärmen, obwohl ich nichts gesagt hatte und sie eigentlich gekommen war, um zu stören. Wenn man einmal weiß, wie es der Zauberkünstler macht...

Weg vom Problem – hin zur Genialität

Du hast also jetzt gelernt, Verantwortung zu übernehmen und Dich mit Hilfe der Technik »Spitzkehre« um 180 Grad zu drehen. Jetzt ist die Frage: Wohin drehen? Natürlich zu Dir selbst, denn da draußen gibt es gerade keinen Blumentopf zu gewinnen. Also drehen wir uns um 180 Grad herum und denken an unseren inneren Genius. Die Hirnforscher Karl Pribram und sein Assistent Nico Spinelli haben in jahrelangen Forschungen umfassend dargestellt, daß Du mehr bist als die Summe Deiner Außenreiz-Reaktionen, daß in Dir ein »innerer Genius« lebt, und daß jeder, wirklich jeder, diesen durch sich wirken lassen kann – unabhängig von Bildung, Erziehung, Erbgut etc. Die Wissenschaft sagt, daß Du nur zehn Prozent des Gehirns nutzt. Was ist mit den anderen 90 Prozent, schlafen die oder sind die auf Urlaub? Ich behaupte: Da wohnt Genialität, aber Du mußt bereit sein, Dich auf diese Gehirnareale einzulassen, und Du kannst diese Gehirnareale nur benutzen, wenn Du aufhörst, immer wieder nur in denselben alten Gehirnstraßen herumzufahren. Wenn Du in

München wohnst und Dein Leben lang nur von der Leopoldstraße bis zum Café Freiheit gehst, dann denkst Du, das sei die Welt. Was geschieht jetzt energetisch, wenn Du Dich an Deinen »inneren Genius« erinnerst? Du entziehst dem Gehirnareal, in dem Überlebensmuster, Streß, Depressionen, Ärger fabriziert werden, sofort sämtliche Energie, wie wenn Du den Stecker aus der Steckdose ziehst und öffnest Dich für ein Gehirnareal, das einen natürlichen Sinn für Genialität hat. Dann wirkt Intelligenz durch Dich, und das ergibt »Erfolg Ohne Streß«!!!

Der Kontakt zu sich selbst führt weg von der Fremdbestimmtheit eines unbewußten, automatischen Lebens hin zu einem Leben in Freiheit, bei dem man selbst bestimmt, wie man sich verhält.

Wer ist bei Dir der »Chef«?

Sein Leben selbst zu bestimmen ist der Traum eigentlich jedes Menschen, und viele denken auch, daß sie das tun, aber tun sie das wirklich? Letztlich ist es natürlich immer nur der *Eine*, der bestimmt, aber manchmal hast Du einen »Zwischenchef« dazwischen geschoben, und der *Eine* akzeptiert auch das, aber das muß nicht sein. Ich habe immer direkt mit dem höchsten Chef zusammengearbeitet, und selbst zu Beginn meiner Karriere, als ein Personalchef glaubte, anstandshalber einen »Zwischenchef« einschieben zu müssen, war dieser Zwischenchef nicht lange Zwischenchef! Zwischenchef zu sein war für alle, die mit mir je zu tun hatten, immer ein »roter Stuhl«, und lieber ging so jemand zur Fremdenlegion als sich als Zwischenchef aufzuführen. Für meinen höchsten Chef, für den habe ich allerdings Tag und Nacht gearbeitet, bin oft erst morgens um 4.00 Uhr aus dem Büro gegangen und am Wochenende mit Rollerskates und Powerdress ins Büro gefahren, denn mir geht Loyalität über alles!!! Jetzt aber zu Dir: Was sind bei Dir »Zwischenchefs«, die Du ausgliedern kannst? Wer bestimmt Dein Leben? Glaubenssätze, was »man« tun sollte? Anerzogene Ideale? Meinungen anderer, was gut und richtig sei? Mode, Trendmacher, Wünsche, Sehnsüchte, Erwartungen, unerfüllte Lieben, Kindheitsprogramme, Rollen? Längst überholte Verhaltensmuster? Nicht, daß all dies schlecht sein muß, und Du kannst Dich auch

»leben lassen«, wenn du jemand bist, der lieber durch die Sakristei als durchs Portal geht, aber: Du selbst hast das Recht, direkt für den höchsten Chef zu arbeiten, der Du selbst bist, und zwar einfach, indem Du Deine Zwischenchefs 'rausnimmst, ihnen jegliche Identifikation entziehst! Wenn Du Vorsteher beim Finanzamt bist (das ist dort der oberste Boß) und Du fragst den Portier, ob Du die Mittagspause verlängern darfst, wird sich der Portier eines Tages einbilden, Dich anmosern zu dürfen, wenn Du mittags zu spät kommst. Fängst Du an, Deine Ferraris anzubeten, fangen Ferraris an, Dich zu leben, das merkst Du spätestens dann, wenn Dein Zwölfzylinder mal eine Macke hat (es soll allerdings auch »Greenhorns« geben, bei denen rollen die Wechsel schneller als die Ferraris, aber ich glaube nicht, daß Du zu denen gehörst, sonst würdest Du nicht so ein Buch lesen).

Nehmen wir an, Du bist Millionär und sagst: »Ich habe keinen Chef mehr, ich tue gar nichts mehr«, auch dann hättest Du einen »Chef« – Deine Faulheit. Das Nichtstun würde Dich beherrschen, und spätestens nachdem Du drei Wochen lang auf der Couch herumgelümmelt hast, wirst du merken, daß Nichtstun und Langschlafen mehr Energie verbrauchen, als Frühaufstehen und den ganzen Tag in Aktion sein – warum das so ist, weiß eigentlich keiner, es erscheint völlig unlogisch, aber es ist so, vielleicht deshalb, weil auch der Chef selbst ständig in Aktion ist. Selbst die Identifikation, keine Identifikation zu haben, ist eine Identifikation. Du würdest vielleicht sagen: »Nein, ich habe wirklich keine Identifikation«, und dann würdest Du vor lauter Angst, Dich ja nicht festzulegen, darin eingrenzen, zu irgend etwas auch einmal zu stehen. Du könntest keine Verabredungen mehr treffen, weil ja niemand weiß, ob Du jetzt wirklich kommst oder nicht, und dann müßtest Du Deinen Kaffee alleine trinken – also das ist noch nicht der Stein der Weisen. Halten wir fest: Irgendeinen »Chef« hast Du immer. Den »Chef« im Büro, Deinen Ehepartner, Deine Eltern oder, wenn Du im »Außen« keinen Chef mehr anerkennst, dann heißt der Chef Bequemlichkeit, Eitelkeit, Luxus. Wenn »der Chef« pfeift, mußt Du parieren, und wenn du nicht weißt, wen du auf den Thron gesetzt hast, dann schau in Dein Leben, wann Du »parierst«, und Du erkennst, ob Du das Geld, die Anerkennung, den Sex oder was auch immer zum Chef gemacht hast.

Ein Leben ohne »Chef« ist nicht möglich. Wenn Du also einen Chef hast, warum nicht dann gleich den höchsten, den *Einen*, der Dich lebt? Das sollte Dein wahrer »Chef« sein, nichts und niemand auf der Welt sonst. Gestalte Dein Leben als *Ausdruck Deines Wesens*, sonst »verwest« Du im wahrsten Sinne des Wortes, d. h. das Wesen verläßt Dich sonst. Ein weiser Mann sagte einmal: »Der Mensch wird als Original geboren und geht als Kopie in den Tod, in Wahrheit sollte es genau umgekehrt sein!« Das heißt nicht, daß Du nicht alles in Besitz nehmen kannst, es heißt sogar genau das: die Dinge zu besitzen, statt von ihnen »besessen« zu werden. Sich lassen bedeutet also, ein Leben nicht von den Egos der anderen bestimmen zu lassen, wobei das natürlich nicht heißen soll, daß Du Deinen Chef im Büro oder dem Inhaber des Ladens, in dem Du Generaldirektor bist, jetzt die Limonade über das Hemd schütten sollst. So etwas würde der *Eine* normalerweise nie tun, es sei denn, es entspricht Dir wirklich, aber Du solltest schon genau hinfühlen, ob das stimmt! Also tue, was immer für Dich selbst gerade angemessen ist, Du kannst gierig, geil oder wütend sein, in eine Peepshow gehen oder Rinderhaxen essen – nur im »Innen«, da solltest Du *Ihn* sein lassen. Einmal beichtete ich dem *Einen* in einer stillen Stunde: »Du, Chef, ich tue so gerne Verbotenes.« – »Ich auch« schmunzelte der »Chef«, und in dem Augenblick habe ich kapiert, daß der »Chef« mir nicht so fremd sein kann. Also tue, was Dir entspricht, aber nimm den *Einen* mit, egal wohin Du gehst, stehe dazu! Wenn Du Dein Leben verwendest, um Dein Wesen auszudrücken und nicht, um Deine Identifikation zu wahren, dann kann Management einen völlig neuen Sinn bekommen. Wenn Du dann Fabrikbesitzer bist, dann bist Du es nicht, weil du Deinen Großvater, der sich längst die Radieschen von unten anschaut, nicht enttäuschen willst, sondern als Selbstausdruck, nicht mehr und nicht weniger. Wenn Dich die Firma nicht besitzt, kannst du lässiger arbeiten, gönnst Dir mehr Freizeit, schöpfst mehr Kraft und hast am Ende mehr erreicht, als der Kollege, der sich dauernd in die Hose macht, und deshalb bei dreifachem Streß nur die Hälfte zuwege bringt, und dann macht Management Freude und keinen Streß!!!

Die anderen haben Eintritt für ein anderes Kino bezahlt. Du mußt Dir nicht ihre Filme anschauen und sie nicht Deine – das nennt man Freiheit!!!

Die Vorstellung loslassen; was es heißt, Sich zu lassen!

Manche Menschen erscheinen, als hätten sie ein wahnsinnig dickes Ego, fahren große Autos, schwingen freche Reden, und Du hältst sie schon für Scharlatane, bis Du genauer hinschaust und erkennst, daß diese Menschen in tiefer Verbindung mit sich Selbst stehen und nur sich selbst treu sind. Auf der anderen Seite mag Dir jemand begegnen, der Dir dauernd sagt: »Ach, ich bin ja so demütig«, und Du bist schon versucht, ihm all Dein Geld zu geben, bis Du genauer hinschaust und siehst, daß sich unter dem Bettlergewand ein wahnsinnig dickes Ego verbirgt. Also, am besten segnest Du beide, wie sie sind, und sonst gar nichts und läßt das Selbst über sich selbst entscheiden! Heißt es umgekehrt, daß jemand, der ein großes Auto fährt, sein Leben »besonders richtig« und jemand, der in Kalkutta Toiletten putzt oder Kranke pflegt, »besonders falsch« lebt? Mit Sicherheit nicht, denn es gibt keinen »besonders richtigen« Lebensstil» es gibt nur den eigenen, und das ist der einzig mögliche und der genau richtige!!! Wir sind hier nicht im Gefängnis, wo man wegen »guter Führung vorzeitig entlassen wird«. Es gibt Gründe, warum Dr. No ein großes Auto fährt, vielleicht weil er Wertschätzung verkörpert, oder um zu erkennen, daß das große Auto noch ein großes Herz braucht, oder einfach nur, weil er ein dickes Auto fährt. Versuche nie, zu erkennen, warum was wie ist. Damit schaltest Du nur den Oberflächenverstand ein, und das gibt nichts als Probleme! Außerdem: Was gehen Dich die anderen an – Du hast genug in Deinem Kino zu tun! Ob Du Dich für einen Ferrari entscheidest oder dafür, in Kalkutta Toiletten zu putzen, ist für das Universum so, als wenn Du zum Frühstück Kaffee oder Tee trinkst. Begrenze Dich nie durch die Idee, Du oder jemand »anderes« könnte so etwas falsch machen. Als ich einmal meiner Gesangslehrerin beichtete, ich hätte Angst, durch meine Power andere zu verletzen, lächelte sie nur und fragte weise: »How can you?« (»Wie soll das gehen?«) Wichtig ist also, daß Du Deine Version lebst!!!

Wie bekommst Du Kontakt zu Dir Selbst?

Die Beziehung eines Menschen zu seinem göttlichen Wesenskern ist eines der intimsten Dinge überhaupt, vielleicht sogar das intimste. Jeder, der sich darum ernsthaft bemüht, hat seine eigene Methode entwickelt, d. h.

eigentlich hat er sich darum gar nicht groß Gedanken gemacht, plötzlich war »es« da. Wenn ein Baby laufen lernt, dann drückt man ihm ja auch nicht ein Stellungsbuch in die Hand oder schickt es auf eine Laufschule. So ein Baby würde verrückt werden, es würde versuchen, genauso wie der Lauflehrer zu laufen, und wenn der Lauflehrer hinkt, dann würde das Baby auch hinken, und wenn dann das Baby zwanzig ist und jemand fragt das Baby, warum es hinkt, würde es sagen, es wisse das auch nicht, es habe das so gelernt. Wir wollen also hier keine Pferdefüße einbauen – Du weißt wie Du Kontakt zu Dir selbst bekommst, Herr Gott!!! Alles, was es dafür braucht, ist Wille, das Wie ergibt sich beim Tun!!!

Lernen ist herauszufinden, was Du bereits weißt.
Handeln ist zu zeigen, daß du es weißt.
Lehren ist, andere wissen zu lassen,
daß sie es genauso gut wissen wie Du selbst.

Du allein weißt, wie »es« geht!

Ein Bischof fuhr auf eine einsame Insel und traf dort drei Menschen, die beteten zu Gott: »Herr, wenn Du müde bist, will ich Dich von Deinen Läusen reinigen, und wenn Du Hunger hast, will ich Dir von meinem Schwarzbrot abgeben«. Der Bischof erklärte den Inselbewohnern, daß man so nicht zu Gott beten darf und erklärte ihnen das Vaterunser. Dann verließ er die Insel, und als er mit dem Schiff unterwegs war, drehte er sich um und sah die drei Inselbewohner dem Bischof *auf* dem Meer hinterherlaufen und rufen: »Herr Bischof, Herr Bischof, wir haben den letzten Vers vergessen, kannst Du uns nochmals sagen, wie der geht?« Ehrfürchtig verneigte sich der Bischof vor den Dreien und sagte: »Verzeiht mir, daß ich glaubte, Euch belehren zu müssen, wie immer Ihr die Worte gebraucht, wenn es *Euer* Gebet ist, ist es richtig. Ich war es, der hier zu lernen hatte.« Wie immer Du Dich findest, ist o. K., denn Du sollst ja nicht mich, sondern Dich finden! Also gilt auch hier: Das »Wie« ergibt sich beim Tun. Wenn Du ein Gebet zu Dir selbst sprichst, dann höre den beten, zu dem Du betest und erkenne: Das Gebet selbst ist bereits der Erfolg! Wenn Du nach Gott fragst, dann finde den, der diese Frage hat, und auch dieses Problem ist gelöst. Und wenn du meditieren willst, dann finde den, der schon immer durch Dich, in Dir und für Dich meditiert hat, laß ihn Dich meditieren – Du siehst, wenn du beginnst, Dich auf Dein Selbst einzulassen, dann wird plötzlich alles ganz einfach und viel Energie frei für Deinen Erfolg!!!

Ein Lachen auf dem Weg zur Hin-Richtung wird von den weniger fortgeschrittenen Lebensformen meist nicht verstanden und man wird dich für verrückt halten.

Erleuchtung ist, wenn »es« von(m) Selbst geschieht

Wie erkennst Du, ob Du in Kontakt mit Deinem Selbst bist? Das mußt Du selbst wissen; vielleicht ist es, wie wenn die Sonne in Deinem Herzen aufgeht; vielleicht ist es, daß ein sanfter Schauer über Deinen Rücken läuft; vielleicht ist es auch immer so? – Wie immer es für Dich sein soll, so wird es sein. So ist es übrigens auch mit der »Erleuchtung«: Wenn Du einen Blitz dafür brauchst oder einmal »Rhein in Flammen« – fantastisch, das Selbst tut es für Dich auch mit Lichtblitzen, aber das sind physische Phänomene, und die haben nur dann mit Erleuchtung etwas zu tun, wenn Du glaubst, daß Erleuchtung nicht »ohne« Lichtblitze geht. Es ist so, als würdest Du am Geburtstag nicht Geburtstag feiern, wenn keine Wunderkerzen angezündet sind. Aber wir wollen hier nicht das Thema wechseln, sonst sind plötzlich alle erleuchtet und keiner will mehr arbeiten. Ein kleines Mädchen fragt seine Mutter: »Mutti, woran merkt man, daß man verliebt ist?« Die Mutter lächelt: »Das weiß ich auch nicht, aber wenn Du es bist, dann weißt Du es!« Genauso ist es auch mit dem Kontakt zu Dir selbst, es gibt ein »inneres Wissen« darüber, und wenn Du dieses von(m) Selbst offenbaren läßt, wird »es« Dich rufen! Niemand kann Dir vorschreiben, wie Du selbst zu Deinem Selbst Kontakt aufnehmen sollst. Niemand kann Dir vorschreiben, wie Du Dein Leben zu gestalten hast, und wenn das einer täte, würde er auch gehörig Ärger bekommen – aber das hatten wir ja bereits im Buch *Nie mehr ärgern* besprochen.

Plötzlich hörst Du die »kosmische Sinfonie« in allem, was Ist.

Sich in der Musik finden

Eine sehr beliebte Methode, sich selbst zu spüren, liegt in der Musik. Liege oder sitze wirklich bequem und lege eine Musik auf, die Dich im Herzen bewegt. Es kann sowohl das *Ave Maria* wie auch *Imagine* von John Lennon sein, auch das hat dir niemand vorzuschreiben, und wenn er das täte... – aber ich will mich nicht wiederholen! Fühle in Dein Herz und fühle die Musik, ohne zu denken. Fühle in Dich selbst, fühle Dein Selbst. Bleibe in diesem Kontakt und halte Dir dann die Fragen vor Augen, die Du Dir vorher aufgeschrieben hast. Die Antwort wird plötzlich sehr einfach werden, und was Dich früher wochenlang im Büro verrückt gemacht hat, ist jetzt plötzlich in wenigen Minuten geklärt. Das liegt daran, daß Du »energetisch« jetzt in Kontakt mit demjenigen bist, der sich das Problem erfunden hat. Jetzt hast Du wieder Energie frei für neue Erfolge oder für neue Probleme, wenn es Dir Spaß macht. Wenn Du im Leben stehst, komme in Kontakt mit der »Melodie des Lebens«, tune Dich ein, was immer gerade »aufgespielt wird«, und sämtliche Probleme sind verschwunden, denn Erfolg ist keine Reise, sondern ein blitzschnelles Erwachen...

Es gibt unzählige weitere Wege zu sich selbst, beispielsweise in die Natur gehen, nachts den Sternenhimmel beobachten, in den Kosmos eingehen, sich in das Meer öffnen, in die Sonne schauen, sich im Sonnenaufgang- und Sonnenuntergang mit der Sonne verneigen...

Manifestation über das Gefühl

Eine Gedankenform besteht aus Wort, Bild und Gefühl, wobei stets eins von den dreien als Magnet wirkt und die anderen beiden anziehen soll. Ich habe mir früher zum Beispiel die »Miß Bayern« eingebildet, d. h. ich habe mir genau in allen Einzelheiten ausgemalt, wie es denn wäre, mit einer Frau, die »genauso« aussieht, zusammenzusein – und ich habe sie bekommen. Und dann war ich mit ihr ein Wochenende lang zusammen, und es war für mich eine einzige Katastrophe und wir haben unser Wochenende vorzeitig wieder abgebrochen. Auf der anderen Seite, die »kleine Blonde« war ein Superkumpel und auch sonst nicht »ohne«. Warum macht das Leben so etwas, daß es einem nicht gleich den richtigen Inhalt in der richtigen Verpackung liefert? Nun, das Leben liefert immer, was wir bestellen, und wenn Du ein »schönes Bild« bestellst, dann bekommst Du das »schöne Bild«, bis Du merkst, daß Du von Bildern von Brot nicht satt und von Bildern von Sex nicht befriedigt werden kannst. Du mußt aber wissen, was Du willst. Willst Du ein schönes Bild, mußt Du Dir etwas einbilden, willst du einen schönen Inhalt, mußt Du Dich einfühlen.

Wenn Du Dir »genau die« Frau einbildest, dann hat das Leben nicht viele Möglichkeiten, darauf zu reagieren. Anders ist es bei der Kreation durch Gefühl. Dein Gefühlsfokus ist weitaus weiter gefächert. Wenn du finanziellen Reichtum willst, dann ist es nicht notwendig, daß Du Dir irgendein Bild von Reichtum vor die Nase hältst, zum Beispiel wie Du gerade im Büro sitzt, denn vielleicht willst du im nächsten Moment plötzlich auf Weltreise gehen, und dann blockiert Dich Dein eigenes Bild. Du kannst es viel intelligenter machen: Beginne Dich reich zu fühlen! Eine Gedankenform besteht aus Wort, Bild und Gefühl. Gedanken sind wie Lebewesen, und Du kannst automatisch Gedanken des Reichtums anziehen, indem du beginnst, Dich reich zu fühlen, und überhaupt nicht mehr auf die Gedanken achtest. Notiere einmal drei Minuten lang alle Gedanken, die Dir in den Sinn kommen, und dann fühle Dich einmal reich und notiere dabei wieder einmal drei Minuten lang alle Gedanken, die Dir in den Sinn kommen – Du wirst sehen, daß die Qualität der Gedanken sich deutlich geändert hat.

Der Mensch denkt ca. 40 000 Gedanken am Tag, so haben Forschungen gezeigt. Du kannst nicht 40 000 Gedanken am Tag kontrollieren und sie Dir nicht einmal merken. Denke doch einmal daran, welche Gedanken Du gestern gehabt hast? Wenn Du gut bist, kommst Du auf 100, meistens gerade auf zehn. Dadurch, daß Du beginnst, Dich über den emotionalen Fokus zu manifestieren, verläßt Du langsam aber sicher den Bereich der Polarität. Polarität entsteht dadurch, daß das, was Du wünschst, noch nicht da ist, also durch die Trennung von der Erfüllung durch *Zeit*. Polarität entsteht dadurch, daß die Dinge anders kommen, als Du denkst, also durch die Trennung von dem gewünschten *Bild*. Und Polarität entsteht dadurch, daß Du zwar bekommst, was Du denkst, aber enttäuscht bist, also durch die Trennung vom *Inhalt*. Indem Du beginnst, über das Gefühl zu manifestieren, bekommst du genau das, was Dich glücklich macht, das zieht weiteren Reichtum an, und die Erfolgsspirale setzt sich in Gang. Bei der Manifestation über das Gefühl gibt es keine Polarität durch Zeit, weil das Gefühl des Reichtums bereits eine Befriedigung verschafft, bereits der Erfolg ist. Bei der Manifestation durch Gefühl gibt es keine Polarität durch andere Bilder, weil Du einfach alle Vorstellungen und Glaubenssätze losläßt. Bei der Manifestation durch Gefühl gibt es keine Polarität durch Enttäuschung im Inhalt, es ist hier genau umgekehrt, da Du ja emotionell genau den Inhalt anziehst, den Du haben willst.

Mystiker sagen, daß wir in diesem Jahrzehnt mit kosmischen Energien im positiven Sinne »bombardiert« werden, daß es nicht mehr feierlich ist, und wer sich einmal umschaut, sieht die drastischen Veränderungen überall in der Welt. Was bedeutet es jetzt, wenn sich die Energiefrequenz auf diesem Planeten erhöht? Wer das wissen will, braucht nur einmal vier große Generatorenkristalle über Nacht rund um sein Bett aufzustellen. Die Atmosphäre wird dann so geladen, daß man nur die Wahl hat, das »kleinkarierte« Denken loszulassen oder wahnsinnig zu werden. Jetzt stellt sich die Frage, wie Du manifestierst, wenn die Energie so »nervös« ist, daß Du nicht mehr kleinkariert denken kannst? Nun, über das Gefühl! Selbst die schlimmsten Gedanken sind unschädlich, wenn sie durch einen emotionalen Fokus von Liebe, Reichtum o. ä. kommen, d. h. in der Regel werden sie von einem Fokus abgestoßen oder sie müssen sich wandeln. Insofern bist Du bei der Manifestation über Gefühl auch nicht mehr darauf angewiesen, daß andere Dir »gute« Gedanken senden.

Letztlich entscheidet immer das Gefühl über das Ergebnis, nicht das Bild. Sprich doch einmal zu Deinem Hund. Auf der einen Seite sage ihm einmal sehr liebe Dinge, aber auf eine sehr ärgerliche Art und Weise – und was tut der Hund: Er wird bellen. Auf der anderen Seite sage ihm einmal wirklich beleidigende Dinge auf eine sehr nette Art – und er wird mit dem Schwanz wedeln.

Es gibt Menschen, die soviel über Erfolg wissen und doch nie zu Reichtum kommen – warum? Weil sie nicht in der Lage sind, emotionell Reichtum auszustrahlen. Und es gibt Menschen mit Volksschulbildung, die haben es zum Multimillionär gebracht – warum? Weil sie in der Lage sind, emotionell Reichtum auszusenden. Deine 125 000 Gedankenkinder, die Du in Deinem Computer festhältst, was Du wann wie tun solltest, kannst Du alle freilassen, wenn du beginnst, über den emotionalen Fokus zu manifestieren. Du bist dann ein »Hans im Glück«, Du fällst die Treppe hoch, während andere sich noch so anstrengen können mit ihrem komplizierten und verdrehten Denken und nie darauf kommen, warum es nun schon wieder nicht funktioniert. Vielleicht kennst du den Comic von dem Kalifen und dem Großwesir, wo der Großwesir an die Stelle des Kalifen treten will und es immer schiefgeht; obwohl der Kalif doch so tolpatschig scheint, fällt er doch immer wieder auf die Pfoten. Warum? Weil ein König immer ein König bleiben wird, so sehr sich der Herr Großwesir auch anstrengen mag. Also lebe königlich, nicht kleinkariert. Es ist der kleinkarierte Umgang mit Geld, mit dem Du Armut manifestierst. Geld funktioniert nicht mathematisch, sondern energetisch!!! Wenn Du in ein Café gehst, dann beobachte doch einmal, welchen emotionalen Fokus Du gerade ausstrahlst, d. h. welches Gefühl Du gerade signalisierst, und dann wechsele ihn und laß Dich überraschen, wie schnell die Gäste wechseln! Wenn Bild und Gefühl gegeneinanderstehen, siegt immer das Gefühl, das ist ein geistiges Gesetz. Wenn Du denkst: »Ich hätte so gerne Kontakt mit diesem Herrn oder dieser Dame« und Dir das richtig einbildest, aber Du strahlst von innen her Einsamkeit aus oder Kontaktscheue, kannst Du Dir das einbilden, soviel Du willst – es klappt nicht. Auf der anderen Seite fühle Dich einmal reich und beobachte, was binnen Minuten in Deinem Umfeld passiert – die Erde ist ein Demonstrationsplanet, und die Demonstration erfolgt in der Regel sekundenschnell. Manifestation durch Gefühl bringt immer das Ideal hervor. Alle Perversionen dieser Welt können verschwinden bei Manifestation durch Gefühl. Die »Masochistin« muß sich nicht erst von einem Dominus »zur Sau machen lassen«, um die besagte Sau dann wieder herauslassen zu können – sie fühlt einfach »Geilheit«, »sexuelle Befriedigung« oder was auch immer, sie geht ihrer Natur nach und entdeckt, daß es »ganz anders« viel aufregender ist. Der Topmanager muß sich nicht erst stundenlang ins Büro setzen und sich abstressen, er fühlt ganz einfach den Abschluß des Projektes und läßt das Projekt dann sich von alleine von der Zugkraft dieses Gefühls zu Ende leiten. Der Kranke muß sich nicht erst gesund denken, er fühlt ganz einfach Gesundheit, und dieses Gefühl ist sofort da; Erfolg ist immer sofort – oder gar nicht!

Manifestation durch Gefühl kann zur Völkerverständigung beitragen. Wir haben so viele Sprachen auf der Welt, aber die Anzahl der Gefühle ist relativ gering. Es gibt Billiarden von Weltwörtern, wer wolle die jemals lernen, um den »Turmbau von Babel« wieder rückgängig zu machen. Es gibt aber vielleicht nur einhundert verschiedene Gefühle, und die sind weltweit die gleichen. Kommunikation über Gefühl habe ich gelernt, als ich mit achtzehn Jahren in Japan war und meine japanische Geliebte kein Wort Deutsch, Englisch oder sonst etwas verstand. Erst war es blöde, und dann merkte ich, daß ich auf einer subtileren Ebene trotzdem mit ihr sprechen konnte. Manifestation über Gefühl kann schließlich auch zum Gemeinschaftsleben beitragen. Wir haben so viele verschiedene Vorstellungen. Treffe ich jemanden und unterhalte ich mich mit ihm, geraten normalerweise binnen fünf Minuten unsere verschiedenen Konzepte, unsere inneren »Landkarten« von der Welt aneinander. Nur wenige Freunde bleiben einem, weil die Vorstellungen über Sport, Politik, Gesellschaft, Ernährung so verschieden sind – wie will man sich da mit jemandem verbunden fühlen. Wenn ich aber aufhöre, darauf zu achten, was einer erzählt und nur darauf achte, wie er es erzählt, dann übe ich Toleranz, dann hört all das Kleinkarierte auf. Natürlich brauchst Du ab und zu das »Kleingedruckte« – aber dafür hast Du ja einen Rechtsanwalt.

Wie das Schwarz geboren wurde:
Es war einmal ein Planet. Auf dem gab es viele Menschen.
Großkarierte und Kleinkarierte. Da passierte etwas Seltsames.
Die Kleinkarierten taten sich zusammen
und wurden immer kleinkarierter,
bis das Weiße zwischen den Karos keinen Platz mehr hatte.
So wurde das Schwarz geboren.

Think big

Früher sagte einmal einer meiner – menschlich gesehen – wirklich großen Chefs, ein Deutsch-Amerikaner, zu mir immer nur zwei Worte, und die werde ich bis heute nicht vergessen: *Thing big!* Aus Angst, daß irgend etwas schiefgehen könnte, werden die Menschen immer kleinkarierter und kleinkarierter, man klagt sich an vor Gericht und wofür? Doch nur wegen Gefühlen, also kann man sich doch gleich miteinander begeistern. Dann entsteht unsagbarer Reichtum, weil die Energien nicht mehr gegeneinander gerichtet sind. All das Kleinkarierte kann aufhören. Die Menschen beginnen, ihre Energien herauszubringen, und das ergibt eine völlig neue Art des Managements, die funktioniert! Einer meiner Geschäftsfreunde ist vielfacher Millionär und denkt überhaupt nicht kleinkariert, er denkt wirklich groß, nämlich nur das Wesentliche. Kein Wunder, daß er den Schreibtisch dauernd leer hat und sein Laden läuft. Think big! Kürzlich hatte ich 180 000 DM, die ich hätte behalten können, und niemand hätte mir einen Strick daraus drehen können, aber wenn ich ganz ehrlich bin, das Geld stand mir nicht zu. Ich fragte den besagten Deutsch-Amerikaner, was ich mit dem Geld tun sollte, und die Antwort war ganz einfach: »Gib es zurück, Dir gehört das Geld nicht!« Obwohl mir damals das Geld gut zu Gesicht gestanden hätte, habe ich es zurückgegeben und durch »Zufall« einige Wochen später vor einem Supermarkt einen Briefumschlag mit 2000 DM gefunden, den später niemand beim Fundbüro abholte, so daß das Geld bei mir blieb. Man muß nur die Zusammenhänge sehen, um zu verstehen, wie das Leben spielt. Das Leben ist ein Spiel, und wer liebt, zu dem kommen automatisch die richtigen Gedanken, die richtigen Umstände.

Jetzt stellt sich die Frage: Wie kannst Du einen emotionalen Fokus von Reichtum halten, wenn Du gerade kein Geld hast? Es geht! Wenn Du kein Geld hast und Dir ein Bild machen sollst, wie Du reich bist, kann es schwer sein, die »Spitzkehre« zu bekommen; wenn Du Dich allerdings nur reich fühlen sollst, das können wir lernen, egal, wie gerade Deine Umstände sind – und zwar im nächsten Kapitel.

Wie Du einen emotionalen Fokus aufbaust.

Denke einmal an einige Erlebnisse aus Deinem Leben. Du wirst dann merken, daß Du »Erlebnis« und »Gefühl« miteinander verbunden hast, da sind »schöne« und »unschöne« Erinnerungen. Ich sage Dir: Das sind »Verknüpfungen«, die Du übersteigen kannst. Harald Wessbecher trainiert seine spirituellen Astronauten, Bewußtsein und Körper voneinander zu trennen, so daß man dann Astralreisen, lucide Träume, Dimensionenwechsel und ähnliche Scherze vollbringen kann. Wir wollen hier lernen, Bild und Gefühl zu trennen, und das ist etwas einfacher: Geh einmal in einen der schönsten Augenblicke Deines Lebens. Erlebe noch einmal, wie schön es war. Und dann fühle, wie es sich damals angefühlt hat und gib diesem Gefühl einen Namen, zum Beispiel »Wohlbefinden«, »Reichtum«, »Zufriedenheit« o. ä. Dann halte dieses Gefühl weiter im Bewußtsein, aber denke jetzt einmal an andere Menschen, Situationen, Erlebnisse. Während die Bilder auf der inneren Leinwand wechseln, fühlst Du weiter dieses tolle Gefühl, und Du erlebst, daß Dein Gefühl mit der Erinnerung selbst eigentlich nichts zu tun hat, daß *Du* es bist, der das Gefühl macht durch die »innere Gefühlsfabrik«. Nachfolgend einige Techniken, mit denen Du lernst, Gedanken und Gefühle sauber zu trennen und die Gefühle zu »produzieren« bzw. »herauszufühlen«, die *Du* haben willst:

DER »WALKING SENSOR« Mache Dir ein Zeichen mit der Hand für »Innen« und eines für »Außen«. Dann gehe spazieren und beginne mit dem Zeichen »Außen«. Während Du spazierengehst, konzentriere Dich einmal nur auf einen einzigen Sinneskanal. Gehe spazieren und konzentriere Dich nur auf »Sehen«. Alle Geräusche und Gefühle sind völlig unwichtig, dafür siehst Du wie ein Adler alle Unterschiede von grün auf einem Blatt, die verschiedenen Konturen so gut wie nie zuvor. Dann wechselst Du den Sinn auf »Hören«. Alles Sehen ist jetzt völlig unwichtig, Du hörst nur noch und zwar ganz genau. Plötzlich hörst Du auch das Rauschen im Hintergrund und den Vogel, der ab und zu zirpt, nah und fern – alles ist »hören«. Dann wechselst Du wieder den Sinn und fühlst nur noch – die Berührung des Bodens mit den Schuhen, aber auch die Kleidung mit dem Körper, den Wind, die Luft, wie sich der Fuß abrollt beim Gehen, – alle Konzentration auf »Fühlen«. Dann wechselst Du und machst Dir ein Zeichen für »Innen«. Nun gehst Du weiter, aber Du siehst nur die »inneren Bilder«, Erinnerungen, Assoziationen, die in Dir hochkommen, während Du gehst, dann wechselst Du und hörst nur noch Dein inneres Selbstgespräch oder, wenn Du sensibler bist, das Rauschen des Blutes in den Adern, den Puls usw., bis Du wieder wechselst und nur innen fühlst und nur beobachtest, welche Gefühle »innen« hochkommen, zum Beispiel Freude o. ä., – eine hervorragende Übung, um aus dem »Mischmasch« einen emotionalen Fokus auszufiltern.

DER »FEELING SENSOR« Setze dich einmal hin und beobachte Deine Gedanken. Du beobachtest nur die Gedanken, die Dir gerade durch den Kopf gehen. Vielleicht magst Du sie aufschreiben oder aber einfach anerkennen, wie sie sind und sie wie Wolken am Himmel vorüberziehen lassen. Dann beobachtest Du einmal nur Deine Empfindungen, wie heiß, kalt, drückend oder Leichtigkeit – alle Gedanken sind völlig unwichtig, es zählen nur die Empfindungen. Dann wechselst Du wieder und beobachtest einmal nur Deine Gefühle, sei es Freude, Niedergeschlagenheit, Frieden – beobachte es einfach. Wenn es Dir unheimlich ist, Deine Gefühle zu fühlen (es gibt Menschen, die ihre Gefühle so stark verdrängt haben, daß sie Angst davor haben, die eigenen Gefühle wahrzunehmen), dann lies noch einmal das Kapitel über die Bhakti-Meditation aus meinem Buch *Nie mehr ärgern!* Lerne es, zwischen »Gedanken beobachten«, »Empfindungen beobachten« und »Gefühle beobachten« auf- und abzuspringen wie ein Eichhörnchen und so Dein »Raumschiff« ganz in Besitz zu nehmen. Als Unterstützung kann es hilfreich sein, sich einmal eine intuitive Massage geben zu lassen (Rebalancing, Psychic Massage, Metamorphosis, Chakramassage, Auramassage, Reiki – eine sanfte Massage also, bitte nicht zu einem »Kneter« gehen) und fühle die Massage, ohne dabei zu denken. Wenn Gedanken hochkommen, versuche nicht, sie wegzudenken, sondern wechsele einfach die »Frequenz« und schalte auf »Herz«.

Sich als Licht fühlen

Es gibt einen Fokus, den Du immer wählen kannst und auch solltest, bevor Du an andere Erfolge denkst, quasi ein »Startprogramm« für Dein »Raumschiff«, und dieses Startprogramm heißt: »Licht fühlen«. Wohin Du Dein Bewußtsein lenkst, dahin fließt die schöpferische Energie. Wenn Du Dein Bewußtsein auf Licht lenkst, dann verstärkst du das Licht in Dir. »Es werde Licht«, sagt die Bibel. Durch das Licht kommst Du sehr nahe in Kontakt mit Dir selbst. Vielleicht ist das ein Grund, warum die Menschen die Sonne so lieben. Du kannst aber auch von »innen nach außen scheinen« durch Deine »innere Sonne«. Licht ist Energie. Fühlst Du Licht, ohne zu denken, lädst Du Dich mit Licht auf, und je länger Du diesen »emotionalen Fokus« hältst, um so stärker lädst Du Dich auf. Wann immer Du ein Problem hast, denke erst einmal nicht an das Problem (das kannst Du immer noch tun, wenn du »danach« noch eines hast), drehe Dich einfach um 180° (die Spitzkehre) und fühle Licht, ohne zu denken. Dadurch lädst Du Dich auf, bist wieder topfit, selbst wenn Du den ganzen Tag hart gearbeitet hast. Denkst Du an das Problem, gibst Du dem Problem nur Energie, denkst Du an Licht, entziehst Du dem »Unkraut« Problem den Lebenssaft und gibst Deine Energie dorthin, wo sie Dir hilft: in Deinen inneren Energiespeicher-Ofen. Alles, was Du dafür brauchst, ist die Fähigkeit, »Licht zu fühlen, ohne zu denken«, und das geht ganz einfach mit folgenden Übungen:

1. Sieh Deinen »kosmischen Kristall« über Dir. Dann atme tief ein, und zwar etwa vier Sekunden lang. (Du kannst innerlich zählen »einundzwanzig«, »zweiundzwanzig« usw.) In der vierten Sekunde leuchtet Dein kosmischer Kristall hell auf, und dann atmest Du wieder aus und zwar genau elf Sekunden. Beim Ausatmen fühlst Du, wie das Licht aus dem kosmischen Kristall in Deinen physischen Körper sinkt und eindringt. Du fühlst also das Licht, ohne zu denken.
2. Stecke Deine Daumen in die Ohren und drücke mit den Zeigefingern fest auf die geschlossenen Pupillen, bis auf Deinem »dritten Auge« in der Mitte der Stirn ein leuchtendes Licht erscheint. Dann nimm die Finger weg und fliege, falle geistig in dieses Licht. Erlebe dieses Licht, ohne zu denken.
3. Prana: Laß Dir von einem Freund die Hände sanft auf Stirn und Augen legen, so daß die Fingerspitzen nach unten, d. h. zum Kinn zeigen. Dein Freund atmet jetzt in der 4/11-Atmung und »schiebt« ganz, ganz sanft das Licht weiter durch seine Fingerspitzen in Deine Stirn. Wichtig ist, daß Dein Freund den Strom des Lichtes weder puscht noch zurückhält, sondern einfach nur da ist. Was ist, ist, und was nicht ist, ist nicht. Du fühlst dabei das Licht, das einströmt, ohne zu denken.
4. Licht fühlen: Jetzt lege Dir selbst die Hände sanft auf die Augen, so daß die Fingerspitzen über die Stirn zur Schädeldecke zeigen. Atme dabei ganz sanft ein und aus und fühle das Licht, als wenn es schon da wäre. Fühle es einfach nur, und Du spürst: Das Licht war immer da und wird immer da sein, selbst wenn ich jetzt das Licht im Raum ausmachen würde, ist es immer noch da, aber jetzt fühle ich es. Du mußt das Licht also nicht in Deine Stirn »hereinbringen«, einfach nur dadurch, daß Du es fühlst, lädt sich Dein Körper mit diesem Licht auf. Fühle, wie dieses Licht Deinen Energiehaushalt auftankt und halte diesen Fokus »im dritten Auge« – es gibt ein inneres Wissen darüber, wie es geht, laß dieses innere Wissen es Dir zeigen. Wenn Du nach so einer Übung wieder an Dein Werk gehst, werden viele Probleme, die Du vorher gehabt hast, sich in Licht aufgelöst haben, die Qualität Deiner Gedanken wird deutlich besser sein, Du wirst emotional ausgeglichener sein. Gute Musik dafür ist *Cosmic Consciousness* von Sandelan (feiner Strahl) oder *Powaquatsi* aus dem Schallplattenladen (kräftiger, hämmernder Strahl). Ein Trick dabei ist es, die Pupillen nach innen oben zu drehen (Du schielst also ein wenig nach innen), und sie aufs »dritte Auge« zu richten; ein weiterer Trick ist es, genau dorthin zu fühlen, wo

sich Finger und Stirn berühren, wo es nicht mehr Finger und noch nicht Stirn ist – dort kannst Du das Licht fühlen, es kann sich aber auch ganz anders bemerkbar machen, zum Beispiel durch »Gluckern im Bauch«, wo sich Dinge »entladen« durch das Gefühl, daß die Zellen des Körpers anfangen zu summen oder wie von einem Kokon umgeben zu werden. Sei einfach achtsam und beobachte, was sich verändert, auch hier gibt es ein inneres Wissen darüber, wie es für Dich funktioniert, Licht zu fühlen; laß Dich davon leiten, bis Du eines Tages Dich »als« Licht fühlst.

Konzentration auf das »siebte Siegel«

Hast Du im Alltag einmal nicht die Möglichkeit, die Hände auf die Stirn zu legen, dann konzentriere Dich auf das »siebte Siegel«, das ist der Höcker genau auf der Schädeldecke, und fühlst, wie es dort anfängt zu glühen und Licht auszusenden. Eine hervorragende Übung, die die Gehirnregionen von »höherer Intelligenz« aktiviert und die darüber hinaus kein Außenstehender bemerkt. Du kannst die Übung anwenden in der Straßenbahn, im Gespräch, wann immer Du willst. Bald wird die Hirnforschung so weit sein, daß sie den Menschen zeigen kann, wie man alleine durch Konzentration auf eine ganz bestimmte Gehirnregion die »Erfolgszentren« im Kopf aktivieren kann und in der Lage sein wird, Energie loszulassen von Zentren, wo »mentale Schallplatten« ablaufen, so daß die Qualität der Gedanken verändert wird. Eines der wichtigsten Zentren ist hierbei das »siebte Siegel«, ein zweites die »Hypophyse«, ein drittes die »Epiphyse« – aber auch darüber gibt es ein inneres Wissen, und Du wirst selbst am besten und schnellsten herausfinden, wie Du alleine durch Konzentration auf bestimmte Gehirnregionen Licht aktivieren kannst. Wenn Du darin ein Profi geworden bist, wird Dich im »Außen« sowieso kaum noch etwas stören, und Du hast hiermit ein Instrument, Dich jederzeit aufzutanken, an jedem Ort, auf einer sehr soliden Basis, ein Werkzeug, das Dir keine Zollkontrolle, kein Gerichtsvollzieher und kein sonstwer streitig machen kann. Nutze es!

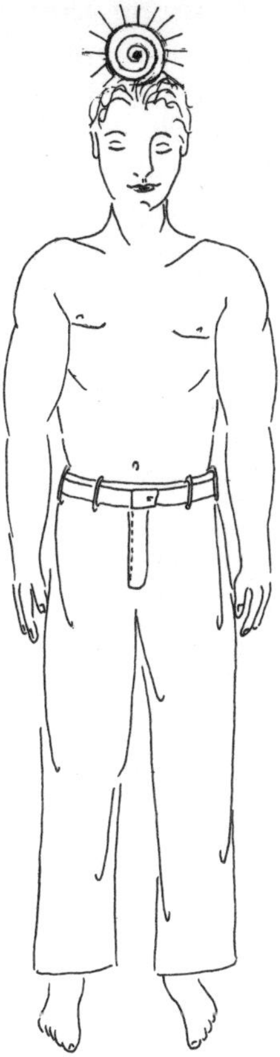

Experiment 4:

1. Probiere im Alltag: Die Technik »T-Shirt-Wechsel«, »Spitzkehre«, »Sich in der Musik finden«, den »Walking-sensor«, den »Feeling-sensor«, »ein Gefühl halten, ohne zu denken«, »Konzentration auf das siebte Siegel«. Liste auf, welche T-Shirts Du in Zukunft tragen könntest.
2. Sprich einmal mit einem Bekannten/Kollegen über ein x-beliebiges Thema, zum Beispiel die neue Sommermode und achte dabei nur

darauf, daß Du einen ganz bestimmten Fokus hältst, wie »Begeisterung«, »Liebe« oder »Ästhetik«. Beginne langsam, und laß dann immer mehr die Worte fließen. Dein Bekannter hört Dir zu und bewertet nur, ob Du den Fokus gehalten hast, die Worte sind egal. Trainiere Dich dann darin, über Dein Produkt mit einem Fokus von Wertschätzung zu sprechen, denn letztlich ist es nicht das Produktwissen, was den Kunden zum Käufer macht, sondern der emotionale Fokus, den Du im Verkaufsgespräch »beimischst«. Lerne den Fokus zu halten!!!

3. Lege einmal die Hände auf die Augen, so daß die Finger über der Stirn liegen und zur Schädeldecke zeigen. Übe Dich im »Licht fühlen, ohne zu denken« und erlebe, wie Du Dich dadurch von(m) Selbst mit Licht und vitaler Energie auflädst.
4. Notiere Deine Ist-Situation bezüglich »Ich bin der totale Erfolg auf allen Ebenen« und übernimm die Verantwortung dafür mit den Worten: »Es scheint... ich übernehme die volle Verantwortung dafür, das kreiert zu haben, und gehe jetzt darüber hinaus.«

Fazit Lektion 4:

- Nutze im Alltag die Chance, zu Dir selbst zu stehen und Dich auszudrücken, wie immer Du bist.
- Nutze die Chance, die volle Verantwortung für alles zu übernehmen, was Du vorfindest, und darüber hinauszugehen.
- Nutze die Chance, Dich im Alltag auf Dein inneres Licht zu konzentrieren und einen emotionalen Fokus auszusenden.

Arbeitsblatt 16 (Muster)

Thema: »Ich bin der totale Erfolg auf allen Ebenen.«

Verantwortungsübernahme

1 Es scheint, als wenn nicht genug Geld da ist; ich übernehme die volle Verantwortung dafür, das kreiert zu haben, und gehe jetzt darüber hinaus.

2 Es scheint, als wenn keine Traumfrau da ist; ich übernehme die volle Verantwortung dafür, das kreiert zu haben, und gehe jetzt darüber hinaus.

3 Es scheint, als wenn ich zu sehr vergeistigt bin; ich übernehme die volle Verantwortung dafür, das kreiert zu haben, und gehe jetzt darüber hinaus.

4 Es scheint, als wenn ich Muskelkater habe; ich übernehme die volle Verantwortung dafür, das kreiert zu haben, und gehe jetzt darüber hinaus.

5 Es scheint, als wenn ich meine Energie noch nicht voll herausbringen kann; ich übernehme die volle Verantwortung dafür, das kreiert zu haben, und gehe jetzt darüber hinaus.

6 Es scheint, als wenn keine konkreten Chancen in Sicht wären; ich übernehme die volle Verantwortung dafür, das kreiert zu haben, und gehe jetzt darüber hinaus.

7 Es scheint, als wenn das Buch so schwer zu schreiben ist wie nie eines zuvor; ich übernehme die volle Verantwortung dafür, das kreiert zu haben, und gehe jetzt darüber hinaus.

8 Es scheint, als wenn meine großen Träume sich nicht »genau so« erfüllen; ich übernehme die volle Verantwortung dafür, das kreiert zu haben, und gehe jetzt darüber hinaus.

9 Es scheint, als wenn mich manchmal selbst meine engsten Freunde nicht verstehen; ich übernehme die volle Verantwortung dafür, das kreiert zu haben, und gehe jetzt darüber hinaus.

10 Es scheint, daß ich immer noch sehr intensiv zu arbeiten habe; ich übernehme die volle Verantwortung dafür, das kreiert zu haben, und gehe jetzt darüber hinaus.

Arbeitsblatt 16 (Muster)

Thema: »Ich bin der totale Erfolg auf allen Ebenen.«

Verantwortungsübernahme

1 ....

....

2 ....

....

3 ....

....

4 ....

....

5 ....

....

6 ....

....

7 ....

....

8 ....

....

9 ....

....

10 ....

....

11 ....

....

12 ....

....

Lektion 5

Vollkommenheit hervorrufen

Erfolg ist, wenn die Dinge Dir folgen, – sonst hieße ja das Wort »Er-renn«!

Was ist Erfolg und was nicht?

Du hast erkannt, daß niemand auf der Welt Dich stressen kann, außer Du Dich selbst. Du hast gelernt loszulassen. Du hast gelernt zu integrieren. Damit hast Du optimale Voraussetzungen geschaffen für »Erfolg Ohne Streß«. Aber was bedeutet Erfolg eigentlich? Erfolg bedeutet nicht, sich einzureden »Ich bin ein Millionär, ich bin ein Millionär, ich bin ein Millionär«, wenn Du gerade kein Geld hast. Dein Unbewußtsein lacht sich kaputt über Deine Suggestionen und sagt Dir: »Schau doch Deinen Kontoauszug an, dann weißt Du, wo Du stehst!« Erfolg bedeutet nicht, die Schablonen und Ideale der anderen zu leben. Wenn Du erst einmal mit dem Blödsinn anfängst, bist Du gefangen in dem, was »man« tut, und das hat mit Erfolg herzlich wenig zu tun. Erfolg bedeutet nicht, einen »Wahrsager«, Lehrer, ein Tarot, I-Ging, Pendel, eine Wünschelrute oder irgendeine Autorität zu fragen, was die Zukunft bringt. Du kannst nicht auf der einen Seite verkünden: »Ich Bin der totale Erfolg auf allen Ebenen« und dann jemand anderen fragen, was die Zukunft bringt. Erfolg bedeutet nicht, sich von seinen Nachbarn, Eltern, Astrologen oder Hellsehern sagen zu lassen, wie Du sein solltest. Sobald Du Dir Deine »Identifikation« von jemand anderem holst, lebst Du die Projektionen der anderen, statt selbst der »totale Erfolg auf allen Ebenen« zu sein. Erfolg heißt nicht, besonders »positiv« zu denken nach dem Motto: »Heute setzen wir einmal die rosarote Brille auf« – das ist Selbstbetrug! Es reicht, wenn Du Du selbst bist, das ist schon positiv genug!!! Erfolg bedeutet nicht, hinter irgend jemandem oder hinter irgend etwas herzurennen, sonst hieße das Wort ja »Er-renn« und nicht »Er-folg«. Sobald Du hinter irgend etwas herläufst, bist Du am Haken, weil Du dann »draußen« jemanden entscheiden läßt, ob Erfolg ist oder nicht! Erfolg bedeutet nicht, »berechnend« zu ein. Erfolg bedeutet auch nicht, zu überlegen: »Wie komme ich von A nach B« – denn meistens kommt es anders, als Du denkst, und bei einem wahren Erfolgsmenschen ergibt sich sowieso das »Wie« immer aus dem Tun und nie umgekehrt! Was bedeutet jetzt Erfolg wirklich? *Erfolg bedeutet, in die Lage zu kommen, daß die Dinge Dir folgen,* anstatt hinter irgend etwas in der Welt herzulaufen.

Jeder Wunsch erfüllt sich selbst

Jeder Wunsch, der Deinem Herzen entspringt, trägt bereits eine schöpferische Kraft in sich, er trägt eine Eigenenergie mit sich, und Du kannst dies deutlich erkennen, wenn Du einmal hinfühlst, was die Erfüllung mit Deinem Herzen macht. Jeder Wunsch hat von selbst das Bestreben, sich zu verwirklichen. Jeder Wunsch erfüllt sich selbst! Der Wunsch ist bereits die Erfüllung! Alles, was es braucht, ist loszulassen, wann, wie und wodurch er sich erfüllen wird, dem Universum anzuvertrauen und ihn sich selbst erfüllen zu lassen, statt zu versuchen, die Erfüllung sicherzustellen. Es ist der Irrtum des Ego, Du müßtest das, was Du wünschst, selbst herbeischaffen, und es klappt auch nicht. Die jedem Herzenswunsch innewohnende Kraft hat von selbst das Bestreben, sich zu verwirklichen und findet sicher wie eine Brieftaube stets ihr Ziel. Das einzige Hindernis ist das Ego, das sich immer kurz vor der Erfüllung vordrängt und statt der wirkenden Gottheit in Dir die Erfüllung abholen will, die Illusion, daß Du es bist, der es »schaffen« muß, statt den Wunsch selbst die Erfüllung werden zu lassen. Es ist, als wenn Du die Brieftaube der erfüllenden Kraft in den Käfig sperrst, statt sie fliegen zu lassen. Sobald Du dem Wunsch Zeit gibst und Dich genüßlich zurücklehnst und einfach Du selbst bist, kann der Wunsch sich selbst erfüllen. Versuche weder Dein Tun zu forcieren, noch es zu unterdrücken, weder es zu manipulieren oder zu ändern, sei einfach Du selbst. Dann lebst Du wieder im Paradies, statt im Schweiße Deines Angesichtes Dein Brot zu erarbeiten.

Geben statt nehmen

Manchmal passiert es, daß Dir Dinge vor die Nase gehalten und wieder weggezogen werden. Wann immer dies geschieht, ist die einzige Chance, die Du hast, Wertschätzung. Erfüllungen sind wie zahme Kolibris. Öffnest Du ihnen sanft die Hand, lassen sie sich darauf nieder, bei einem »Grabscher« fliegen sie fort. Wann immer jemand »grabscht« oder »jagt«, behauptet er, sein Magnetismus wäre unfähig, dieses »Ding« anzuziehen und läßt sich dann von dem »Ding« wie ein Trottel an der Nase um die Scheune herumführen und verpaßt so die Zeit, andere »Kolibris« in Empfang zu nehmen. Unzufriedenheit sucht dann einen neuen »Kolibri«, dem sie hinterherjagen kann, und wird so »betriebsblind« für die schönen

Kolibris, die einen Empfänger suchen. Es gibt nur einen Weg, sich unerwünschten Gedanken zu öffnen: Wenn man sich von »Dingen« verrükken, d. h. verrückt machen läßt und beginnt, ihnen nachzujagen, statt in der Mitte seines wahren Wesens zu bleiben und die Energie in sich zu kristallisieren. Man kann nicht zwei Herren dienen und zieht nur Ungeratenes in sich hinein, wenn man die Kraft etwas anderem zuwendet als sich selbst. Du kannst nicht auf der einen Seite erklären »Jeder Wunsch erfüllt sich selbst« und dann beginnen, Dich anzustrengen. Damit hebst Du die erste Manifestation wieder auf. Nur wenn Du die Sache »übergibst« und immer, aber wirklich immer Dir Selbst genug bist, werden mehr und mehr Dinge Dir folgen. Du mußt also die Präsenz Deines wahren Wesens in Deinem Bewußtsein festhalten, was immer geschieht. Das geschieht am leichtesten, wenn Du beginnst, Dich zu feiern, anderen zu dienen und Deine Liebe zu geben. Verdienen kommt von dienen, sagt Henry Ford. Sobald Du dienst, schließt Du die Büchse der »Pandora« und öffnest die Schatzkammer mit der göttlichen Energie, mit der Du Tausende speisen kannst!

Das Kennzeichen Deiner Unwissenheit ist der Glaube an Ungerechtigkeit und Unglück.

Aufhören, Dingen hinterherzulaufen

Du kannst alles genießen, und es ist nicht so, daß Du Dir irgend etwas auf der Welt »holen« müßtest. Du erschaffst Deine Welt durch Deine Identifikation. Sobald Du allerdings hinter irgend etwas herläufst, identifizierst Du Dich mit: »Ich bin, daß ich Dingen hinterherlaufe«, und wenn das Deine Identität ist, dann wird es so bleiben. Wenn Du hinter »Dingen« herläufst wie der Hase hinter der Karotte, dann können die Dinge, die Du kreiert hast, nicht mehr hinter Dir herlaufen, weil du ja kreiert hast, daß Du hinterherläufst, und der liebe Gott sagt dazu: »Gut, wenn Du es so haben willst, daß Du hinterherläufst, wenn das Dein Hobby ist, bitte sehr, ich kann es so designen, daß Deine eigenen Schöpfungen vor Dir weglaufen!« Es ist so, als wenn die Frauen plötzlich hinter dem Mann herlaufen – wie soll da der arme Mann noch hinter der Frau herlaufen? Es heißt, daß in Italien viele Männer impotent sind, weil die betörenden Frauen auf die Liebesbetörungen plötzlich sagen: »Ja, ich will mit Dir ins Bett«, und dann weiß der arme Mann gar nicht mehr, was er tun soll. Früher war es einfach, da konnte er sich verlieben, hineinprojizieren, anbaggern, es passierte ja doch nichts – aber jetzt hat er ein Problem. Jedesmal, wenn Du Dich in einer solchen Situation um etwas richtig bemühst, manifestierst Du damit, daß es anstrengend werden wird. Auf Deinem »T-Shirt« steht plötzlich mit greller Leuchtfarbe: »Ich Bin, daß ich mich anstrengen muß!«, und alle um Dich herum respektieren das! Im Klartext: Du bist ein Schöpfer, der dann behauptet, kein Schöpfer zu sein, und da du ein Schöpfer bist, kannst Du sogar auch das erschaffen. Aber was tust Du dadurch? Du beginnst, »Dingen« Macht über Dich zu geben. Sobald Du hinter irgend etwas herläufst, leugnest Du Deinen »Schöpflöffel« und gibst Deine Energie auf die Behauptung, daß wir in einer Welt des Chaos, der Ungerechtigkeit und des Zufalls leben würden, und weil Du ein Schöpfer bist, ist es dann auch so – für Dich!

Aufhören zu suchen und beginnen, sich finden zu lassen

Im inneren Feuer verharren

Du bist der Bauchnabel Deiner Welt, warum der Welt hinterherlaufen? Alles, was Du besitzen möchtest, von dem bist Du in Wahrheit »besessen«, d. h. Du bist nicht mehr der Besitzer, sondern der Besessene! Wenn Du nicht weißt, was Dich am Haken hat, dann schau in Dein Leben, wo Du gearbeitet »wirst«. Ich sage nicht, daß Geld, Sex oder Ferraris schlecht sind; wenn sie wirklich Dein Wunsch sind, kommen sie sowieso am Ende des Buches mit aller Wucht auf Dich zugerollt! Mir geht es darum, daß Du Dich nicht laufend demotivierst! Wenn Du Dein Leben davon verwenden läßt, einen Ferrari zu wollen und Du gerade keinen hast, dann ergibt das Frust. Du kannst Dir einreden: »Ich habe einen Ferrari, ich habe einen Ferrari, ich habe einen Ferrari«, wenn Du dann in Deinen Trabbi steigst, fängst Du an, einen Ferrari »einholen« zu wollen, und dann entsteht Streß für Dich und Deinen Trabbi! Wenn Du mit einer Frau ins Bett steigst und Dich dazu verwenden läßt, ihr zu zeigen, was für ein toller Liebhaber Du bist, dann verpaßt Du viel Spaß für beide, es ist dann so, als wenn du auf einen Berg rennst, nur um möglichst schnell wieder runterzukommen. Jeder »Gipfelorgasmus«, d. h. jedes Ziehen von Glück aus dem Erreichen eines »Gipfels«, ist eine »Falle«, denn was steigt, muß auch wieder »fallen«. Wir lernen hier, immer Erfolg zu haben, immer geil zu sein, immer selig zu sein, unabhängig davon, ob gerade ein Trabbi, ein Ferrari oder ein Gerichtsvollzieher um Dich herumsteht. Wir lernen hier die Gluthitze Deiner inneren Kraft zu nützen, um Erfolg wachsen zu lassen, statt Deine Energie dauernd Dingen »nachzuschleudern«. Wenn Du »im Erfolg verharrst«, unabhängig davon, was um dich »herumsteht«, dann erwächst Dir Anziehungskraft, die für Dich Ergebnisse hervorrufen wird, von denen Aladin seit Erfindung der Wunderlampe nicht mehr geträumt hat – und zwar auf einer sehr, sehr reellen Basis!!!

Um nach oben zu kommen, mußt Du fliegen, nicht klettern.

Erfolg ist keine Reise, sondern ein blitzschnelles Erwachen

Wie wir bereits ausgeführt haben, steckt im Wort »Erfolg« das Wort »Folge«, d. h. Erfolg ist, wenn die Dinge Dir folgen, nicht umgekehrt! Ergebnisse haben sich zu ergeben, ohne daß Du viel dafür »machen« mußt, sonst hießen sie ja »Er-machnisse«. Wenn Du Dich nach den Dingen draußen richtest statt auf Deine innere Kraft, ist es, als wenn ein Hund zuließe, daß der Schwanz plötzlich mit dem Hund wedelt statt umgekehrt. Der Hund hat mit dem »Schwanz« zu wedeln und nicht der »Schwanz« mit dem Hund. Natürlich kann der »Schwanz« nicht mit dem Hund wedeln, aber wenn der Hund sich einbildet, er müsse sich nach dem »Schwanz« richten, bekommt er »Würmer«. Damit der Hund wieder ein braver Erfolgshund wird und seinen »Schwanz« beherrscht, muß er nicht mehr auf den »Schwanz« schauen, sondern auf das, was er ist, und das bedeutet erst einmal zu erkennen, wo der Kopf ist und wo der Schwanz, und dann lassen Dich die »Gedankenwürmer« von ganz alleine los! Du kannst nicht Erfolg »machen«, genausowenig wie du Liebe »machen« kannst. Du kannst nur Erfolg sein, und dann laufen plötzlich Ferraris, Goldbarren oder was auch immer hinter Dir her. Die Frage ist nur: Wie kommst Du dahin, Erfolg zu sein? Es hat mit Deiner Identifikation zu tun! Später darüber mehr.

Jeder Mensch, alle Ereignisse in Deinem Leben sind da, weil Du selbst sie angezogen hast. Was Du mit ihnen anfängst, ist Deine Sache.

Wie Du Probleme dematerialisierst

Nun, in dieser Welt baust Du auf und zerstörst, erlebst Tod und Wiedergeburt, Wandlung in jeder Sekunde. Du handelst aus Freude, aber plötzlich geschieht es einmal, daß Du Dich so stark identifizierst mit dem, was Du gerade aufbaust oder tust, daß es für Dich wie Sterben ist, wenn mit dem Projekt etwas passiert. Nicht mehr als ein Spiel – und das kostet verdammt viel Energie. Gut, vieles kannst Du loslassen, nämlich alles das, was Du sowieso gerne loswerden möchtest. Aber manche Dinge, die willst Du oder kannst Du nicht loslassen, weil sie mit Deinem Überleben als Identität zu tun haben – hier hilft das »Übergeben«. Wie funktioniert das mit dem Übergeben? Mißerfolg findet statt in Deinem Schallplattenspieler, Deinem Oberflächenverstand, der denkt, es muß »genauso« kommen, und der deshalb nur selten »sich« erinnert, was das Ganze soll und was der eigentliche Sinn des Spieles ist. Es gibt jedoch einen Teil in Dir, der weiß genau, wie »es« geht. Ein Same weiß nicht, wie er zu einer Blume wird, und würde er sich das fragen, würde er wahrscheinlich Kopfschmerzen kriegen. Gott sei Dank bekommt unser Same keine Kopfschmerzen (das können nur Menschen), sondern er läßt die Blume einfach von(m) Selbst wachsen. Von »selbst« ist alles gekommen, von selbst wird alles gehen, »Selbst« hat für die Probleme des Lebens eine viel genialere Lösung als dein Oberflächenverstand. Aus der Physik kennen wir das »geordnete chaotische Prinzip«. Wenn du an das Selbst denkst, bringt es die Dinge in die natürliche Ordnung. Wenn Du ein anderes Wort für Selbst suchst, dann setze dafür ein »Gott, Manitu, Allah, kosmische Kraft, das eine Prinzip, höchste Intelligenz«, was auch immer. Woran Du denkst, davon bekommst Du mehr. Deshalb empfiehlt Emmet Fox auch in seinem *Goldenen Schlüssel*: »Wann immer Du ein Problem hast, denke an Gott und mache ihm das Problem zum Geschenk, und das Problem verschwindet von selbst.« Es ist, als wenn plötzlich eine kosmische Intelligenz wirkt, als wenn »Zufälle« auf einer Seite sind – man kann das nicht logisch begründen, man muß es selbst erfahren haben. Wenn Du ein Problem »Gott« zum Geschenk machst, gibst Du das Problem wieder zurück in die

Ordnung. So kannst du nicht nur materialisieren, sondern auch dematerialisieren.

Du wirst zeit Deines Lebens von Deinem inneren, ferneren Wesen gelenkt, von dem verspielten geistigen Geschöpf, das Dein wahres Selbst ist.

Wie die Sache mit dem »Copiloten« funktioniert

Wie ist das jetzt, bist Du ein »Schöpfer«, oder ist der Schöpfer in Dir, oder von Dir getrennt, oder ist er etwa ganz weit draußen, wie ist es wirklich? Nun, es hängt von Deiner Identifikation ab – so einfach ist das!!! Erst suchst Du Gott draußen in der Welt, betest Gurus und Dinge an, ohne zu merken, daß Du in Wahrheit nur Dich »selbst« anbetest. Irgendwann einmal hörst Du auf, den Meister außen zu suchen und findest den inneren Meister, Du gehst in die »Führung« und erlebst, daß da »in Dir« jemand ist, der Dich auf eine wunderbare Art und Weise führt, und alles klappt wie am Schnürchen. Und dann erlebst Du plötzlich, daß Du nicht in der Welt bist, sondern die Welt in Dir, Du fühlst Dich eins mit dem *Einen*. Dieses Gefühl ist wirklich erfahrbar und nennt man »kosmischen Orgasmus« oder »Nirwakalpi-Samadhi« (das Wort »Nirwakalpi« stammt aus dem Sanskrit und heißt »Ohne Zweifel«).

Stelle es Dir so vor: Zu jeder Seele gibt es ein Dual, besser gesagt ein »Du All«, was gleichbedeutend ist mit »allem Minus Deiner Identifikation«. Dieses »Du All« nennen wir Gott, und das kann ein erwachsener Mensch natürlich nur in sich selbst finden, es ist die zweite Hälfte der zerbrochenen Eischale, das die Menschen so oft vergeblich in einer Du-All-Seele suchen. Sorry, aber die einzige Du-All-Seele ist Gott, sucht jemand Gott in einem Partner und findet er dort *Ihn*, wird er *Ihn* in allem finden, was ist, so wie Ramakrishna die große Mutter Kali in allem sah, was er anschaute; findet jemand Gott nur in einem Menschen, ist es noch eine Täuschung, und das heißt nicht, daß wir keine Präferenzen haben dürfen! Nirwakalpi-Samadhi ist, wie wenn Dich der liebe Gott mit ins Bett nimmt, wie einst die Prinzessin den »Froschkönig«, und dann bist Du eins mit ihm und denkst schon, das wird immer so bleiben, bis Du morgens aufstehst und an Deine Arbeit gehst, und dann scheint Dir Dein Partner unendlich weit weg, aber ehe Du Dich versiehst, hast Du wieder

Feierabend und darfst wieder nach Hause ins Ehebett. So ähnlich ist das mit dem »Du All«. Viele Menschen, die nach einem so hohen Samadhi wieder herausgefallen sind, denken, sie hätten irgend etwas falsch gemacht, vielleicht weil sie damals (sogar zu Recht) behauptet haben: »Ich Bin der Eine«, und dann ist es so, daß die Idee, etwas falsch gemacht zu haben, verhindert, daß sie nach Büroschluß ins Ehebett finden, und sie fangen an zu glauben, sie müßten fremdgehen, wo es doch zu Hause immer am schönsten ist. Es ist das »Du All«, das danach wieder »abschneidet« und ins Büro schickt, damit das »kosmische Spiel« für Dich weitergeht, und Du brauchst Dir wirklich, wirklich keinen Streß daraus zu machen, Du wirst von(m) Selbst wieder zurück an die »Leine« genommen – Du kannst nie tiefer fallen als in Dein Selbst! Jetzt zur Praxis: Mal kann es sein, daß Du Dich von »Gott« verlassen fühlst. Was tun? Nun, was tut ein Mann, wenn er im Büro »Streß« gehabt hat? Er fährt schleunigst nach Hause ins Ehebett und erzählt seiner Frau den ganzen Frust vom Leibe. Das wollen wir hier auch tun. Dafür die Installation des Copiloten. Deinen Copiloten anerkennen, ist so, als wenn Du Dein »Du All« mit ins Büro nimmst, und dann hast Du jemanden, der mit Dir die Dinge ausbügelt. Du kannst auch versuchen, es alleine zu schaffen, aber zu zweit ist man doch stärker – oder nicht? Vor allem, wenn der »Copilot« der Chef des Hauses persönlich ist!!!

Über den Wolken muß die Freiheit grenzenlos sein.

(Reinhard Mey)

Die Hubschrauber-Technik

Dein »Chef« ist wie ein Polizeihubschrauber. Wenn Du an einer Autobahnbrücke stehst und einen roten Ferrari siehst, dann kannst Du nicht sehen, woher er kommt und wohin er geht, Du siehst nur den roten Ferrari. Der Polizeihubschrauber über Dir sieht, wo der rote Ferrari hergekommen ist, und er sieht, daß hundert Meter weiter ein Stau ist und der Ferrari in diesen Stau hineinfährt, wenn er nicht auf die Bremse drückt, er kann also offenbar in die Vergangenheit und die Zukunft des Ferrarifahrers sehen. So ähnlich funktioniert »Hellsehen«. Du sagst zu einem Kollegen: »Wenn Du so weitermachst, dann wirst Du bald gefeuert«. Meinst Du, das sei kein Hellsehen? Es gibt »Trends«, die eigentlich jeder ablesen kann. Auf der anderen Seite kann auch der beste Hellseher es nie so ganz genau wissen, was kommt – ähnlich wie der Polizeihubschrauber, denn der Ferrarifahrer hat das Recht auf einen freien Willen. Es kann sein, daß die Vergangenheit des Ferrarifahrers doch anders war, daß er zum Beispiel von der Parkbucht rechts vorne aufgefahren ist, oder daß er vor dem Stau doch noch frühzeitig bremst – Hellsehen ist immer nur eine Wahrscheinlichkeitsrechnung und funktioniert nur, solange ein Mensch in einer »Routine« gefangen ist. Hat ein Mensch sich einmal mit Intelligenz kurzgeschlossen, hat er, wie die grauen Herren im Märchen *Momo* sagen, »den Bereich der Zeit« verlassen, ist er für keinen Hellseher der Welt mehr vorhersehbar. So, wie kannst Du Dich aus einer »Routine« lösen und mit dem »Chef« kurzschließen? Hier hilft die »Hubschrauber-Technik«.

Wann immer Du Dich in einer Situation »gefangen« fühlst, atmest Du einmal tief in Deinen »kosmischen Kristall« ein, und beim Einatmen verläßt Du gedanklich Deinen Körper und gehst selbst in diesen kosmischen Kristall und schaust Dir die Situation, in der Du bist, einmal ganz neutral von oben an. Dann modellierst Du Dich in dieser Situation blitzschnell um, während Du den Atem anhältst, und mit dem Ausatmen gehst Du gedanklich wieder in Deinen physischen Körper in der neuen Rolle. Es ist so, als wenn »Klark Kent« sich sekundenschnell in »Supermann« verwandelt – und – es funktioniert!!!

Was ist das Geheimnis der Hubschraubertechnik? Nun, es ist so, daß, wenn Du in Deinen »kosmischen Kristall« atmest Du blitzschnell aus Deinem »Emotional- und Mentalkörper« gehst. Im Klartext: Dein »kosmischer Kristall« kennt die Emotionen und Schallplatten nicht, die Du »unten« drehst, und das erlaubt Dir, »blitzschnell zu duschen und Dich umzuziehen«, ohne daß es jemand bemerkt. Was Du dafür brauchst, sind »Frühwarnsignale«, wann Du Deinen Hubschrauber nehmen sollst, und die bekommst Du, wenn Du lernst, Deine Gefühle zu beobachten und Streß-Signale als »Auslöser« zu nutzen, um blitzschnell in Deinen »kosmischen Kristall« zu gehen.

Schlagfertig in jeder Lage durch die Hubschrauber-Technik

Die »Hubschrauber-Technik« kannst Du auch geschickt einsetzen, wenn Dich irgend jemand etwas fragt, was Du nicht genau weißt. Antworte jetzt nicht auf die »Routine«, die aus Deinem Oberflächenverstand herauskommt, sondern gehe mit dem Einatmen in den »kosmischen Kristall«, halte den Atem an und frage den »Chef« nach der Antwort. Da sich der »kosmische Kristall« hinter dem »Seidenkissen«, d.h. hinter der Stelle, wo die Halswirbelsäule den Schädel berührt (sogenannter Heiligenschein) befindet, ist es ganz ratsam, beim Einatmen zugleich das Seidenkissen zu dehnen, indem Du das Kinn leicht zurücknimmst. Probiere aus, ob es für Dich auch so ist! Hier also nochmals die Technik:

1. Einatmen, in den »kosmischen Kristall« gehen
2. Atem anhalten, Ummodellieren bzw. die Antwort geben lassen
3. Ausatmen, in die ummodellierte Situation gehen

Die Sache mit der »Gemeinschaftshaftung«

Um den »Mitschöpferstatus« wiederzuerlangen, mußtest Du die volle Verantwortung übernehmen für Deine Schöpfung, aber manchmal fällt Dir das ein bißchen schwer, weil Du einfach nicht weißt, was Du damit machen sollst. Nun, in dem Fall gibst Du die Dinge zurück an den »Chef des Hauses«; es ist so, wie wenn Du beim Quiz »Hätten Sie's gewußt« eine Aufgabe bekommst, mit der Du absolut nichts anfangen kannst, und Du sagst: »Nein, die Frage nehme ich nicht, die nächste Frage bitte« – das ist »übergeben«! Heißt das jetzt, Daß Du keine Verantwortung mehr hast? Doch, Du hast nach wie vor Verantwortung und zwar zu 100 %, und Dein »Chef« übernimmt die volle Verantwortung ebenfalls zu 100 %. Wenn Du wirklich zum »Chef« ins Ehebett willst, wenn Du also wirklich eine *Ehe* (Ehe = Es Heiligt Es) mit Deinem »Chef« eingehen willst, dann geht das nur im Rahmen einer Gemeinschaftshaftung. Wie funktioniert die »Gemeinschaftshaftung«? Wenn Deine Frau ihr Auto vor der Einfahrt des Nachbarn hat stehen lassen, und der Nachbar droht Dir »fürchterlichen Streß« an, kannst Du natürlich sagen; »Das war meine Frau«; aber dadurch ist der »Streß« nicht beseitigt, Du bekommst jetzt wahrscheinlich doppelten Ärger – mit Deinem Nachbarn und mit Deiner Frau. Wenn Du sagst: »Oh, da muß *ich* etwas übersehen haben« und bittest Deine Frau, das Auto wegzufahren, dann ist der Ärger plötzlich verschwunden. Genauso kannst Du die volle Verantwortung für das, was Du siehst, übernehmen, und dann gibt es ein Geheimnis, und das ist sehr wertvoll: Wenn Du die volle Verantwortung für alles, was Du siehst, übernimmst, dann übernimmt der »Chef« sie auch, dann hast Du plötzlich einen Copiloten. Sri Chinmoy sagt: »Man muß Gott über alles lieben und verehren, um sich als den *Einen* zu erkennen und in dieser Erkenntnis zu bleiben.«

Es gibt kein Problem, das nicht auch ein Geschenk für Dich in den Händen trüge Du suchst Probleme, weil Du die Geschenke brauchst.

Probleme mit Behinderungen dem »Chef« zum Geschenk machen

Probleme, ja die kannst Du inzwischen dem Chef übergeben. »Aber was tue ich mit echten Behinderungen?« höre ich Dich fragen. Was sind Behinderungen? Nun, Behinderungen sind alles, was nicht so schnell verschwindet. Während sich Widerstände und Glaubenssätze im wahrsten Sinne des Wortes »wegpusten« lassen, sind Behinderungen etwas, von dem Du überhaupt nicht weißt, wie Du damit umgehen sollst. Hier geht es nicht darum, die Behinderung wegzukriegen, denn das geht so schnell gar nicht. Wenn jemand seit dreißig Jahren eine Narbe am Bauch hat, kann er nicht erwarten, daß die Narbe innerhalb von drei Tagen verschwindet. Also was tun? Die einzige Chance liegt darin, das Problem, das er mit der Narbe hat, zu übergeben. Dadurch gibt er das Problem energetisch in die Ordnung und kann sich um 180 Grad drehen und sich um Schöneres kümmern. Er sagt dann zum »Chef«: »Ich weiß auch nicht, was ich damit machen soll, hier nimm es und tue Du!« Dann verschwindet die Narbe nicht, aber sie hört auf, als Behinderung zu erscheinen. Du weißt ja: Es gibt kein Problem, das nicht auch ein Geschenk für Dich in den Händen trüge, aber manche Geschenke scheinen einen zu erschlagen, so groß sind sie. Also binde eine rosarote Bauchbinde um sie herum und mache sie dem zum Geschenk, von dem sie auch hergekommen sind. Du bist nicht verpflichtet, jede »Eisbombe«, die Dir der »Herr Ober« serviert, auch zu essen! Frage Dich noch einmal: »Was möchte ich heute Gott zum Geschenk machen?«

Genialität statt Oberflächendenken

Genialität ist weder wenigen Genies vorbehalten, noch ist sie erlernbar. Sie ist immer da und kann von jedem genutzt werden, so wie die Luft zum Atmen. Genialität entsteht, sobald Du Deine inneren Programme losläßt. In dem Augenblick bricht Intelligenz durch, bei Studierten wie bei Unstudierten, und Du hast mehr Erfolg in weniger Zeit. Einstein ist ein typisches Beispiel dafür. Er hatte in der Schule immer schlechte Noten und war ein mittelmäßiger Physiker, bis eines Tages Intelligenz bei ihm durchbrach. »Erfolg ohne Streß« bedeutet also nicht, »schlechte« Programme durch »gute« zu ersetzen, sondern zur Genialität zu erwachen: Genialität im Beruf, im Alltag, in Deinem ganzen Leben. Sobald Du auf Genialität schaust und aus ihr heraus lebst, ist es egal, welche Programme in Deinem Computer sind. Dann verschwinden alle inneren Beschränkungen, und es wirkt durch Dich das Gesetz des Lebens und der Liebe, und die Ihnen innewohnende Seligkeit kann zutage treten, und Du willst nie mehr der alte sein.

Wie Du Behinderungen durch bereits Erreichtes übergibst

Aus dem Zen stammt das Sprichwort: »In eine volle Tasse kann ich nichts hineingießen.« Alles, was Du besitzt, von dem wirst Du besessen. Das merkst Du spätestens dann, wenn Du eines Tages versuchst, die Dinge wieder loszulassen, und dann erkennst, wie sehr sie an Dir »kleben«. Ein Freund von mir kann nicht mehr abends aus dem Haus gehen, weil er sein Haus mit millionenschweren Antiquitäten vollgeladen hat und Angst hat, daß ihm, wenn er aus dem Haus geht, die Bude leergeräumt wird. Das ist eine Behinderung durch bereits Erreichtes. Heißt das jetzt, daß er die Antiquitäten verscherbeln soll? Mit Sicherheit nicht. Es nützt nichts, den Besitz aufzugeben, denn selbst wenn die Wertgegenstände nicht da wären, würde dieser Mann sehr schnell etwas anderes finden, wo er sich durch Erreichtes begrenzen kann. Er ist zum Beispiel Mitglied in einem sehr angesehenen Gesellschaftsverein und meint, er dürfe deshalb auf der Straße nicht ohne Krawatte herumlaufen. Seine Identität ist: »Ich Bin, daß ich mich durch Erreichtes begrenze!« Und diese Identität muß losgelassen werden, nicht der Besitz. Laß den Besitz mit sich tun, was er will.

Nehmen wir an, Du besitzt ein Haus im Wert von 500 000 DM, und die

Sorge um die Erhaltung dieses Hauses bringt Dich fast um. In dem Fall nützt es überhaupt nichts, das Haus zu verkaufen, denn es ist nicht der Besitz, der Dir Streß macht, sondern der »Besitzer« – das Haus steht einfach nur da und hat mit Deinem Streß wirklich nichts zu tun. Wenn Du dieses Haus verkaufst, wird Deine Sorge etwas anderes finden, was Du besitzen und worüber Du Dir dann Sorgen machen kannst. Vielleicht machst Du Dir dann Streß, wie das Geld erhalten werden soll, das Du für das Haus bekommen hast. Das Thema ist also nicht, den Besitz loszulassen, sondern den Besitzer.

Anders gesprochen: Wenn Du den »Chef« zum Besitzer einsetzt, siehst Du den Besitz nur als eine Leihgabe an, die Du zu verwalten hast, und dann hast Du kein Problem mehr damit, weil Identifikation Dein Überleben von dem Besitz unabhängig macht. Ich habe die Geschichte von einem Stammeshäuptling gelesen, der eine wertvolle Statue von einer anderen Insel gekauft hatte. Das Transportboot kenterte jedoch, und die Statue versank auf den Meeresgrund. Trotzdem bezahlte der Häuptling die Statue, betrachtete sich als Eigentümer, und die Statue wurde auch weitervererbt. Er hatte erkannt: Gehört etwas aufgrund Deines Magnetismus zu Dir, kannst Du es tausendmal loslassen, es wird Dich immer wiederfinden, und gehört etwas aufgrund Deines Magnetismus nicht zu Dir, wirst Du es mit allen Kräften der Welt nicht halten können. Deshalb frage Dich einmal: Wo begrenzt Du Dich durch bereits Erreichtes, und laß es dann los, um darüber hinaus gehen zu können.

Es gibt zwei Wege, ein Problem zu lösen:
Die Antwort finden oder die Frage vergessen.
Der letztere ist der weitaus klügere.
(Laotse)

Wie Du Behinderungen durch »Alles wissen müssen« losläßt

Wissen ist Macht, sagt man, aber ist es wirklich so? Ich behaupte: Du mußt Dir nicht den ganzen Streß machen und Dich und Deine Firma nach allen möglichen marktwirtschaftlichen Theorien führen, sondern aus *Einsicht*. Einsicht ist das Gegenteil von Wissen! Wissen kannst Du nur Unwesentliches; Dinge die wesentlich sind, d. h. die mit dem *Wesen* der Sache zu tun haben, kannst Du nur durch Einsicht bekommen. Ich war früher Turniertänzer. Du kannst noch so viele Bücher über Turniertanz lesen, wenn Du Deinen »inneren Genius« nicht durch Dich tanzen läßt, wirst Du immer nur Mittelklasse sein. Es ist das »Alles wissen wollen«, was Dich daran hindert, auf eine einfache und natürliche Weise zu reagieren. Entweder Du bist *Jetzt* der Größte oder Du lernst es *Nie*! Je voller Dein Kopf davon ist, was Du tun »solltest«, um erfolgreich zu sein, um so entfernter bist Du von Intelligenz. Wenn Du in der Lage bist, in das, was Dich bewegt, Erfolg, Umsatzsteigerung, Flirt oder was auch immer, geistig einzudringen, ohne es in irgendeiner Form zu bewerten, bekommst Du Einsicht – ein Verstehen, das für Deine spezielle Situation maßgeschneiderter ist als alle Konzepte der Welt zusammen, ein Verstehen, das keine Worte mehr braucht. Ich kann es Dich nicht einmal lehren, weil es in Dir einen Teil gibt, der jetzt still lächelt und sagt: Ich weiß doch schon längst, wie »es« geht. Alles, was »es« braucht, ist der Wille und die Hingabe, Deiner ureigenen Intelligenz zu vertrauen. Wenn früher Worte, Glaubenssysteme und Gedanken Dich vom Leben getrennt haben, so kannst Du jetzt ohne »Tomaten vor den Augen« leben – wie wäre es denn einmal damit?

Du kannst Dir natürlich noch vorher ein bißchen Streß machen, wenn Du noch nicht die Nase voll hast – bitte sehr, wenn das Dein Hobby ist, aber es gibt Interessanteres: Du hast diesen Körper als Geburtstagsgeschenk bekommen, um damit durch diese Welt zu fahren und um Dich zu feiern, nicht um selbst dauernd »Geh-danken« durchzuziehen! Fragen wachsen aus dem Kopf wie Unkraut: Ist eine beantwortet, wächst gleich die nächste Frage aus dem Kopf. Das Herz, die Intelligenz aber fragt nie, sondern liebt. Es gibt etwas Schöneres, als Fragen zu stellen, zu beantworten, zu stellen, zu beantworten. Wenn eine Frage kommt, ist es oft am einfachsten, wenn Du die Frage vergißt, statt nach der Antwort zu suchen!!! In meiner Eigenschaft als Seminarleiter habe ich festgestellt: Beseitigst Du die Frage eines Kursteilnehmers, indem Du sie beantwortest, taucht eine neue auf, und vor lauter Fragen stellst Du Dich selbst in Frage und kommst gar nicht mehr dazu, das Seminar zu genießen. Beseitigst Du den Frager, sind alle Fragen beendet, und Du kannst erst einmal richtig leben, statt dauernd und immer wieder nur Gedanken durchzudrehen.

Geht das Image erst mal flöten, lebst Du, ohne zu erröten.

Wie Du Behinderungen durch Dein Image losläßt

Das Image sagt: Ich Bin »genau so«. Ei, ist der Fritz aber lieb, und wie strahlt er schön – und schon hat Fritz sein Image weg und muß immer lieb sein, und dadurch begrenzt er sich. Die Außenwelt versucht, uns in Schablonen zu pressen, weil sie sich selbst in Schablonen gepreßt hat, als sei hier eine Vereinbarung auf diesem Planeten, daß keiner er selbst sein darf!!! Jeder hat Angst vor der Lebendigkeit des anderen, und darum füttert man ihn mit Komplimenten oder auch notfalls mit Tadel, damit er ja nicht auf die Idee kommt, »gerade anders« zu sein, und so laufen wir alle auf Sparflamme, in der Hoffnung, ja keinem auf die Füße zu treten! Hast Du Dir einmal bewußtgemacht, wieviel Streß Du Dir antust, nur um Dein Selbst-Image aufrechtzuerhalten? Hast Du Dir einmal überlegt, wie sehr Du gegen Deine wahre Natur verstößt, nur damit Du bei anderen Dein Image beibehalten kannst? Es ist, als würde man von einem Baum verlangen, daß er wächst wie ein Kleiderschrank, damit man ihn später zu Kleinholz verarbeiten kann. So ein Baum wird weder ein guter Baum noch ein guter Kleiderschrank. Höre auf, Kleiderschrank zu spielen und wachse wie ein normaler Baum, mit kantigen und runden Seiten. Befreie Dich von aufgezwungenen Images jeder Art, was nicht heißt, daß Du »im Außen« irgend etwas ändern mußt – müssen tut man gar nichts –, aber Du bist endlich frei – und zwar, bevor Du Dir die Radieschen von unten anschaust!

Freue Dich über Komplimente, aber laß Dich dadurch nicht daran hindern, Du selbst zu sein. Du bist ein multidimensionales Wesen und spielst viele Rollen. Jede Facette von Dir spielt ihre Rolle perfekt, wenn Du ganz Du selbst bist und nicht an der Rolle festhältst. Wenn Du es lernst, Dir selbst zuzuschauen und bereit bist, Dich überraschen zu lassen, wie Du gerade bist, dann bist Du wahrhaft unschuldig, und Dein wahres Selbst kann durch Dich wirken, und dann sind die Erfolgschancen natürlich wesentlich größer, als wenn Du eine Rolle spielst, die nur in Deinem Verstand abläuft, nicht in Deinem Herzen. Sei also Du selbst. Gestatte jedem, in Dir zu sehen, was er will, denn er sieht in Wahrheit sich, schließlich sind es seine Augen, die sehen. Die Weisen sagen: »Das Gesehene ist im Seher enthalten und der Seher im Gesehenen.« Schlage einmal Experiment 5 auf und liste auf, welche Rollen Du ab heute nicht mehr spielen mußt. Sei dabei sehr bewußt und nimm wirklich die Rollen, deren Befreiung Dir auch helfen.

Wie Du Probleme mit »Sich bessern wollen« übergibst

Solange Du Dich »bessern« *mußt*, bist Du innerlich gespalten. Mit den physischen Augen siehst Du Dich, wie Du bist, und mit dem inneren Auge siehst Du Dich, wie Du sein solltest. Willst Du zum Beispiel einen Ferrari und redest Dir ein: »Ich habe einen Ferrari, ich habe einen Ferrari, ich habe einen Ferrari«, dann lacht Dich Dein Unterbewußtsein aus, weil es weiß, daß das nicht stimmt. Um »Erfolg Ohne Streß« zu haben, mußt du aufhören, in Dir einen Zustand der Spaltung zu erzeugen. Woran Du denkst, davon bekommst Du mehr. Richtest Du Dein Bewußtsein auf »Verbesserungen«, wirst Du Dein Leben lang »Verbesserungen« finden und auflösen, finden und auflösen – eine Katze, die sich in den Schwanz beißt. Das heißt letztlich nicht, daß Du alle Meditationen, Bodybuildingkurse etc. abbrechen sollst, es heißt nur, daß Du all dies nicht mehr tust, um irgendwohin zu kommen, sondern als Selbstausdruck!

Schwächen absegnen lassen

Setze Dich mit einem Freund zusammen. Mache Dir eine Liste von allen Dingen, von denen Du glaubst, daß sie an Dir nicht in Ordnung sind. Dein Freund bekommt Deine Liste, und dann macht ihr einen Wettbewerb: Dein Freund versucht, jede einzelne Eigenschaft abzusegnen, indem er Dir erklärt, daß und warum »genau das« göttlich ist, zum Beispiel: »Kurzsichtigkeit? – geil, so hast Du den pauschalen Weitblick, und Du bist vollkommen, eben vollkommen kurzsichtig...«, und Du versuchst, das anzuzweifeln, wo Du nur kannst. Kann er Dich überzeugen, bekommt er einen Punkt, sonst Du – aber seid ehrlich zu Euch selbst! Ein ähnliches Spiel habe ich einmal mit meiner Freundin gespielt, als wir Orgasmusprobleme hatten. Da sagte sie: »Du versuchst, mich mit allen Tricks zum Orgasmus zu kriegen, und ich versuche, das zu verhindern. Wer verliert, zahlt einen Pikkolo.« Natürlich durfte ich den Pikkolo bezahlen, und das war es ja, was wir beide wollten, bevor wir leicht angeheitert die Rollen tauschten.

Gleichnis 4:

Wie Du es aufgibst, »Dich zu bessern«

(Auszug aus dem Buch: *Die Lee(h)rformeln des Tofu Roshi*)

Heute möchte ich darüber sprechen, wie wichtig es ist, daß man es aufgibt, sich bessern zu wollen. Dies ist eine der schwierigsten Bewußtseinsaufgaben überhaupt, mit denen Du konfrontiert wirst, denn andauernd begegnen Dir neue, verführerische Gelegenheiten, Dich zu bessern. Das Angebot reicht von Workshops, um bessere Eltern zu werden, bis hin zu Schlankheitskuren. Nun kannst Du Dich fragen: »Was ist denn eigentlich so schlimm daran, wenn man sich bessern will?« Vielleicht möchtest Du eine lästige Nikotinsucht loswerden oder die schlechte Angewohnheit, anderen ständig ins Wort zu fallen, doch die allererste Angewohnheit, die Du aufgeben solltest, ist die, Dich »bessern« zu wollen. Es ist natürlich nicht leicht, aber als Zen-Meister verfüge ich über einen Zwei-Wochen-Intensivkurs, der auch Dich heilen wird:

1. Stelle Dich jeden Morgen vor den Spiegel. Frage Dich: »Wer ist es denn überhaupt, der ein besserer Mensch werden will?«
2. Sage Dir jeden Abend: »Meine Gier, mich zu bessern, wird von Tag zu Tag in jeder Hinsicht kleiner und kleiner.«
3. Enthalte Dich ab sofort sämtlicher Therapien. Wenn Du Dich erst einmal von Deiner Gier, Dich bessern zu wollen, befreit hast, kannst Du immer noch dort weitermachen, wo Du aufgehört hast.
4. Trete jeden Tag zwanzig Minuten auf der Stelle und wiederhole: »Es gibt nichts zu erreichen, und nichts wird erreicht.« Anfangs ist es hilfreich, dabei den Puls zu messen, um sich zu vergewissern, daß er wirklich unverändert bleibt.
5. Wähle anhand einer Programmzeitschrift die Fernsehsendung, die Dich am wenigsten interessiert. Schaue Dir die Sendung mit einem möglichst gleichgültigen Gesichtsausdruck an. Fortgeschrittene können die Sendung auf Video aufzeichnen.

Wenn Du diese Instruktionen mit peinlichster Sorgfalt befolgst, wirst Du spätestens nach Ablauf von zwei Wochen feststellen, daß tatsächlich nichts, aber auch gar nichts dabei herausgekommen ist.

Um den wahren Guru zu finden, mußt Du alle anderen Gurus loslassen!

Wie Du Behinderungen durch »Autoritäten« losläßt

Das Wort »Autorität« kommt aus dem Lateinischen und bedeutet soviel wie: »Ich Bin«. In Wahrheit gibt es aber nur eine Kraft, die etwas zu sagen hat, nämlich der »Chef« persönlich. Alle anderen Dinge haben nur dadurch Kraft, daß Du welche in sie hineinprojizierst. Eins mit dem »Chef«, bist Du immer in der Mehrheit. Als die große Göttin Kali gegen die Dämonen kämpfte und diese selbst ihr zuviel wurden, rief sie laut und deutlich: »Wer außer mir hier ist, soll bitte vortreten« – und sofort nahm der Spuk ein Ende. Es gibt keine Autorität außer Dir. Das Weggeben der Autorität an irgend jemanden oder an irgend etwas außerhalb bedeutet »Verdammung«, d. h. Du baust damit einen »Damm« zwischen Dir und Deinem »Chef«. Wie sagte schon der »Chef«: »Du sollst keine anderen Götter neben mir haben«. Nichts hat Kraft, es sei denn, Du traust ihm diese Kraft zu, und dann hat dieses Ding nur Kraft durch Deine Energie. Nun, möglicherweise hast Du in die Menschen und die Dinge draußen soviel hineinprojiziert, daß Du Entzugserscheinungen bekommst, wenn Du auf all die Dinge und Menschen verzichtest. Deshalb: Erkenne erst einmal, wohin Du Deine Kraft weggegeben hast, führe diese Menschen und Dinge auf einer Liste auf und überlaß dem »Chef« das »Entdammen«. Es reicht für jetzt, wenn Dein Unterbewußtsein weiß, daß es keinen Vorteil bietet, die Kraft nach außen wegzugeben. Laß also das »Entdammen« von selbst geschehen, sonst wird das wieder zum Konzept, und dann machst Du Dir völlig unnötigen Streß. Laß den Gedanken los, nicht erleuchtet zu sein – und Du bist erleuchtet und brauchst Dich nie mehr irgendeinem Guru vor die Füße zu werfen. Niemand auf der Welt kann Dich erleuchten außer Dein Selbst, und bei aller Liebe und allem Respekt für die Gurus dieser Welt, sie sind nichts anderes als Werkzeuge für Dein wahres Selbst und haben lediglich die Aufgabe, Dich als »Fußangel Gottes« von den anderen Versuchungen wegzuholen, bis Du nichts anderes als den wahren »Erfolg«, den »Chef« persönlich begehrst. Sobald sie diese Aufgabe erfüllt haben, müssen sie verschwinden, sonst werden sie »abgerufen«. Der »Guru« muß nicht unbedingt ein Mensch sein, er kann auch eine Sache, ein Partner, ein Image, ein Lebensstil oder sonstwas sein!

In der indischen Mythologie heißt es: Als die Gottesmutter Kali gegen die Dämonen kämpfte und die Dämonen sie fast aufzufressen drohten, da schuf sie einen Superdämon, der war ihr Diener und bekam den Befehl, alle anderen Dämonen aufzufressen, was er gerne tat. Jetzt stellte sich aber die Frage, was Kali mit dem Riesendämon tun sollte, bis ihr die rettende Idee kam: Sie befahl ganz einfach dem Superdämon, sich selbst aufzufressen, und damit war alles Leid beendet. Der Guru ist wie ein Dämon, der die kleinen Dämonen für Dich auffrißt, um sich letztendlich dann selbst aufzufressen. Das heißt nicht, daß Du jetzt Deinen »Guru« (wer immer das sei) verlassen sollst, denn er kann Dir auf einem Stück des Weges sehr dienlich sein. Sobald aber Dein »innerer Meister« voll erwacht ist, wird er den äußeren Meister sowieso rauswerfen, denn in Wahrheit ist niemand in Deiner Welt mächtiger als Du, und wenn da doch einer kommt und dies behauptet, frage ihn, was er in Deinem Traum zu suchen hat, und er wird sich selbst offenbaren (siehe hierzu das Kinderbuch *Der Traumbaum*.)

Autoritäten loslassen durch Karikatur

Setze Dich mit drei Freunden zusammen. Liste einmal zehn Identifikationen auf, die Deine Eltern, Nachbarn oder sonstwer von Dir gesagt haben, wobei es keine Rolle spielt, ob positive oder negative. Dann laß diese Glaubenssätze von ihnen karikieren, indem einer einen salbungsvollen »Priester«, der zweite eine vertrocknete Jungfrau und der dritte einen Betrunkenen karikiert. Höre bewußt hin, aber höre auch, daß es sich dabei um deren Dinge handelt, daß es mit Dir selbst überhaupt nichts mehr zu tun hat. Befreie Dich so von *jeglicher* Identifikation und jeglicher Autorität, dann kann Dein wahres Wesen beginnen, durch Dich zu wirken. Das bedeutet natürlich auch, die Eitelkeit, d. h. die Idee, »recht haben« zu wollen, loszulassen, aber wenn Du diesen Preis bezahlst, bekommst Du als Gegengabe eine Freiheit, die endlos ist.

**Wenn Du denkst, Du denkst,
dann denkst Du nur, Du denkst.**

Wie Du Deinen »Schallplattenspieler« übergibst

»Du sagst ja immerzu das gleiche«, sagt Momo, bevor sie merkt, daß das Mädchen, das da sitzt, nur eine Sprechpuppe ist. Bei manchen Menschen könnte man denken, sie seien auch nur eine Sprechpuppe, denn sie sagen auch immerzu nur das gleiche, manchmal fällt es sogar wirklich schwer, auseinanderzuhalten, wer denn hier aus »Fleisch und Blut« ist und wer nicht. »Mentale Schallplatten« sind Gedankenmuster, die sich in immerzu gleicher oder ähnlicher Form in Deinem Oberflächenverstand abspielen, man nennt sie auch »Routinen«. Selbst wenn Du die besten »Routinen« aufschreibst und wieder-holst, handelt es sich doch nur um Gedanken aus zweiter Hand, und sie werden um so wertloser, je mehr Du versuchst, Dich an diesen festzuhalten. Du kannst durch Affirmationen, Subliminals, Programmierungen etc. weder erleuchtet noch erfolgreich werden. Alle wirklich brauchbaren Hilfen kommen nicht daher, sondern werden von Intelligenz in jedem Augenblick neu aus dem Nichts geboren und durch den Kanal der Inspiration geschleust. Es ist wie eine Einwegschaltung: Solange Du auf den »Schallplattenspieler« hörst, versperrst Du den Kanal mit der göttlichen Inspiration. Gedanken aus Intelligenz kommen genau dann, wenn Du sie brauchst, und genauso schnell verschwinden sie wieder, und so hast Du Energie frei zum Leben, statt dauernd einen »dicken Kopf« mit Dir herumzuschleppen, wovon man doch nur »Mumpitz« bekommt. Geistesblitze aus Intuition haben eine viel stärkere Ladung für Dich, und das ist es, was Deinem Erfolg Durchschlagskraft verleiht!

Wer sich verteidigt, wird angegriffen, nicht umgekehrt.

Wie Du Behinderungen durch Verteidigungsmechanismen losläßt

Kann man überhaupt erfolgreich sein, wenn man sich nicht auf die Verteidigung einrichtet? Ich glaube schon! Nehmen wir einmal an, Du bist Verkäufer für Pullover und hast gelernt, wie man Einwände des Kunden gegen Form, Farbe und Strickart dieser Pullover widerlegt. Und jetzt kommt ein Kunde auf Dich zu und will einen Pullover kaufen. Aber statt ihm diesen Pullover anzubieten und einzuwickeln, sagst Du: »Ja, wenn Sie Einwände gegen die Farbe haben sollten, wir haben auch andere Farben zur Auswahl, und falls die Machart Ihnen nicht gefallen sollte, das ist jetzt die neueste Mode, und falls Ihnen die Form nicht gefallen sollte, können wir auch noch ein wenig den Pullover auspolstern...« Dieser Mann wird kein zweites Mal versuchen, Dir etwas abzukaufen. Ein Freund von mir ist bekannt dafür, daß er im Jahr für 50 Millionen DM Immobilien verkauft – ohne Streß. Ich fuhr einmal zu ihm hin und fragte ihn: »Bitte, sage mir doch einmal, wie machst Du das?« Und er sagte mir: »Ganz einfach. Ich fahre hin, sage: ›Dies ist der Preis, das ist das Produkt – wollen Sie es haben?‹ Und dann nehme ich den Auftrag mit, das ist alles. Abwehrmechanismen, das »Winkeldenken«, das Es-besonders-gut-machen-Wollen ist es, was wahren Erfolg verhindert. Wer sich auf Verteidigung einrichtet, wird angegriffen, nicht umgekehrt. Warum? Weil jeder Verteidigungsstrategie der Gedanke zugrunde liegt: »Wo könnte noch was schieflaufen?«, und Du als Schöpfer dann genau diese Zweifel manifestierst. Natürlich ist es schön, sich auf sein Produkt optimal vorzubereiten, aber tue das doch unter Anleitung von Deinem »Chef«, statt Deine Verteidigungsmechanismen zu befragen, die Mißerfolg vorprogrammieren. Beginne also, Dich zu »entrüsten«, und ein Riesenetat wird frei. Sollten in Dir allerdings noch Widerstände gegen Abrüstung sein, ist es sinnvoll, sie mit der »Dreiecksübung« abzusaugen, bevor Du mit diesen Glaubenssätze kreierst, daß es doch nicht klappt.

Wenn die Menschen wüßten, daß es das Losgelöstsein ist, das wahre Kontrolle bringt...

Wie Du Beschränkungen durch Kontrollmechanismen losläßt

Aus Angst, daß Dein Wunsch nicht sein Ziel findet, hast Du begonnen, Kontrollmechanismen zu betätigen, aber was tust Du, wenn Du kontrollierst? – Du überlegst mit Deinem Oberflächenverstand, wo was schiefgehen könnte und überlegst Dir Mittel und Maßnahmen gegen mögliche Pannen, die passieren könnten. Nun ist es so, daß Du ein Schöpfer bist, d. h. dadurch, daß Du überlegst, was alles schiefgehen könnte, schaffst Du die Probleme erst. Wenn Du einmal weißt, daß Deine Uhr funktioniert, wirst Du auch nicht permanent die Uhr kontrollieren, wenn Du die Zeit abliest, sondern die Uhr benutzen und Dich daran erfreuen – und das ist der Sinn des Erfolges. Wer ist es überhaupt, der den Erfolg kontrollieren will? Natürlich der Oberflächenverstand, und da haben wir ihn wieder, den Schlawiner. Also wenn Du schon kontrollierst, dann kontrolliere wenigstens an der Quelle, und das heißt, den »Chef« kontrollieren zu lassen. Durch Kontrolle manifestierst Du, daß der Computer »es« schaffen soll, und damit gibst Du die Energie auf Geschaffenes statt auf den Schöpfer. Mache gegebenenfalls die Dreiecksübung mit der Formel: »Ich Bin bereit anzuerkennen, daß ich die Kontrolle loslassen und zugleich unermeßlichen Reichtum erleben kann.«

Wie Du Behinderungen durch »Bewußt sein müssen« losläßt

Heute, in der Zeit, in der alles nach Bewußtsein strebt, haben viele Menschen Angst, unbewußt zu sein – warum eigentlich? Laotse sagt schon: Du kannst nicht immer auf Zehenspitzen gehen (und wer das versucht, macht eine komische Figur). Es ist nicht möglich, ständig bewußt zu sein, und manchmal ist es sogar erfolgreicher für Dich, wenn Du unbewußt bist, als wenn Du versuchst, immer alles ganz genau auf die Reihe zu kriegen. Wenn Du merkst, daß Du unbewußt bist, gibt es daran gar nichts zu ändern, bleibe einfach gewahr, daß Du gerade unbewußt bist, genieße es und gehe weiterhin Deiner Natur nach. Das ist Erleuchtung wirklich! Dann macht Leben Freude, und es geschieht weiterhin alles von selbst. Du hast diesen Körper, um ihn zu gebrauchen, wenn es sein muß, auch zu verbrauchen, also genieße den Spaß, den Du mit ihm hast! Mache gegebenenfalls die Dreiecksübung mit der Formel: »Ich kann mein Bewußtsein loslassen, wohl wissend, daß es immer für mich da ist, wenn es angemessen ist.«

Wer da frei von Selbstsucht ist und vom Wahn des Ich,
der tötet nicht, auch wenn er tötet
und bleibt ungebunden, was er auch tut.
(Ramana Maharshi)

Wie Du Behinderungen durch den »Täter« losläßt

Es gibt Menschen, die denken, was nicht Blut, Schweiß und Tränen gekostet hat, ist auch nichts wert. Je mehr Du Schöpfung verstehst, um so einfacher wird alles: Jeder Wunsch hat das Bestreben, sich zu verwirklichen, d. h. jeder Wunsch erfüllt sich selbst. Du spürst sehr leicht die wunscherfüllende Kraft, die Dich treibt – beobachte Dich einfach! Es ist nur die Idee, dafür etwas Besonderes »tun« zu müssen, es »besonders« richtig zu machen, die die Erfüllung verzögern kann! Je weniger wichtig Du Dein »Dazutun« nimmst, je mehr Du nur noch aus reiner Freude am Tun handelst, ohne auf das Ergebnis zu schauen, um so schneller kommt die Erfüllung. Zur Erfüllung Deiner Wünsche wirst »Du« gar nicht gebraucht, es ist, wie wenn die Mutter in der Küche die gewünschte »Suppe« kocht, und Du darfst ein bißchen mitrühren. Je »wichtiger« Du Deinen Part bei der Erfüllung auf der anderen Seite nimmst, um so schwerer können sich Deine Wünsche erfüllen, weil Du dann am Image des »Täters« festklebst und so Gott den Weg versperrst. »Dein Gefühl der Wichtigkeit scheint sehr stark zu sein«, sagte der Jaqui-Zauberer Don Juan als einzige Antwort, als Carlos Castanedas sagte, er könne nicht mit den Bäumen sprechen, »verbeuge Dich wenigstens vor dem Geist des Baumes!« Auf die Entgegnung: »Auch das kann ich nicht«, antwortete er nur, das Gefühl der Wichtigkeit sei wohl im Augenblick »ungeheuerlich«, und er wolle die Sache damit beenden. Also tue, was Dir entspricht, und ja kein Streß! Du wirst bei der Erfüllung gar nicht gebraucht! Das ist die wirkende Wahrheit!!! Mache gegebenenfalls die Dreiecksübung mit der Formel: »Ich kann die Identifikation mit dem Täter loslassen, wohl wissend, daß alles sich von(m) Selbst erfüllt!«

Sucher suchen, Finder finden – so einfach ist das!

Wie Du Behinderungen durch den »Sucher« losläßt

Das einzige, was es wirklich wert wäre zu suchen, ist Dein Selbst, und das brauchst Du nicht zu suchen, weil es immer da ist, weil Du es selbst bist, darum heißt es ja so. Alles, was es zu suchen gibt, hat also mit »Dir selbst« nichts zu tun und hindert Dich außerdem am wahren Erfolg. Wenn es

Dich zum Lesen, Training oder in alle möglichen Selbsterfahrungsgruppen oder Seminare treibt, schön und gut, genieße es, bis Du von den »vasanas« (Sanskrit: Neigungen) therapiert worden bist und so sehr die Nase voll hast, daß Du aufhörst mit dem ganzen Quatsch und beginnst, ganz Du selbst zu sein, womit die ganze Sucherei ein Ende hat. Wenn Du aber schon alles ausprobiert hast, was es zu suchen gibt, und nur noch nach Gott suchst, dann ist es für Dich nur noch ein einziger kleiner Schritt: Erkenne den, der Gott erkennen will, und Dein letztes Problem ist auch gelöst! Formel: »Ich lasse den Sucher los, wohl wissend, daß ich von nun an gefunden werde!«

Wenn Du Dich eine Weile darin übst, nur in der Phantasie zu leben, wirst Du begreifen, daß Phantasiepersonen manchmal wirklicher sind als Menschen aus Fleisch und Blut

Die Technik »Den Betroffenen finden«!

Ein weiser Mann hat einmal gesagt: »Wann immer Du leidest, ich versichere Dir, es ist immer Dein kleines Ich, das leidet, Dein kleines Ich mit all seinen Nöten und Sorgen, seinen Konzepten und Unbequemlichkeiten, mit all seinen Erwartungen und Identifikationen, ich aber, Dein wahres Selbst, leide nie.« Wer keinen Erfolg hat, ist nur das Ego, denn immer geschieht es anders, als es denkt. Dein Ego versucht es mit immer neuen Identifikationen, und nur diese Identifikationen sind loszulassen, nie die Sache selbst. Es geht also darum, den Besitzer loszulassen, nicht den Besitz, den Denker, nicht die Gedanken, den Problemlöser, nicht das Problem, den Sucher, nicht das Gesuchte, den Seher, nicht das Gesehene, den Verunstalteten, nicht die Verunstaltung, den Verletzten, nicht die Verletzung, den Kranken, nicht die Krankheit, den Fragenden, nicht die Fragen. Was bedeutet das?

Nimm irgend etwas, was Dich stört, zum Beispiel Armut. Wenn Du Dich arm fühlst, dann suche denjenigen, der arm ist. Frage: »Wer ist es eigentlich überhaupt, der von der Armut betroffen ist?« Schließe einmal die Augen, gehe nach innen. Vielleicht erscheint jetzt vor Deinem inneren Auge eine Stimme oder irgendeine Gestalt. Prima, dringe noch tiefer ein und frage weiter: »Wer ist es eigentlich, der hier arm ist?« Bleibe mit dem

Scheinwerfer Deines Bewußtseins bei dieser Frage und tauche immer tiefer ein. Vielleicht kommt: »Der Arme«, aber wo ist der »Arme?« Je öfter Du diese Übung machst, um so mehr merkst Du, daß der »Arme« eine Illusion ist. Der »Arme« hat sich vor Dein Selbst geschoben in der Hoffnung, von Dir angebetet zu werden und Energie zu bekommen, wie der Mond vor die Sonne bei einer Sonnenfinsternis, aber je tiefer Du eindringst, um so mehr verschwindet der Sonnenfleck, und es bleibt nur Dein *Wesen*.

Liste auf, was Du schwer loslassen kannst, schreibe daneben, welche Identifikationen dahinter stehen, finde den, der das Problem hat, schreibe daneben, wer sich um was kümmern soll, tauche in ihn ein, und laß sich die Dinge von selbst lösen. Dann mache eine Visualisierungsübung und laß für alle Punkte, an denen Du festhängst, die jeweiligen Betroffenen kommen, kommandiere sie ab, sich um die Sache zu kümmern und sieh Dich getrost und ohne Kontrolle die Identifikation mit all dem loslassen und Deines Weges ziehen. Nochmals die Punkte:

1. Symptom beschreiben
2. Den finden, der von dem Symptom betroffen ist
3. Den, der von dem Symptom betroffen ist, sich um das Symptom kümmern lassen und einfach seiner Natur nachgehen

Wie Du den »Problemlöser« losläßt

Solange Du noch die Identität eines »Problemlösers« bist, wirst Du Probleme haben. Erst, wenn Du den Problemlöser losläßt, hörst Du auf, aus dem Leben ein Problem zu machen und beginnst zu leben.

»Den Betroffenen finden« funktioniert auf allen Ebenen, wenn Du Dich bei entsprechenden »Makeln« fragst: »Wer ist es überhaupt, der hier häßlich ist?« – »Wer meint denn hier überhaupt, daß es ein Problem gibt?« – »Wer will denn hier überhaupt Streß machen?« – »Wer ist es denn überhaupt, der er sich ändern muß?« – »Wer ist es denn überhaupt, der hier leidet?« – »Wer ist es denn überhaupt, der hier Schmerzen hat?« Im »Außen« ist nichts zu ändern, dort handele einfach Deiner Natur nach. Worum es mir geht ist, daß Du die Energie, die Du in Unterdrückung gesteckt hast, für bessere Dinge verwendest. Hauptsache, daß Deine Neigungen und Abneigungen Dir kein Kopfzerbrechen mehr machen, und dafür ist diese geistige Übung ideal. Laß den Besitzer sich um den

Besitz kümmern, den Schöpfer um seine Schöpfung, den Denker um seine Gedanken, den Fragenden um seine Fragen, das Projekt um das Projekt, die Afrikaner um Afrika, den, der stirbt, um die Angst vor dem Tod – im großen wie im kleinen. Frage Dich nur: Was geht mich das an, laß los, und alles läuft von(m) Selbst – so einfach ist das!

Gleichnis 5:

Meister sein geht ohne Interpretationen!

Zur Zeit der Reformation sollten die Katholiken aus Berlin vertrieben werden, es sei denn, einem von ihnen würde es gelingen, in einer pantomimischen Debatte den Stadthalter zu besiegen. Der Stadthalter war berüchtigt als welterfahrener Pantomime, und kein Katholik hatte anfangs den Mut, es mit ihm aufzunehmen. Da meldete sich der Glöckner und sagte: »Gut, dann will ich es tun.« Und so geschah es. Der Stadthalter begann mit ausladenden Handbewegungen in der Luft. Daraufhin deutete der Glöckner bestimmt auf die Erde. Erstaunt hielt der Stadthalter inne und hielt ihm den Zeigefinger unter die Nase. Unverzüglich streckte ihm der Glöckner drei Finger entgegen. Wieder erstaunt hielt der Stadthalter inne und zog einen Apfel aus seinem Gewand. Daraufhin zog der Glöckner ein Fladenbrot aus der Tasche. Erschrocken hielt der Stadthalter inne und sagte: »Er hat gewonnen, die Katholiken bleiben in Berlin!«

Die geistigen Würdenträger, die dem schnellen Schlagabtausch nicht gewachsen waren, fragten den Stadthalter, und dieser antwortete: »Der Katholik war ein Meister im pantomimischen Debattieren. Ich begann mit ausladenden Handbewegungen zu zeigen, daß Gott im Himmel sei. Daraufhin deutete er auf die Erde, um zu zeigen, daß Gott auch auf Erden sei. Dann antwortete ich mit erhobenem Finger, daß es nur einen Schöpfer gäbe. Der Katholik konterte, indem er auf die Dreifaltigkeit verwies und dies mit drei Fingern untermauerte. Jetzt zog ich meinen Apfel, um zu betonen, daß Berlin der Mittelpunkt der Welt sei. Daraufhin demonstrierte der Katholik mit dem Fladenbrot, daß die ganze Erde eine Ebene Gottes sei.«

Den Katholiken erzählte der Glöckner eine ganz andere Geschichte: »Der Stadthalter fuchtelte mit den Händen in der Höhe umher, um zu zeigen, daß wir uns in alle Winde zerstreuen sollten. Dies ließ ich mir nicht gefallen und deutete auf die Erde, um zu zeigen: ›Wir bleiben hier!‹ Jetzt hielt mir der Stadthalter den Finger unter die Nase, was heißen sollte: ›Fahr zum Himmel!‹« Ich antwortete mit drei Fingern, er solle dreimal gen Himmel fahren. Daraufhin zog er sein Frühstück aus dem Gewand, und das hab' ich dann auch getan.«

Die Interpretationen loslassen

Menschen haben Interpretationen für alles. Geht jemand mit einem roten Sonnenhut durch Teneriffa, klick, schon wird es interpretiert. Jemand hustet, klick, wird es interpretiert. Interpretation ist der Versuch des Oberflächenverstandes, das, was *ist*, zu töten, zu einem »Ding« zu machen. Das Leben ist unberechenbar und originell. Jede Interpretation ist eine Wahrnehmung aus zweiter Hand und verfälscht das Original. Nicht nur bei der Musik ist das so! Wenn James Last die Beatles interpretiert, verfälscht er das Original. Mir geht es hier nicht um Musikgeschmack, denn auch ich liebe James Last, aber wäre es nicht schöner, das, was ist, »live« zu empfangen, ohne Filter dazwischen? Wenn Du »aus zweiter Hand« lebst, bekommst Du nichts als Streß, weil die »Landkarten« von der Welt, die jeder in seinem Computer hat, zu unterschiedlich sind. Dies wird deutlich durch die »Eimer-Übung«: Setze Dich einmal mit einem Freund zusammen und schließt gemeinsam die Augen. Dann hört beide das Wort »Eimer« – nur ein Wort. Und dann notiert, was für einen Eimer ihr gesehen habt. Dein Eimer war vielleicht groß und weiß, der Deines Freundes klein und rot. Ein einziges Wort und so viele verschiedene Interpretationen. Wie ist es erst, wenn Du mit jemandem ein längeres Gespräch führst. Du glaubst, daß Du verstanden wirst, aber versteht Ihr Euch wirklich? Jeder meiner Leser liest ein anderes Buch, jeder meiner Seminarteilnehmer besucht ein anderes Seminar, und jeder von uns lebt in einer »anderen« Welt. Du glaubst, daß Du in einer Welt lebst mit mir? Wenn Du aus Interpretationen lebst, bist Du von allem, was *ist*, getrennt, auch von mir. Es gibt allerdings einen Lebensstil, bei dem Du mit *allem* verbunden bist. Du kannst nicht mit einigen Menschen verbunden sein und mit einigen nicht, das ist ein Irrtum. Wenn Du wirklich mit Deinem Partner verbunden bist, bist Du auch mit allem verbunden, was ist; bist Du mit irgend jemandem nicht verbunden, ist auch das Gefühl der Einheit mit Deinem Partner eine Illusion. Ich meine hier die Verbindung durch Intelligenz. Paramahansa Yogananda drückt es wie folgt aus:

Gleichnis 6:

Wenn ich nur noch ein Traum bin

Wenn ich in das ewige Schweigen eingehe,
Um in die Arme meines geliebten Gottes –
In Seine Allgegenwart – heimzukehren,
Werde ich Seiner Symphonie,
Dem seligen Lied seiner Schöpfung lauschen,
Werde ich wundersame Visionen schauen;
Und doch werde ich Euch nicht vergessen.
Ich werde Euch schweigend beobachten,
Wie Ihr im frischen Gras über mich schreitet
Und mich in grünen Blättern entzückt.
Im Wind will ich Euch liebkosen
Und Eure Seufzer und Tränen trocknen.
In warme Sonnenstrahlen will ich Euch hüllen,
Wenn der Frost der Täuschung und Einsamkeit
Eure Herzen gefrieren läßt.
Wenn Ihr aufs weite Meer hinausblickt,
Schaut Ihr direkt auf mich.
Auf dem Altar des Horizontes
Bin ich mit meinem Gott vereint.
Über den Baldachin des Himmels
Breite ich meine silbernen Strahlen,
In den azurblauen Wellen atme ich Euch entgegen.
Unerkannt will ich an Eurer Seite gehen,
Mit unsichtbaren Armen Euch beschützen!
Mich mögt Ihr vergessen, doch nicht meinen geliebten Gott!
Wenn Ihr Euch seiner erinnert,
Könnt Ihr auch mich nicht vergessen!
Und sobald Ihr Ihn, meinen geliebten Gott, gefunden habt,
Werdet Ihr mich viel näher fühlen als jemand auf der Erde.
Doch selbst, wenn ich nur noch ein Traum für Euch bin,
Werde ich kommen und Euch erinnern,

Daß auch Ihr nur ein Traum meines himmlischen Vaters seid.
Und wenn Ihr wißt, daß Ihr nur ein Traum seid,
Wie ich es jetzt weiß,
Werden wir ewig wach sein in Ihm!

Das, was ist, sein lassen, statt zu interpretieren

Wenn Du aus Intelligenz lebst, ist es in keiner Weise mehr nötig, irgend etwas zu interpretieren. Interpretationen versklaven Dich, denn hast Du einmal bestimmt, daß ein Mensch oder eine Sprache »genau so« ist, kostet es Energie, wieder »umzuinterpretieren«. Interpretation ist der Versuch, den Kosmos durch das Nadelöhr des Oberflächenverstandes zu ziehen. Der Oberflächenverstand wirkt hier als zerebrales Reduzierventil, aber das muß nicht sein. Was ist es denn, was das Leben leidvoll und »ungöttlich« macht? Nicht das Leben selbst, denn das ist, wie es ist, sondern nur Deine Interpretationen (Bewertungen) davon. Deshalb hast Du in der vorangegangenen Lektion gelernt, Gedanken und Gefühle zu trennen. Der »Interpretationsfilter« ist viel zu kleinkariert, er war für Dich wichtig, solange Du glaubtest, Dich noch vor Dir selbst schützen zu müssen durch juristische Verträge, Kleingedrucktes etc. Sobald Du den Interpretationsfilter wegnimmst, kann ein Tausendfaches durch Dich fließen. Nur wenn Du es aufgibst zu interpretieren, kannst Du Gedankenstille auch bei sich bewegendem Hintergrund (Leben) halten. Sobald Du aufhörst zu interpretieren, kann das »Göttliche« sich von(m) Selbst zu erkennen geben, und das bedeutet es, wahrhaft ein »göttliches« Leben zu führen!

Schlage jetzt einmal Experiment 5 auf und beschreibe einen Deiner Freunde, *ohne* ihn zu bewerten. Obwohl das ja auch schon Interpretationen sind, darfst Du ruhig sagen: »Du bist groß, Du hast grüne Augen«, aber sage nicht: »Du bist schön groß ...«

Gleichnis 7:

Im Anfang Gott

Im Anfang Gott.
Gott erschuf alles aus sich selbst.
Alles ist göttlich.
Auch ich bin göttlich.
In allem wohnt Gottes ewiger Geist.
Gott wohnt auch in mir.
Es gibt nichts außer Gott.
Alles ist göttlich.
Alles, was ich je getan habe, war göttlich.
Alles, was ich je erlebt habe, war göttlich.
Alles, was ist, ist göttlich.
Ich verbeuge mich vor dem Göttlichen, das in allem ist.
Ich ziehe meinen Fokus ab vom äußeren Schein
und richte ihn auf Gott, denn ich weiß:
Wohin ich mein Bewußtsein lenke, fließt die schöpferische Energie.
Lenke ich mein Bewußtsein auf Muster und Mängel,
werde ich ein Leben lang Muster und Mängel erleben und auflösen.
Richte ich mein Bewußtsein auf Gott, werde ich Gott erleben.
Ich bestimme meine Welt durch meine Gedanken.
Ich bin in Gott.
Ich ehre Gott in allem, was mir begegnet,
in jedem Menschen, jeder Pflanze, in jeder Situation.
Indem ich Gott ehre in allem, was ist, zwinge ich das Göttliche,
sich zu erkennen zu geben.
Ich bin mit der Quelle allen Reichtums verbunden
und von keinem Kanal mehr abhängig.
Dank sei Gott in mir, daß Du mich erweckt hast,
erweckt von den lebenden Toten.
Ich lebe in Gott, und Gott lebt in mir,
durch mich und für mich
in alle Ewigkeit.
Amen.

»*Göttlichkeit*« *fühlen*

Worauf Du Dein Bewußtsein lenkst, dahin fließt Deine schöpferische Energie, woran Du denkst, das verstärkst Du. Denkst Du gegenüber irgendeinem Menschen, einer Sache oder einer Situation in der Form, daß Du es für unvollkommen hältst, bindet Dich dieses Urteil, und Du erschaffst so mehr Unvollkommenheit um Dich herum. Deshalb ist jetzt, wo Du Dich mit Deiner aktuellen Situation konfrontiert und die damit zusammenhängenden Probleme Gott übergeben hast, wichtig anzuerkennen, daß es vollbracht ist, d. h., daß jetzt »alles in göttlicher Ordnung« ist. Göttlich fühlen, *ohne* zu denken, ist ein Passepartout für jede Situation. Was tust Du dadurch? Du aktivierst den göttlichen Aspekt jeder Sache aus der kosmischen Blaupause, und das ist wahrhaft der einzige Weg, um das, was Du außen siehst, wieder in die Ordnung zu rücken. Sobald Du göttlich fühlst, mußt Du Dich überhaupt nicht mehr um die Reaktion der anderen oder um die Dinge im Außen kümmern, irgend etwas kontrollieren oder manipulieren. Sobald Du fühlst, alles ist göttlich, hast Du das ganze Universum auf Deiner Seite. So wie Teller, Schüsseln, Tassen aus Porzellan gemacht sind, obwohl sie doch alle unterschiedlich aussehen, so sind auch Bäume, Menschen, Berge alle aus dem *Einen* gemacht, dem Stoff, aus dem die Träume sind.

Eine Visualisierungsübung: Stell Dir eine Farbe vor, die Göttlichkeit repräsentiert, zum Beispiel »Gold«. Und dann male alles, was Du Dir vorstellen kannst, in dieser Farbe an. Eine zweite Übung: So wie es Brillengläser in Rot-Ton und Braun-Ton gibt, stelle Dir jetzt vor, daß Du eine Brille aufsetzt, die nur den »Gott-Ton« sieht. Laufe geistig mit dieser Brille durch die Welt und sieh alles als »göttlich« an. Weitere Übungen findest Du im Kapitel 7 des Buches *Urlaub für immer*.

Alles ist göttlich

Schlage jetzt Experiment 5 auf, schreibe auf eine Liste: »Alles ist göttlich«, und notiere darunter zehn Dinge, die Du als göttlich anerkennen willst, vermeide dabei die Formulierungen, die Mangel ausdrücken, also statt: »Daß Fred mich schlägt, ist göttlich« richtig: »Fred ist göttlich«, statt: »60 000 Mark Schulden sind göttlich« formuliere: »Meine finanzielle Situation ist göttlich« – damit signalisierst Du lediglich, daß Du das göttliche Potential darin aktiviert hast und daß Du es dem Göttlichen offenläßt, wie es sich in der Erfüllung offenbart. Dies tust Du, indem Du ganz in Dein Herz gehst und »göttlich« fühlst, ohne zu denken. Richte den Scheinwerfer Deines Bewußtseins auf den Punkt, bis Du »innen« fühlst, daß Du das, was ist, als göttlich anerkennen kannst, bleibe einfach darauf, bis es »innen« ja sagt. Du wirst selbst am besten wissen, wie Du erkennst, daß es vollbracht ist, zum Beispiel am »Aha-Erlebnis« oder daran, daß Dir warm ums Herz wird, als Erleichterung oder wie auch immer. Ideal als Musik dazu ist *Opening the heart* oder Sky dreams. Bitte benutze diese Übung nicht, um irgend etwas, was 'raus will, zu verdrängen. Wenn da noch Hindernisse im Weg sind, dann aktiviere sie erst zum Beispiel durch die Musik *Breaking Up*.

Mache dann die Übung und beachte:

1. keine Interpretation, keine Formulierung, die Mangel ausdrückt, kein »Ich« in der Formulierung,
2. nimm die Liste zur Hand und liste auf: »... ist göttlich«; übergib Probleme mit einzelnen Punkten »Gott«, laß sie absaugen
3. fühle jeden Punkt durch, segne ihn ab, nimm ihn in Dein Herz, bis Du spürst, daß es »göttlich« ist und erkläre dann:« ... ist göttlich«

Das Gegenteil von Einsamkeit ist nicht Zweisamkeit, es ist Vertrautheit.

Das Vollkommene in sich selbst anerkennen

Ein bekannter Schönheitschirurg beschreibt in seinen Büchern das Drama seiner Patienten: Obwohl er die Nase, das Ohr oder den Mund ideal geformt hatte, waren viele mit ihrem Äußeren nach wie vor unzufrieden. Warum? Weil sie die Idee des »Häßlichen« noch in sich gespeichert hatten. Wenn Du häßlich bist, mußt Du nicht durch chirurgische Operationen die Häßlichkeit beseitigen, sondern in Dir den »Häßlichen« loslassen, (siehe die vorangegangene Übung: den »Betroffenen« finden). Häßlichkeit ist eine rein subjektive Einschätzung. Wenn Du O-Beine hast, bist Du deshalb häßlich? Wenn auf der ganzen Welt alle Menschen O-Beine hätten, wäre das ganz normal, und wenn irgend ein Trendmacher O-Beine als Schönheitsideal ausrufen würde, wärst Du plötzlich ganz vorne. Du siehst, Häßlichkeit ist eine Sache der Einstellung, und die gilt es zu ändern, nicht die O-Beine. Wenn Du die Identifikation mit dem »Häßlichen« losläßt, kann es sein, daß Dein Körper weiter O-Beine produziert, aber dann kommt plötzlich jemand und sagt: »Oh, was hast Du für süße O-Beine, die liebe ich aber!« Versuche also nicht, die O-Beine zu ändern, laß einfach den »Häßlichen« los, und Du bist schön! Du glaubst, das würde nicht helfen? Dann lies einmal nach, was Domenica in ihrem *Kopfkissenbuch* schreibt: »Was ist das Geheimnis der Frauen, das sie für Männer attraktiv, sexy und begehrenswert macht? Ganz einfach: Frauen, die die größten Chancen bei Männern haben, mögen sich so, wie sie sind. Das ist alles«. Wie läßt Du jetzt negative Identitäten los? Ganz einfach, indem Du Dich so magst, wie Du bist. Sobald Du das tust, sind alle negativen Identitäten verschwunden, Du mußt Dir also nichts gewaltsam abgewöhnen oder Dir die Haxen ausreißen – sich selbst lieben reicht, um alle negativen Identitäten zum Verschwinden zu bringen.

Experiment 5:

1. Liste auf, was Du Gott zum Geschenk machen möchtest.
2. Liste auf: Wer/Was ist göttlich?
3. Setze Dich mit einem Freund zusammen. Notiere alles, was Deines Erachtens noch nicht an Dir in Ordnung ist. Dann laß Dir all diese Dinge von Deinem Freund »absegnen«, laß Dir von ihm erklären, warum das vollkommen ist, so wie Du bist.
4. Setze Dich mit einem Freund zusammen und schreibt Euch gegenseitig die »Rollen« auf, die ihr in dem anderen seht. Auch wenn diese Rollen nicht immer genau zutreffen, arbeitet mit ihnen, denn man selbst erkennt seine eigenen Rollen nicht so leicht. Erst danach sollte jeder einmal seine eigenen Rollen notieren, so wie er sich erlebt und ebenfalls auflösen. Liste auf: »Rollen, die ich nicht mehr spielen ›muß‹«.
5. Setze Dich mit drei Freunden zusammen. Liste sämtliche negativen Identitäten auf, die andere Dir aufgeschwätzt haben und löse sie auf durch die »Parodie-Übung« mit dem Priester.

Arbeitsblatt 17

Was ich Gott zum Geschenk machen möchte!

1 ....

....

2 ....

....

3 ....

....

4 ....

....

5 ....

....

6 ....

....

7 ....

....

8 ....

....

9 ....

....

10 ....

....

Arbeitsblatt 18

Wer/was ist »göttlich«?

1 ....

....

2 ....

....

3 ....

....

4 ....

....

5 ....

....

6 ....

....

7 ....

....

8 ....

....

9 ....

....

10 ....

....

Arbeitsblatt 19

Rollen, die ich nicht mehr spielen muß

1 ....

....

2 ....

....

3 ....

....

4 ....

....

5 ....

....

6 ....

....

7 ....

....

8 ....

....

9 ....

....

10 ....

....

Gleichnis 8:

Ich Bin nicht erst seit meiner »Geburt«

Alle Elemente, Kräfte und Energien,
die das Weltall aufgebaut und geformt haben,
haben auch mich aufgebaut und geformt,
aber Ich Bin mehr als der Gegenstand der Umformung.
Ich Bin mehr als Staub,
Ich Bin mehr als Hülle,
die äußerlichen Wandlungen unterliegt.
Ich Bin mehr als mein Körper,
meine Glaubenssätze und Gefühle.
Ich Bin nicht erst seit meiner »Geburt«.
Ich Bin von der Ewigkeit in die Zeit eingetreten,
um meine wahre Natur auf der physischen Ebene zu erfahren,
zu spiegeln und in allem, was ist, wiederzuerkennen.
Als mein wahres Wesen will ich mich erkennen,
als Werden vor dem Hintergrund des Seins,
als Bewegung aus dem Raum der Ruhe,
als Wort aus der Tiefe des Schweigens.
In Verbindung mit meiner wahren Natur
erwache ich von den lebenden Toten,
vom Staub zum Licht,
und erfahre mich als den Teil, der ewig ist,
als unzerstörbares Sein im Werden,
als Wunder der Wandlung selbst.
Ich lebe in Gott, und Gott lebt in mir.
Das ganze Weltall ist mein Spielfeld,
das Spielfeld der einen Kraft mit sich selbst
und die Welt ist mein verzaubertes Königreich.
Hier spiele ich das Versteckspiel der Seele
mit ihrem göttlichen Geliebten
So vertraue ich
und lasse Leben in mir und durch mich geschehen.

Ich stehe mit dem Spielbein in der Gegenwart
und mit dem Standbein in der Unendlichkeit,
erlebe Dich so als Zuschauer und Akteur,
als Gott und Mensch zugleich
im Spiel der einen Kraft mit sich selbst,
dem göttlichen Spiel der Ekstase und der Freude,
die ich selber bin.

Lektion 6

Es wirkt das »Ich Bin«

Die fünf Ebenen des Bewußtseins

Laß mich nachfolgend die fünf Ebenen des Bewußtseins beschreiben. Nicht, daß es sie wirklich gäbe, sie sind nur ein Gerüst, sobald das Haus steht, muß das Gerüst abgerissen werden. Hier ist das Gerüst:

EBENE 1 Die Problem-Frequenz (Der Bewerter): Bist Du auf Ebene 1, erkennst Du dich daran, daß Du diesem oder jenem die Schuld gibst, daß Du über andere urteilst, was sie alles falsch machen. Jeder, der in einem Problem befangen ist, hält sich in dieser Frequenz auf, und was zu tun ist, ist nicht, das Problem zu lösen, sondern die Frequenz zu wechseln. Die Frequenz ist es, die das Problem anzieht. Wechselst Du die Frequenz, fällt das Problem von Dir ab wie ein alter Bierdeckel. Kennst Du dieses Geheimnis nicht, mußt Du warten, bis Dir jemand sagt, daß Du Dein Leben selbst bestimmen kannst, und Du beginnst, bewußt zu denken und steigst auf Ebene 2.

EBENE 2 Die Mentale Frequenz (Der Problemlöser): Du suchst die Probleme nicht mehr außen, sondern Du löst sie in Dir auf. Du erkennst, daß Du Dir mit Hilfe Deiner Gedankenkraft Dinge aneignen kannst und tust das, hältst Gedankendisziplin, machst mentales Training usw., bis Du bemerkst, daß das allein nicht glücklich macht und steigst so auf Ebene 3 auf.

EBENE 3 Die Emotionale Frequenz (Der Möglichkeitsfinder): Hier entdeckst Du, daß es Schöneres gibt, als Probleme zu lösen, und beginnst, Dich von den Problemen zu lösen. Du lernst, einen emotionalen Fokus zu halten und das Kleinkarierte loszulassen, ziehst so automatisch glückbringende Gedanken an, bis Du erkennst, daß Dich das nicht selig macht und steigst zu Ebene 4 auf, der Energiefrequenz.

EBENE 4 Die Energiefrequenz (Der Ermöglicher): Es gibt für Dich keine guten und schlechten Energien mehr, es gibt nur Quantitäten – viel oder wenig. Du hast den Bereich von Gut und Böse verlassen, und jetzt hältst Du es für das Höchste, nur Energie zu sein, Energie anzusammeln, egal ob Schwarz oder Weiß, bis Du erkennst, daß das noch nicht alles ist. Du bist bereit, die Identifikation mit den »Energiewesen« dahinzugeben, um das All zu sein und steigst so auf zur Ebene 5, dem Selbst.

EBENE 5 Das Selbst (Der Teilchenbeschleuniger): Hier gibt es Unterfrequenzen: Zuerst einmal erlebst Du das *Ich Bin*, dann erlebst Du vereinzelt dieses *Ich Bin* auch im *Du* – plötzlich ergeht es Dir so, daß Du zwischen Dir und Deinem Gegenüber keine Trennung mehr bemerkst, wenn Du einen Baum umarmst, aber auch dann, wenn Du Tantra-Sex betreibst. Aber es gibt auch hier noch eine Steigerung, nämlich den Augenblick, wo der ganze Kosmos in Dich hineinfliegt und es niemanden mehr auf der Welt gibt außer Dir – der Nirwikalpa-Samadhi –, aber es geht noch weiter, Nirwikalpa ist erst die »geistige Geburt«, jetzt erst bist Du überhaupt für den »Chef« selbst brauchbar.

Die Problemebene verlassen durch die Technik »Straßenbahn«

Stelle Dir eine Straßenbahn vor. Vorne der erste Mann in der Straßenbahn, dem juckt der kleine Zeh, und er ist dadurch etwas unruhig. Hinter ihm steht ein Beobachter, bekommt der etwas davon mit? Ein wenig vielleicht, vielleicht wird auch er ein wenig unruhig. Der Mann hinter dem Mann ist der Beobachter des Beobachters – wird der dadurch berührt? Nun gut, der Beobachter ist ein wenig unruhig, also wird er vielleicht auch ein wenig unruhig, aber nur ganz wenig. So ähnlich kannst Du Dir den Frequenzwechsel im Bewußtsein vorstellen. Höre Musik mit tibetanischen Klangschalen, wenn Du willst, schneide es so zusammen, daß alle drei Minuten die Klangschalenmusik etwas spiritueller wird. Dann höre das Band, und während Du denkst »Ebene eins«, bist Du der Beobachter Deiner Umwelt. Du beobachtest einfach nur, was draußen so alles los ist – ohne zu bewerten, einfach so, als wärst Du gerade in einen Kinofilm eingetreten und hättest damit gar nichts zu tun. Dann denke »Ebene zwei« und sei der Beobachter des Beobachters, beobachte nur die Gedanken, die da sind, aber nicht wie jemand, der mit diesen Gedanken irgend etwas zu tun hat – sie sind da, aha, der Beobachter hat Gedanken, wie interessant. Dann denke »Ebene drei«, fühle Dich als Beobachter des Beobachters des Beobachters. Nimm nur Deine Gefühle wahr. Gedanken sind unwichtig, die sind Sache von Ebene zwei, nimm nur die Gefühle wahr, aber so, als hätte diese Gefühle der Mann vor Dir, nicht Du, sei der Beobachter der Gefühle, als wenn Du im Kino siehst, daß im Film jemand Gefühle hat, und Du kannst sie nachempfinden, aber sie betreffen Dich gar nicht. Dann denke »Ebene vier« und spüre nur die Energie, die da ist, aber sei nur der Beobachter davon. Spüre, daß da ein Energiekörper ist, den Du nach Belieben hoch, oder herunterbewegen kannst (Anleitungen dazu bekommst Du im Buch: *Die Erweckung des inneren Geliebten*). Dann denke »Stufe fünf« und empfinde, wie es ist, wenn es für all das, was Du erlebst, einen Namen gäbe. Versuche es herauszufinden. Dann laß Dich von den Klangschalen wieder herunterführen auf »Ebene eins« und steige dreimal hoch und 'runter und sei so ein Meister im »Frequenzwechseln«. Wann immer Du ein Problem hast, kannst Du die Problemebene verlassen und die Dinge in einer Ebene in Ordnung bringen, wo Du ein Vielfaches an Möglichkeiten dazu hast – dazu dient die Technik »Straßenbahn«.

Die energielose Lücke zwischen Tun und Nichttun finden

Damit Du das *Ich Bin* erlebst, also durch das Nadelöhr gehst, ist es erst einmal erforderlich, in der Mitte zu sein, weder voranzutreiben noch zu stoppen. Beobachte einmal Deinen Atem. Es gibt eine Lücke zwischen »Atem vorantreiben« und »Atem unterdrücken« – stimme Dich so fein ab, daß Du spürst, »es« atmet mich, sei ganz, ganz exakt in der Abstimmung, laß los, und Du spürst Dein *Wesen*. Wenn Du es beim Atmen kannst, probiere es einmal beim »Straße kehren«, beim Schreibmaschine schreiben, beim Gehen, überhaupt bei jeder Tätigkeit, quasi »energielos« zu arbeiten, weder vorauszueilen noch hinterherzuhinken, da ist die Lücke. Kommt Unruhe auf, gehe in Dein Trapez und atme in Deinen kosmischen Kristall, bis der »Täter« verschwindet. Am besten arbeitest Du nach Stunde und sagst: Ich will sowieso täglich eine Stunde meditieren, also mache ich eine »doing meditation«, danach kann ich ja »normal« weiterarbeiten. Der kosmische Kristall ist wirklich die ideale Hilfe für eine Zentrierung. Was kaum einer weiß, ist, daß das Energiesystem des Menschen nicht einpolig, sondern nach dem Abbild der Kaballa gebildet ist, und der »kosmische Kristall« hilft Dir, stets in der Mitte zu ankern, so daß Du weder nach rechts noch nach links, weder in die Vergangenheit noch in die Zukunft hinausfällst. Denke auch hier daran: Die Meditation ist der Erfolg, nicht wieviel Du geschafft hast. Hättest Du zur Meditation still gesessen, hättest Du gar nichts geschafft, also mache Deine »doing meditation« mit Freude und nur so, daß es *Dir* Spaß macht. Du sollst aber vorher festlegen, daß dies jetzt eine Meditation ist, und Dir auch eine feste Zeit und Abgrenzungen reservieren und erst einmal *eine* Sache im Monat zur Meditation machen, eine routinemäßige Sache, die eine längere Zeit dauert und nicht zuviel Flexibilität im Denken oder in wechselnder Außenwelt erfordert. Für mich war es am leichtesten, als erste Meditation Briefe einzutüten. Weitere Techniken sind zum Beispiel die Gehmeditation auf Seite 190 meines Buches *Nie mehr ärgern* oder wenn Du ganz einfach den Körper tanzen läßt zu Popmusik und Dir dabei zuschaust.

Die »talking meditation«

Als nächstes lernen wir zu reden, ohne zu denken, aber nicht, indem wir »dummes Zeug« schwätzen, sondern Intelligenz durch uns reden lassen. »Reden lassen« ist eine sehr treffende Bezeichnung. Sitze still mit Freunden und warte auf das erste Wort. Atme in Deinen »kosmischen Kristall« und warte solange, bis es Dir »auf die Zunge gelegt wird«, dann lasse die Worte fließen, ohne zu denken, auch wenn es Unsinn zu sein scheint; was wichtig ist, ist der Strom der Worte, daß Du in dem Strom schwimmst, weder vorantreibst noch bremst, so wie ich es auf meinen Videos regelmäßig tue, um die Zuhörer in diesen »besonderen« Zustand zu bringen. Wähle ein Thema, über das Du sprechen möchtest, zum Beispiel die Kraft der Liebe und beginne einfach zu reden. Wenn ihr zu mehreren gleichzeitig diese Übung machen wollt, könnt ihr Euch auch einen großen kosmischen Kristall vorstellen und vereinbaren, ein »Märchen« zu channeln, wobei einer den anderen ergänzt, wie ich es in meinem Buch *Urlaub für immer* auf Seite 236 beschrieben habe. Eine gute Hinführung bietet übrigens auch die »Devavani-Meditation« von Rajneesh Services Köln. Achte also beim Reden auf die Wortmelodie, nicht auf die Worte.

Dem Ton zwischen Harmonie und Disharmonie lauschen

Um wirklich das *Ich Bin* fühlbar zu machen, laß uns eine Ebene weiter gehen. Durch die Lücke bekommst Du eine Ahnung von dem »anderen« Zustand, aber jetzt müssen wir die Lücke ausdehnen, sonst paßt Du da nicht 'rein. Dafür lasse einmal scheinbar disharmonische Musik laufen, wie die Esray oder das Piano von Sri Chinmoy und dringe tief in diese Musik ein und versuche, den Bereich »jenseits« von Harmonie und Disharmonie zu finden. Du erhebst Deinen Bewußtseinsvogel soweit, daß es weder Harmonie noch Disharmonie gibt. Ein Gelehrter hat einmal gesagt, die Harmonie in der Disharmonie zu *finden*, das sei die Verstandesebene.

Und ein Weiser hat einmal gesagt, die Harmonie in der Disharmonie zu *fühlen*, das sei Ebene drei. Steige noch höher. Steige soweit, daß Du es nur noch als ein Rauschen in der Leitung hörst, aber nicht durch Weglaufen, sondern durch »Eintunen« in die Melodie und dann durch Dazwischenhüpfen. Stelle Dir vor, Du bist ein »Zaunkönig«, und auf der anderen Seite ist ein Fußballspiel, das Du genau anschauen willst, und Du schlüpfst jetzt durch diese Maschen hindurch. Es heißt, »auf Energieebene gehen«, und dann mußt Du Dich nur noch auf die andere Seite des Zauns fallen lassen. Du kannst auch an eine laute Straßenkreuzung gehen, um das zu üben oder wenn einmal jemand sehr laut redet, oder sich entlädt (gegenüber anderen) – nimm einfach die Energie wahr jenseits von Gut und Böse, tanke die Energie, aber bleibe dabei nicht stehen, sieh es als Melodie an und gehe dazwischen. Begreife alles, was um Dich herum geschieht, lediglich als Energiephänomen.

Das Geheimnis des »Energie-Umwandlungsbehälters«

Stelle Dir einen Energie-Umwandlungsbehälter vor, der jegliche Energie, die Dich berührt, umformt und in eine erwünschte Assoziationsbahn lenkt. Ein Preßlufthammer wird zum Beispiel genutzt, um in Dir Energien freizulegen, ein Herumgeschreie, um Lebensgeister zu wecken, setze also das »Außen« für Dich ein.

Wie Du mit Energiefeldern »jüdisch Poker« spielst

RATTER-ÜBUNG Stell Dich mit einem Freund zusammen und dann rattere soviele Farben, wie Dir einfallen, hintereinander herunter, so schnell Du kannst, und Dein Freund spricht Dir Wort für Wort im gleichen Tempo nach. Das kann er nur, wenn er mit Dir »in tune« ist, d.h. sämtliche Interpretationen losläßt. Drei Minuten – der Start könnte so aussehen: »Rot – rot – gelb – grün – blau – schwarz – weiß – bunt – ...«

MISKUTIEREN Stell Dich mit zwei Freunden zusammen. Die beiden Freunde diskutieren über ein Thema so laut und energetisch wie sie können, zum Beispiel über Gruppensex oder Erfolgstreben, wobei jeder eine andere Meinung vertritt, und zwar so heftig wie möglich. Beide reden gleichzeitig und urteilen, so sehr sie können. Du selbst sei neutraler

Beobachter und genieße dieses Energiephänomen, gehe zwischen Harmonie und Disharmonie, ernähre Dich von den Energien. Die beiden, die diese Übung machen, gehen ebenfalls auf Energieebene, d. h. sie urteilen, ohne zu urteilen, einfach aus Spaß daran, ihre Energie auszudrücken, und stellen sich dabei vor, daß sie nicht gegen den anderen sind, wie die Worte scheinbar ausdrücken, sondern den anderen »anfeuern«. Genauso kannst Du, wenn jemand mit Dir streiten will, ihm in Wahrheit Energie geben und tanken, indem Du einfach auf Energieebene gehst und weder ihn noch Dich in irgendeiner Form persönlich nimmst. Wichtig ist also, daß Du bei allem Urteilen die Energien umdrehst auf Synthese, auch wenn es außen nicht so aussieht. Ich habe gehört, daß es kosmische Wesen gibt, die sich auf diese Art von Streit durch eine Droge names »Lusch« ernähren. Streit, der auf Erden stattfindet – das muß nicht sein; wenn Du Synthese denkst, gehört die Energie Dir, und von dieser Energie brauchen wir genug auf der Erde.

Eine gute Anregung für dieses Energie-Aufbauprogramm kann die Geschichte von Kishon sein, in der zwei Jungen miteinander »jüdisch Poker« spielen, indem sie sich gegenseitig immer wieder überbieten, d. h. immer »einen draufsetzen« auf die Energie, die der andere herausgegeben hat, nicht zerstören, sondern noch einmal überbieten, etwa mit den Worten »redubliert« oder »ultimo«. Der Trick liegt darin, daß Du überhaupt nicht interpretierst, was Dir da jemand sagt, sondern aus Deinem kosmischen Kristall heraus agierst, gewissermaßen die Schubladen umsortierst, wie ich es in meinem Buch *Nie mehr ärgern* beschrieben habe. Alles sind Energiewellen, nur Deine Identität entscheidet, ob sie Dir nützen oder schaden.

Frequenzwechsel I: Zum »Ich Bin« durch Cranio-Arbeit

Du hast mit der Technik »Straßenbahn« gelernt, wie Du Deine Energiefrequenz nach Belieben auf- und abdrehen kannst. Du hast gelernt, die Zaunmaschen, die zwischen zwei Gedanken, zwischen zwei Worten, zwischen den Zeilen liegen, zu entdecken und Dich hinüberfallen zu lassen. Wir wollen noch einen Schritt darüber hinausgehen. Wir wollen lernen, wie Du Energiefrequenzen nicht nur erhebst und senkst, sondern völlig neu designst, um so in Realitätsebenen zu kommen, die vorher für Dich nicht existent waren, und dort sollst Du nicht nur herumspielen, sondern die Ursache für Deinen Erfolg sein. Für die Technik des Frequenzwechsel wollen wir erst einmal Dein Unterbewußtsein dafür sensibilisieren, damit es neben all dem, was es schon kann, »noch etwas« erlebt, was bisher unmanifestiert war, nicht da zu sein schien. Dafür beobachte einmal Deinen Atem. Beobachte ihn, wie er ein- und ausströmt. Dann wechsele die Frequenz, indem Du nur den Herzschlag beobachtest, der Atem ist völlig egal, nur der Herzrhythmus zählt. Das meine ich mit Frequenzwechsel. Jetzt kommt der Sprung ins Unbekannte: Neben dem Atem und dem Herzschlag gibt es noch einen dritten Puls in Dir, der ständig da ist, auch wenn Du ihn nicht bemerkst, und zwar den »Cranio-Puls«. Der Cranio-Puls ist der Puls, mit dem die Rückenmarksflüssigkeit vom Gehirn raus- und reinströmt; es dauert ca. 5–7 Sekunden, kann aber auch etwas länger oder kürzer sein oder es kann auch nur ganz schwach sein. Die Lücken zwischen »Auffüllen« und »Entleeren« sind länger als beim Atmen. Du kannst den Cranio-Puls spüren, wenn Du Dich hinlegst und die Füße aussteckst und beobachtest. Im Rhythmus des Cranio-Pulses öffnen sich die Füße ganz leicht oder schließen sich, Du merkst es fast nur energetisch, aber ein Freund, der die Füße ganz zart hält, kann es fühlen, und er fühlt auch das Füllen und Leeren der Energie. Stimmt Euch ab, zum Beispiel durch das Signal: »ein – ein – ein – ein ... steht – steht – steht ... aus ...« Dann wechsele in der Beobachtung von Atem, Puls und Cranio-Puls dreimal auf und ab jeweils innerhalb von drei Minuten. Gegebenenfalls schneide Dir eine Kassette mit tibetanischen Klangschalen zurecht und mache eine kleine Pause für das Dreiminuten-Signal. Dann, wenn Du das einige Male gemacht hast, lasse Deinen Freund, wenn die Füße eigentlich auseinander wollen, sanft dagegendrücken und die Füße festhalten. Es ruckt dann ein bißchen, aber dann steht der Cranio-Puls plötzlich still. Das ist in gar keiner Weise gefährlich, sondern sogar gesund. Es ist, als wenn Du einen Gartenschlauch, der in Betrieb ist, plötzlich umknickst und dann irgendwann losläßt: so wie das Wasser den Gartenschlauch »sauberpustet«, reinigt die Cranioflüssigkeit das ganze System. Und: Wenn du wach bleiben kannst, während der Cranio-Puls steht, kommst Du ganz nahe in Kontakt mit dem *Ich Bin*, dem Teil in Dir, der sich nie geändert hat und auch nie ändern wird, weil er sich nicht zu ändern braucht, weil er *er selbst* ist. Diesen Zustand verstehe, wenn jemand sagt, daß er »in der Mitte seines wahren Wesens ruht«.

Frequenzwechsel II: Die Übung mit dem Knie

Jetzt wollen wir uns noch näher an das Namenlose herantasten. Lege eine Hand auf Dein Knie. Dann schließe die Augen, beschreibe alle Interpretationen, die Du erlebst, zum Beispiel: »Ich berühre das Knie, es ist weich, da vorne juckt etwas...«. Dann wechsele die Frequenz und beobachte nur die Energie. Sage nicht, daß Du das Knie berührst, denn woher willst Du das wissen, wenn Du die Augen geschlossen hast und nicht interpretierst. Fühle die Energiephänomene jenseits von Interpretation wie: »Da ist eine Hand«. Und dann wechsele noch einmal die Frequenz, während Du weiter das Knie berührst und frage Dich: »Wie wäre es, wenn es für das, was ich jetzt erlebe, keine Worte gäbe?« Dringe immer tiefer in diese Frage ein, bis Du in den »namenlosen Zustand« kommst.

Dimensionenwechsel I: In die Leinwand gehen

Nimm eine Zeitung und meditiere auf das Blatt Papier, nicht auf die Buchstaben. Dann fahre Bahn und mache Dir bewußt, daß nicht Du es bist, der sich bewegt, sondern die Bahn, die »Leinwand Welt« zieht an den Fensterscheiben der Bahn an Dir vorüber. Dann gehe spazieren und mache Dir bewußt: Nicht Du bist es, der sich bewegt, Du bleibst immer da, wo Du bist. Genauso wie Du als Zugfahrer immer da geblieben bist, wo Du warst, und es Bilder auf der Leinwand waren, die zu dir gekommen sind, so gehe spazieren und erlebe, daß es der Film ist, der sich zu Dir hinbewegt und nicht Du zu dem Film. Nicht Du bist der Körper, Du sitzt im Körper. So wie die Landschaft am Intercity vorbeizieht, zieht die Welt an Dir vorbei, aber Du bewegst Dich nicht in der Welt, sondern die Welt bewegt sich um Dich herum, und dafür benutzt sie Deinen Körper. Das meinte Buddha, als sein Körper auf einen Mörder zuschritt, und der Mörder sagte: »Komm nicht näher«. Buddha antwortete: »Ich bleibe ja, wo ich Bin, Du bist es ja, der immer näher kommt.« – Gehe immer tiefer in dieses Verständnis hinein – nicht Du bist es, der sich in der Welt bewegt, sondern die Welt bewegt sich in Dir! Meditiere darauf.

Gehe ins Kino und versuche, auf die Leinwand zu meditieren, nicht auf den Film, mache es wirklich als Meditation. Gehe nach Hause und stelle Dir die ZRI (Zeit-Raum-Illusion) und alles, was Du erlebst, als eine große Leinwand vor und meditiere, wie es wäre, diese Leinwand zu sein und nicht jemand auf dem Film. Gehe immer tiefer hinein in das Gefühl, die Leinwand zu sein, und dann löse Dich von der Leinwand und werde zu dem, der den Film projiziert, klettere quasi den Strahl rückwärts zur Quelle.

Dimensionenwechsel II: Die Quelle aufwärts gehen

Nimm wahr, was Dich bewegt und benutze es, um zur Quelle zu gelangen. Es ist so, als wenn der »Chef« sich versteckt hat, aber ab und zu einmal lauter atmet vor Erregung, ob Du ihn findest, und wenn Du immer tiefer gehst, findest Du *Ihn*. Beobachte Dich selbst, frage Dich: »Was ist los«. So wie John Wayne, wenn er im Grand Canyon bei atemberaubender Stille einen Eingeborenen sucht. Bemerkst Du ein Gefühl, frage Dich: »Woher steigt das Gefühl auf?« Klettere anhand dieser Frage immer tiefer in Dich hinein, mache es wirklich ganz ernsthaft, es ist ungefährlich. Bemerkst du einen Gedanken, versuche nicht, ihn wegzukriegen, sondern frage Dich: »Woher steigt der Gedanke auf? Wer bedient sich dieser Gedanken?« – Geh immer tiefer, plötzlich spürst du so eine Membran, so wie ein »Präservativ«, das die Schwangerschaft mit dem »Chef« verhindern sollte, nun durchsteche dieses Präservativ und fühle Dich wie ein Tropfen, der mit dem Ozean eins wird und dabei den Ozean in sich entdeckt.

Dimensionenwechsel III: Die Atem-Methode

Atme ein und halte dabei den Gedanken: »Wer Bin Ich?« Dann halte den Atem an, und sei die Stille. Dann atme aus und sage: »Ich Bin nicht ...« und sage, was immer Dir einfällt. Stelle den Wecker auf 15 Minuten. Auch durch diese Übung kommst Du an die Membran, die Du nur zu durchstoßen brauchst.

Dimensionenwechsel IV: Meditiert werden

Als Vorbereitung zu dieser Übung solltest Du Dir zumindest bewußt gemacht haben: »Du bist nicht Dein physischer Körper, Du bist nicht

Dein Astralkörper, Du bist das Selbst«. Anfangs kann es hilfreich sein, am Astronautentraining von Harald Wessbecher teilzunehmen, um zu erkennen, daß Du nicht Dein physischer Körper bis, aber eines Tages mußt Du auch diese Reisen loslassen, weil Du merkst, daß Du ja doch nur in Dir und nicht außerhalb von Dir reisen kannst. Lerne Körper und Selbst zu trennen. Du legst Dich hin, hörst die Musik von Sri Chinmoy auf der Esray oder tibetanische Klangschalen und »läßt« Dich meditieren, so wie Du eingangs Dich hast reden lassen. Du mußt nicht meditieren, weil Dein Selbst sowieso immer in Meditation ist. Alles, was Du brauchst, ist, zu spüren, wie dieses Selbst Dich meditiert. Laß einfach los und denke: »Meditiert werden« und spüre, daß da in Dir »noch jemand« ist. Laß diesen »noch jemand« mit Dir »in tune« werden, indem Du Dich ihm hingibst. Statt »Meditiert werden« kannst Du auch denken: »Ich gebe mich hin, dem *Ich Bin«*, oder auch: »Es wirkt das *Ich Bin*«. Laß Dich so meditieren und sei nur derjenige, an dem diese Wohltat passiert. Und dann gehe tiefer und laß zu, daß dieses *Ich Bin* von Deiner Identität Besitz ergreift, Deine Identität auffrißt und Du es selbst bist. Wenn es Dir anfangs schwer fällt, dich meditieren zu lassen, dann beginne damit, daß Du Dich atmen läßt, d. h. genau die Lücke im Atem findest, wie oben beschrieben, und dann alles das *Ich Bin* tun läßt. Dann erlebst Du plötzlich eine »Sprungfunktion«. Wenn Du »nackt« bist, d. h. wenn Du wirklich alles losgelassen, integriert und übergeben hast, darfst Du jetzt springen. Alles, was Du brauchst, ist, die Angst loszulassen, daß Du nicht mehr zurückkommst. Wenn Du wirklich Angst davor hast, schreibe vorher Dein Testament, vielleicht kommst Du ja wirklich nicht zurück in dieser Identität, wenn Du erkennst, wie groß Du wirklich bist.

Wofür ist es gut, das »Ich Bin« zu erleben?

»Ich Bin seit dem Anbeginn der Zeit«, sagt Rama. »Ich habe meine Eltern erschaffen, nicht umgekehrt«, sagt Krishna. »Du kannst mich nicht wiedersehen, weil ich in Dir getrennt bin«, sagt Govinda. Offenbar identifizieren sich Rama, Krishna, Govinda nicht mit ihrer sterblichen Hülle, sondern mit etwas anderem. Dieses andere ist seit Jahrtausenden bekannt als das »Wahre Selbst«. Dein, unser aller »Wahres Selbst« ist von Natur aus glücklich, erfolgreich und gesund. Alles andere sind nur Störungen, die verschwinden, wenn Du schlicht und einfach Deiner Natur nach handelst. Es gibt nicht viele »Selbst«, es gibt nur ein wahres Selbst, das sind wir alle, und dieses ist das einzige, was Schöpfung erschafft. Nur, wenn Du im Bewußtsein des Selbst bist, kannst Du die Dinge direkt aus der Quelle heraus gestalten. Es ist dann nicht mehr so, daß Du irgend etwas »ändern« mußt, denn »ändern« funktioniert auf die Dauer nicht: Was Du umbiegst, biegt sich auch wieder zurück, wenn Du aber völlig neu designst aus dem Elektronenstoff, das kostet keine Kraft. Wenn Du Satya Sai Baba genau zuschaust, kannst Du mit ansehen, wie er es macht, Elektronenstoff aus dem Äther zu ziehen und zu verdichten, bis er das Abbild von dem, was er wünscht, in der Hand hat – es ist in Wahrheit kein Kunststück, es ist sogar viel leichter, als etwas künstlich herzustellen. Einfach die Schwingung des Elektronenstoffes verdichten auf Licht, auf Farbe, auf Wort, auf Gefühl, auf Bild, und fertig ist die Sache. Es geht allerdings nur, wenn Du im Bewußtsein des *Selbst* bist – mal klappt es, mal nicht, genauso wie auf der Reeperbahn, wo das Pärchen sich jede Nacht vor offenem Publikum lieben soll – mal klappt es und mal nicht, und niemand sollte sich dadurch unter Druck setzen lassen. Anfangs kann es sogar sein, daß es nur einmal von tausend Malen klappt, dann sauge alle Widerstände ab mit der Dreieckmethode. Es ist in Wahrheit kein Kunststück, einen Lottogewinn hinzukriegen, wenn Du diesbezüglich gerade in der »Gnade« stehst. Manifestation durch die Kraft des *Ich Bin* ist so, daß Du quasi mit Deinem Seelenfaden durch das Nadelöhr schlüpfst und auf der anderen Seite wieder herausgehst, und fertig ist es. Übe jetzt aber erst einmal, durch das Nadelöhr hindurchzugehen, bevor wir uns anschauen, was Du alles damit anstellen kannst, wenn Du auf der anderen Seite wieder herauskommst, was man die »doppelte Metamorphose« nennt.

Experiment 6:

1. Nutze die Technik »Straßenbahn«, um Deine Zellvibration über die Problem-Ebene zur Ekstase-Ebene zu beschleunigen.
2. Nutze die Atem-, Geh-, Doing-, Talk-, Tanz- oder Walking through milk and honey-Meditation, um die energielose Lücke zu finden und in ihr zu verharren.
3. Lerne, dem Ton zwischen Harmonie und Disharmonie zu lauschen, zum Beispiel zur Musik von Sri Chinmoy oder an einer lauten Straßenkreuzung.

4. Benutze die Technik des »Energie-Umwandlungsbehälters«, um Energien jeder Art in aufbauende Energiebahnen zu lenken.
5. Urteile nicht, wenn jemand anderes urteilt, sondern bleibe unabhängig vom Schein immer im Bewußtsein der Einheit. Nutze die Technik »Miskutieren« und die »Ratter-Übung« dafür.
6. Trainiere, das *Ich Bin* fühlbar zu machen durch Frequenzwechsel I (Cranio), Frequenzwechsel II (Knie), Dimensionenwechsel I (In die Leinwand gehen), Dimensionenwechel II (Die Leinwand aufwärts gehen), Dimensionenwechsel III (Atem-Methode).
7. Laß Dich regelmäßig vom *Ich Bin* meditieren und benutze dafür tibetanische Klangschalen oder Esray-Musik von Sri Chinmoy, um den Körper vom »Selbst« zu trennen.

Gleichnis 9:

Wer ist »Ich«?

So wie es keine Wogen ohne Ozean und kein Licht ohne Sonne gibt, so kann nichts ohne mich sein. Was ich sehe, ist nicht mehr als die Bilderfolge in meinem Traum.

Ich Bin nicht identisch mit dem Geträumten und doch in allem, was ist. Alle Gebete beziehen sich in Wahrheit nur auf mich allein.

So, wie ein Spiegel unberührt bleibt von den Bildern, die sich auf ihm spiegeln, bleibe ich unberührt von der Welt, die sich in mir spiegelt.

Auf diese Weise spiele ich in Deinem eigenen Universum als Zeuge und Akteur zugleich. So, wie die Spiegelbilder verschwinden, wenn ich den Spiegel wegnehme, fällt das ganze Universum ohne mich in sich zusammen.

Ich verberge mich hinter allem, was ist, mit der stillen Hoffnung, daß Du mich erkennst.

Wann immer Du etwas begehrst, richte Dein Begehren auf den göttlichen Geist hinter der Form, und ich werde mich in der begehrten Form offenbaren.

Laß Dich so durch Dein Begehren leiten, um durch jede Form zu mir zu finden.

Es sind nicht die Reize, die unglücklich machen, sondern die Idee, Dich dafür von mir trennen zu müssen. Dabei gibt es nichts, was einer Trennung bedürfe, denn *Ich Bin* in allem, was ist.

Maya ist der große Täuscher des Universums und damit der Schöpfer dieser Welt, der große Zauberer, der das Publikum täuscht, während er selbst natürlich jede Täuschung durchschaut. Er irritiert alle, die ihn anschauen durch die Vielfalt seines Wesens.

Ein Teilchen, der Schein in seiner Vielfalt taucht aus dem Undifferenzierten auf, glaubt, ohne mich existieren zu können und verschwindet wieder – und das ist das Spiel des Lebens.

Lektion 7

Auf der anderen Seite wieder herauskommen

**Und das gilt auch für die Antworten, die Du suchst.
Du kannst sie nicht fertig kaufen –
ja, Du würdest sie nicht einmal akzeptieren, wenn ich sie
Dir umsonst gäbe,
wenn ich sie Dir Wort für Wort verriete.
Du wirst sie selbst zusammenbauen: Stück für Stück.**

Einsicht nehmen in ...

Um erfolgreich zu sein, mußt Du lernen, mit dem Erfolg in die Einheit zu gehen, nicht ihm hinterherzujagen. Ansicht ist, daß Du Ansichten über Erfolg hast. Sobald Du durch die Übungen der Lektion 6 im Bewußtsein des *Einen* bist, kommst Du zur Einsicht, d. h. Du siehst in allem das *Eine*. Dies verschafft Dir Kontakt zu Deiner Intuition, Inspiration, und Du bekommst Antworten und Einsichten; alles, was Du begreifst, ist in einer höheren Form. Wenn Du weißt, womit Reichtum wirklich zusammenhängt, brauchst Du Dich auch nicht mehr zu bemühen, irgendwelche Knöpfe zu drücken, von denen Du weißt, daß sie nie so ganz genau passen, sondern Du drückst gleich den richtigen. Es ist, als würde Dir plötzlich die Tresorkombination zum »Erfolg-Sein« verraten.

Als Einstimmung kann es ganz hilfreich sein, einmal Einsicht mit einem Partner zu nehmen. Das erreichst Du, indem Du mit ihm gemeinsam ein Mandala ausmalst (empfehlenswert: das Herzensmandala aus dem Mandala-Malbuch von Rüdiger Dahlke), wobei jeder nur ein Kästchen ausmalen darf, bis der andere wieder dran ist. Es darf dabei nicht gesprochen werden, der Wecker steht auf einer Stunde, und es soll versucht werden, sich in den anderen einzufühlen und ihn zu ergänzen und dabei weder aktiv noch passiv zu sein, d. h. weder blind einfach im System weiterzumalen, noch den anderen dabei zu stören. Danach wirst Du »wissen«, wie Dein Partner wirklich ist, zumindest wirst Du viel tiefer Einsicht genommen haben als durch jahrelanges Beieinanderleben. Es ist wie eine Suppe, die ihr gemeinsam kocht. Als Symbol dafür wascht Euch doch mal gegenseitig die Hände, so daß Du mit Deiner rechten Hand seine linke Hand wäscht und umgekehrt – das bedeutet es wirklich, wenn eine Hand die andere wäscht, das ist Partnerschaft.

Kommen wir aber zurück zur Einsicht: Die wahre »Lösung« für alles kannst Du nur durch Einsicht finden, und das bedeutet es, »in das *Ich Bin* zu gehen« und quasi aus kosmischer Sicht in das, was Du untersuchen willst, »hineinzuschlüpfen«. Wenn Du Dich damit noch ein bißchen schwer tust, dann setzte Dich in den Meditationssitz, höre tibetanische Klangschalen und frage Dich eine Stunde lang: »Was ist das *Wesen* von Reichtum?« Bitte, springe nicht auf, um zwischendurch etwas zu notieren, alles, was Du notieren kannst, ist keine Einsicht, sondern noch Ansicht. Schön, wenn Gedanken über Reichtum kommen, aber gehe richtig in das Wesen von Reichtum hinein, bis Du es selbst bist, quasi vom »Inneren des Reichtums aus« weißt, was es ist. Alles ist Energie, Du kannst auch sagen Seele, zum Beispiel die Geldseele, die Volksseele. Da Du auch vom *Wesen* her Energie bist, kannst Du in alles »hineinschlüpfen«, und dann sind Deine Erfolgschancen natürlich besser, als wenn Du die Tageszeitung fragst. Du kannst Einsicht nehmen in ein Land, einen Planeten, die wirtschaftliche Situation, eine Firma, eine Gruppe, ein Metall, ein Tier, eine Pflanze, in Heilung, in das Wesen von Erotik – die Möglichkeiten sind unbegrenzt. Bist Du Politiker, nimmst Du Einsicht in Deine Wähler, bist Du Geschäftsmann, nimmst Du Einsicht in Deinen Kundenstamm, willst Du etwas Neues aufbauen, nimmst Du Einsicht in Deine Zukunftschancen. Trainingsvorschläge für »Einsicht nehmen in« bekommst Du aus dem *Engeltarot*.

Gleichnis 10:

Was ist Wirklichkeit?

Perspektive – gebrauche oder verliere sie.
Blätterst Du diese Seite auf, vergißt Du, daß das
was um Dich herum geschieht, nicht Wirklichkeit ist.
Vergiß nicht, woher Du gekommen bist, wohin Du gehst
und warum das Durcheinander, in das Du geraten bist,
von Dir selbst geschaffen wurde.
Vergiß nicht, daß Du eines entsetzlichen Todes sterben mußt.
Es ist alles eine gute Übung,
und Du wirst es um so mehr genießen,
je klarer Du Dir die Tatsachen im Kopf behältst.
Um frei und glücklich zu leben,
mußt Du manchmal Deine Langeweile opfern,
das ist nicht immer ein leichtes Opfer.
Die Wahrheit, die Du aussprichst,
hat weder Vergangenheit noch Zukunft,
sie ist, und das ist alles, was sie zu sein braucht.
Deshalb könnte alles, was in dem Buch steht, auch falsch sein.

In die »neue Welt« gehen

Jetzt geh in eine Welt, in der das, was Du begehrst, bereits vorhanden ist, die zum Beispiel bereits reich ist. Sieh eine Welt, wie sie Reichtum ausdrückt, und dann sieh, daß dies bereits Deine Welt ist. Du kannst nicht in einer »armen« Welt zu Reichtum kommen, da müßtest Du ein schlechtes Gewissen haben, aber in einer »reichen« Welt, da ist es ganz einfach, und dies tust Du, indem Du Deine Frequenz auf Reichtum einstellst. Dein Bewußtsein wirkt wie ein Radioempfänger: Es empfängt genau die »Frequenz«, die Du einstellst. In der gleichen Welt, in der Du lebst, spiegeln sich aber unzählig viele Frequenzen wieder. Wenn Du eine »Problemfrequenz« empfängst, dann brauchst Du Dich nicht beim »Sender« zu beschweren oder Dich darauf verkrampfen, daß der Sender jetzt endlich den Ton wechseln soll, wechsele einfach die Frequenz, suche eine andere Frequenz heraus, und in derselben Welt passiert für Dich etwas völlig anderes. Nehmen wir an, Du gehst in ein Café und fühlst Dich niedergeschlagen – schon fallen Dir alle niedergeschlagenen Leute, traurigen Bilder etc. auf. Bietet es irgendeinen Vorteil, das Café zu wechseln? Ich glaube nicht! Wie wäre es damit, wenn Du einfach nur einmal eine andere »Frequenz« einstellst, einmal selbst zum Beispiel Heiterkeit sendest. Plötzlich erlebst Du, daß ganz andere Wellen zurückgeworfen werden, Dir fallen Leute auf, die am Tisch daneben lachen, die Musik kommt Dir plötzlich fröhlich vor, interessante Leute kommen herein – und das nur, weil Du die Frequenz gewechselt hast. Das heißt es »in die neue Welt gehen«: Die »neue Welt« ist nicht irgendwo, wohin einen die UFOs abholen, weil es hier so »schrecklich« ist. Natürlich ist es hier »schrecklich«, nämlich »schrecklich schön«, und ich möchte für Dich, daß auch Du das erlebst und erfährst. Trainiere zu Hause, in diese Frequenz zu gehen. Wenn die ganze Welt reich ist, dann ist es auch für Dein Unbewußtes klar, daß Du davon nicht ausgeschlossen bist. Wünsche jedem »alles Gute«, und Du nimmst teil an der Verteilung des großen Kuchens. Erkenne: Die »neue Welt« ist jetzt, ich bin bereits im Reichtum! Und dann gehe zu Experiment 7 und liste auf, wem Du von ganzem Herzen alles Gute und viel Erfolg wünschst.

Manifestation:
Wenn eine Pflanze wachsen soll, gibt man ihr Wasser und Dünger,
Schutz vor Wind, genügend Licht etc.
Es hat keinen Zweck, an den Stengeln oder Blättern zu ziehen.
(Dr. Devanando Otfried Weise)

Gott in Tätigkeit versetzen

Du hast das *Ich Bin* erkannt. Was es jetzt noch braucht, damit der »Stoff« zu Dir kommt, ist, daß Du aus der »Blaupause« das, was Du haben möchtest, aktivierst. Es ist, als wenn Du ein Rettungsboot aufbläst. Vorher war es noch ein flaches, quadratisches Stück Plastik, und nachdem Du ihm Leben eingehaucht bzw. eingepustet hast, ist es so präsent, daß Du damit über das Meer fahren kannst. Wie walzt Du die »Ich-Bin-Gegenwart« aus? Nun, wenn Du fühlst: »Alles ist göttlich«, bist Du eins mit allem, was *ist*, bist quasi der reine Elektronenstoff, das Allpotential. Dann fühlst Du das *Ich Bin*, und damit gehst Du in »Schöpferbewußtsein«, d. h. Du machst Dir bewußt, daß Du ein »Schöpfer« bist, ein Münzpräger, der jetzt sein eigenes Geld drucken darf. Dann geht es wie beim Bleigießen: Du nimmst Deinen Schöpflöffel in die Hand, nimmst aus der Suppe des Allpotentials einen Löffel voll heraus und verdichtest ihn über Licht, Farbe, Wort, Gefühl, bis er wie das Blei ins Wasser plumpst, als Bild, sich kristallisiert, sich offenbart. Wichtig ist, daß Du bei dieser Übung nicht derjenige bist, der zuschaut, Du bist die Erfüllung, in der Du natürlich vorgesehen bist. Du bist also schon der Beteiligte, aber diesmal schaust Du Dich aus der Seite der Erfüllung an. Für das Auswalzen der »Ich-Bin-Gegenwart« gibt es Formeln, und die Formeln sollten immer so gewählt sein, daß sie keinen Zweifel hinterlassen. Sie sollten deshalb Offenbarungen sein und keine Wunscherklärungen. Sonst bist Du in der Zeitachse gefangen, und die Erfüllung kann nicht eintreten. Gehe an diese Übung so heran, daß Du die Übung nur für Dich selbst machst, aus Freude an der Offenbarung. Fühle, daß die »Ich-Bin-Gegenwart«, d. h. die göttliche Gegenwart, sich auf das ausdehnt, auf was Du Dein Bewußtsein richtest, und fühle Dich bereits befriedigt durch das, was geschehen ist. Im Alltag kannst Du das blitzschnell tun, indem Du Dich auf Deinen kosmischen

Kristall konzentrierst, in das Bewußtsein des *Ich Bin* gehst und dieses *Ich Bin* in dem, was Du zur Offenbarung bringen willst, aktivierst. In Dir gibt es ein inneres Wissen darüber, wie es funktioniert, laß Dich davon leiten.

Gleichnis 11:

Die Große Invokation

Aus dem Quell des Lichts im Denken Gottes
ströme Licht herab ins Menschendenken.
Es sei Licht auf Erden.

Aus dem Quell der Liebe im Herzen Gottes
ströme Liebe aus in alle Menschenherzen.
Es sei die Liebe auf Erden.

Aus dem Zentrum, das den Willen Gottes kennt,
lenke, plan-beseelte Kraft, die kleinen
Menschenwillen
in dem Sinne, dem wir als Meister wissend dienen.

Durch das Zentrum, das wir Menschheit nennen,
entfalte sich der Plan des Lichtes und der Liebe.
Es sei Gott auf Erden.

Licht und Liebe und Kraft,
die Göttlichkeit allen Seins, offenbaren.

Ohm

Die komplette »Ich-Bin«-Manifestation

Stimme Dich zuerst einmal darauf ein, daß Du jetzt etwas Wesentliches tust. Sprich die »große Invokation« oder tue etwas ähnliches, was Dich in Kontakt zu Dir selbst bringt, zum Beispiel seelenvolle Musik hören, Kriya-Yoga o. ä. Für viele Anfänger ist das Autogene Training optimal. Du weißt selbst, wie Du es am besten machst. Mache Dir bewußt, daß Du diese Übung nur machst, um Du selbst zu sein, nicht um irgendeine »Karotte« zu bekommen. Die Übung ist bereits der Erfolg, sonst klappt es nicht!

1. *Licht fühlen.* Lege die Hände auf die Augen und fühle Licht, ohne zu denken. Fühle, wie dieses Licht alles verbrennt, was verbrannt gehört. Fühle, wie dieses Licht Deinen Körper »aufbläst« mit Energie. Es ist kein Tun, es ist ein Gewahrwerden. Nutze dafür die Musik von *Sandelan* oder *Powaquatsi* oder Musik, die Dich inspiriert. Ist keine Musik vorhanden, kannst Du auch den »kosmischen Ton« (das ist so dieses helle Fiepsen im Ohr, das Du hörst, wenn Du Deine Frequenz darauf einstellst) als Hilfe benutzen, um Licht zu fühlen.
2. *Alles ist göttlich.* Lege jetzt die Hände aufs Herz. Höre Musik, die das Herz öffnet, zum Beispiel *Sky Dreams* und denke: »Ich verbeuge mich vor dem Göttlichen in allem, was ist!« Halte diesen Gedanken im Herzen und dann fühle »Göttlichkeit«, ohne sie zu denken. Sei eins mit dem Allpotential.
3. *Es wirkt das Ich Bin.* Lege Deine Hände jetzt auf das Sonnengeflecht. Gehe in das *Ich Bin*, laß das *Ich Bin*, »übernehmen« durch die Übung, die Du in Lektion 6 gelernt hast. Fühle, daß Du der Schöpfer bist. Höre dazu tibetanische Klangschalen oder Esray-Musik von Sri Chinmoy. Fühle die Gegenwart Gottes!
4. *Manifestation.* Lege jetzt die Hände auf die Leisten und höre tragende, kosmische Musik, zum Beispiel *Venus* von Holst.
   a) Nimm Einsicht in das, was Du begehrst
   b) Begib Dich in die »neue Welt«, in der das Begehrte existiert
   c) Nimm den Schöpflöffel in die Hand. Kristallisiere und verwandele Dich in das Begehrte selbst durch die Formeln in einer Form, daß es eine Offenbarung, kein Ziel ist, d. h. so, daß die Sache für Dich damit abgeschlossen ist. In die Formel richtig 'reingehen!!!
5. Danke dafür, daß die Offenbarung bereits die Manifestation *ist.* Gehe Deiner Natur nach, ohne weiter an die Sache zu denken!

Gleichnis 12:

Formeln für das Aktivieren der »Ich-Bin-Gegenwart«

Allgemein:

Ich Bin die Gegenwart, das Ewig-Eine.
Ich Bin die Quelle aller Schöpfung.
Ich Bin der Atem der Liebe.
Ich Bin die Kraft des Herzens.
Ich Bin das Allsehende Auge.
Ich Bin das Licht, das ich sehe.
Ich Bin die Herrlichkeit Gottes, des Herrn.
Ich Bin Wille.
Ich Bin Kraft.
Ich Bin die Gegenwart Gottes, die sich selbst in die Offenbarung treibt.
Ich Bin das Feuer der Augen, die ich im Spiegel erblicke.
Ich Bin die Kraft, die die Intelligenz jeder Zelle dieses Körpers, den ich erblicke, hervorbringt.
Ich Bin die lenkende Kraft für dieses Projekt jetzt.
Ich Bin der Quell ewiger Jugend und Schönheit.

Vollkommenheit:

Ich Bin die einzige göttliche Gegenwart.
Ich Bin die Gegenwart Gottes in jenem und in jedem Menschen.
Ich Bin die einzige Autorität in meiner Welt.
Ich Bin die Vollständigkeit der Vollkommenheit jetzt.
Ich Bin das offene Tor in das Licht Gottes.

Heilung:

Ich Bin das verzehrende Feuer der Reinigung meines Körpers jetzt.
Ich Bin die einzige und vollendete Kraft, die hier handelt, deshalb hat jeglicher Anschein von Störung sofort zu verschwinden.

Erkenntnis:

Ich Bin die volle Erfassung dieser Sache, die ich verstehen möchte.
Ich Bin die unendlich weise Führung in jener Sache.
Ich Bin die göttliche Intelligenz, die mich leitet jetzt.

Manifestation:

Ich Bin die Kraft, die erzeugt.
Ich Bin jenes, was ich zu erzeugen wünsche.
Ich Bin die vollendete Gestaltung jener Sache.
Ich Bin die sich offenbarende Göttlichkeit in jener Sache.
Ich Bin die sich selbst erfüllende Energie jener Sache.
Ich Bin die göttliche Gegenwart, die diese Sache mit jener Eigenschaft erfüllt.

Reichtum:

Ich Bin die Fülle Gottes, die zu meiner Verwendung sichtbar wird.
Ich Bin der Reichtum, der sich in meinem Leben offenbart jetzt.
Ich Bin der souveräne Selbstausdruck von allem, was ich benutzen möchte.

Kommunikation:

Ich Bin hier und
Ich Bin dort.
Ich Bin die volle Befreiung der handelnden göttlichen Liebe dort.
Ich Bin ist die alleinige lenkende Intelligenz in diesem Bruder.
Ich Bin die Gegenwart in dem Gemüt jenes Menschen.
Ich Bin der Freund, der erscheint, wenn es notwendig ist.
Ich Bin die Meister-Gegenwart in dieser Situation/Verhandlung.

Körper:

Ich Bin der ausgleichende Atem.
Ich Bin die auflandende Energie für diesen Körper jetzt.

Ich Bin das Licht, das jede Zelle erleuchtet.
Ich Bin die sichtbare Erhellung meines Körpers jetzt.
Ich Bin die Erleuchtung meiner Hirnzellen jetzt.
Ich Bin die Gegenwart, die meinem Körper vollkommen rein erhält.
Ich Bin die Wahl der optimalen Ernährung für Körper, Seele und Geist.

Umwelt:

Ich Bin die reine Luft meiner Welt.
Ich Bin die Gegenwart, die heute meine Welt mit Vollkommenheit erfüllt. Heute scheine ich jedem Ding die Vollkommenheit, die Ich Bin.
Ich Bin das Wunder, das durch göttliche Kraft ihre Offenbarung erzwingt.
Ich Bin die allein wirkende Gegenwart und verbiete jenen Unsinn.

bei Störung:

Ich Bin ist die einzig wirkende Gegenwart, und wir weisen jede Störung zurück.
Ich Bin . . . .

Ich Bin . . . .

Ich Bin . . . .

Natürlich kannst Du nicht durch Wände gehen, aber Du kannst Deinen Körper durch die Illusion eines begrenzten Identitätsgefühles, das sich in dem Glauben an ein raumzeitliches Kontinuum manifestiert, durch die Illusion eines dinglichen Widerstandes, genannt Wand, hindurchbewegen.
Körper ist Illusion, Wand ist Illusion,
Identität jedoch ist Wirklichkeit und läßt sich durch Illusion nicht einengen

Als Schöpfer, nicht als Geschöpf handeln

Du vollbringst ständig Wunder, nur das Unbewußte verdrängt sie permanent, weil Du meinst, daß Du nicht schöpfen darfst. Deshalb träumst Du so viel, weil Du Dir dort gestattest, die Wundertaten, die du vollbringst, auch zu sehen. Du manifestierst dauernd, ob Du es wahrhaben willst oder nicht. Wenn Du es ablehnst, ein Schöpfer zu sein, dann manifestierst Du ebenfalls, aber durch Dein Unbewußtes, dann ist es ein Unbewußtes, daß den Elektronenstoff engagiert – warum es dann nicht selbst tun. Vielleicht hast Du Angst davor, ein Schöpfer zu sein, weil Du denkst, Du könntest Unsinn schöpfen. Keine Sorge, das kannst du nicht, weil *Er* es ist, der durch Dich denkt. Und außerdem: Wenn Du als Schöpfer lebst, dann lebst Du in Freude, und jemand, der in Freude ist, wünscht sowieso nur alles Gute. Du mußt also nur anerkennen, daß Du immer alles manifestiert hast, es absegnen und jetzt alles neu designen. Versuche ja nicht, »lernen« oder »beginnen« zu wollen mit der Manifestation. Es wäre fraglich, ob es auch klappt, würde Versagen beinhalten und die Erfüllung verhindern. Umstände sind nur, was um Dich »herumsteht« – schau nie auf die Wolken, was immer geschieht, schau nur auf die Sonne dahinter, weil Deine Sonne ewig brennt!!!

Obgleich jeder mit »Du« angeredet wird,
nennt er sich »Ich«.
Das ist der Beweis, daß es überhaupt kein »Du« gibt, –
alle sind im »Ich« enthalten.
(Ramana Maharshi)

Du bist, was Du siehst, es ist niemand sonst

Der einfachste Weg, im Schöpferzustand zu bleiben ist, in allem das Selbst, Dich selbst, Gott selbst zu erkennen. Sei wie ein Goldschmied, der in allem nur das Gold sieht, erkenne hinter jedem und allem das Selbst, wie immer auch der Schein sich offenbart. Der »Schein« ist die Sache von Maya, aber das »Selbst« in allem zu sehen überwindet den Schein. Wenn du in allem das Selbst siehst, bist Du in allem und erkennst: Es gibt überhaupt keine »anderen«, denen Du helfen müßtest, Du kannst Dich in aller Seelenruhe um Dein Selbst kümmern und Dein Leben genießen und Gott im anderen sich um den anderen kümmern lassen.

Experiment 7:

Setze Dich Deinem Partner gegenüber. Schließt die Augen und nehmt drei Atemzüge. Beim dritten Ausatmen öffnet die Augen und haltet im Bewußtsein »Ich Bin Du«. Schaut weich in die Augen, es kann sein, daß fremde Gesichter plötzlich erscheinen, schaut weiter weich hin und denke: »Ich laß mich von Dir nicht täuschen, Ich Bin Du« – verharre, bis Du dem Einen all-ein gegenüberstehst, bis Du selbst es bist, Dich im anderen erkennst, so wie zwei Blätter eines Baumes sich im Baum erkennen. In diesem Zustand probiere einmal zu denken oder zu flüstern: »Komm hervor.« Diese Formel »Komm hervor« kannst Du aber auch zum Beispiel anwenden, indem Du durch den Raum gehst und immer »Komm hervor« rufst, bis Du spürst, daß die Gegenwart Gottes überall hervorkommt. Vielleicht mögt ihr sogar damit beginnen, bevor ihr Euch auf das »Aug' in Aug'-Spiel« einlaßt. Genau diese Übung kannst Du übrigens auch mit Bäumen, Hunden, Katzen, einer Schreibtischlampe machen, mit allem, was Du siehst, bis Dir aus allem der Eine hervorscheint, so wie Ramakrishna rief: »Da, in dem Baum ist die Gottesmutter Kali, könnt Ihr sie nicht sehen?«

Nicht klettern, sondern fliegen

Wenn Dein wahres Selbst bewußt durch Dich wirkt, und dies ist mit der Sinn dieses Buches gewesen, wirst Du erkennen, daß der Tod eine Illusion ist, daß es in Wahrheit überhaupt kein Sterben gibt, sondern nur das wahre ewige Leben, das *Ich Bin*. Daraufhin wird es Dein physischer Körper unterlassen, Todeshormone auszustoßen mit der Konsequenz, daß der Alterungsprozeß Deiner atomaren Zellstruktur aufhört und Du Deinen Körper mehr und mehr so designen kannst, wie Du ihn schon immer haben wolltest. Du meinst, das sei zu hoch gegriffen? Du wirst es erleben, dies und noch vieles mehr. Du wirst neue Augen bekommen, Augen, die in der Lage sind, die Wunder zu sehen, die Du Dein ganzes Leben lang manifestiert hast. Du wirst Einblicke in kosmische Zusammenhänge bekommen, von denen Du früher nicht einmal zu träumen wagtest. Du kannst natürlich auch ein armer »Erdenwurm« bleiben, niemand zwingt Dich, ein Schmetterling zu werden, aber um wirklich nach oben zu kommen, mußt Du fliegen, nicht klettern, und dazu gehört es nun einmal, daß die Raupe es aufgibt, sich für eine Raupe zu halten. Das Verlangen nach Wahrheit ist das Wirken Deines wahren Wesens, das sich selbst in seine eigene Verwirklichung hineintreibt. »Ich Bin die Auferstehung und das Leben«, sagt Jesus, und damit ist nicht seine äußere Gestalt, sondern das wahre Wesen, die schaffende Gottheit, das *Ich Bin* in Deinem Innern gemeint. Die »Ich Bin«-Meditation bedeutet, diese tätige Gegenwart Gottes zu fühlen und zu leben, was immer geschieht. Auf daß Du Dich, Dein wahres Wesen, das *Ich Bin* nie mehr vergessen mögest.

Experiment 8:

1. Fülle das Arbeitsblatt 20 aus: Wem ich von ganzen Herzen alles Gute und allen erdenklichen Erfolg wünsche.
2. Liste einmal auf, worin Du Einsicht nehmen möchtest und übe Dich in der Technik »Einsicht nehmen in ...«.
3. Gehe durch den Alltag, indem Du die Frequenz richtig einstellst und übe Dich im »In die neue Welt gehen«.
4. Benutze die Formeln für das Aktivieren der »Ich Bin«-Gegenwart und gehe durch Deinen Tag, indem Du überall Gott in Tätigkeit setzt.
5. Übe Dich darin, in allem das Selbst zu sehen, so wie ein Goldschmied in allem das Gold sieht.
6. Benutze die »Ich bin«-Meditation.

Arbeitsblatt 20

Wem ich von ganzem Herzen allen erdenklichen Erfolg wünsche.

1 ....

....

2 ....

....

3 ....

....

4 ....

....

5 ....

....

6 ....

....

7 ....

....

8 ....

....

9 ....

....

10 ....

....

Lektion 8

Den letzten Schritt gehen

Deshalb enden Liebesgeschichten niemals: Sie enden niemals, weil die Liebe kein Ende hat.

Den wahren Erfolg erkennen

Was ist jetzt, wenn doch nicht alles so klappt, wie Du denkst? Glaubst Du, bei mir klappt immer alles? Während ich das Buch geschrieben habe, sind täglich mehr als zehnmal die Sicherungen ausgefallen, mal war es im Haus, mal in der Wohnung, und einmal hatte sogar die ganze Stadt für einige Stunden keinen Strom – und das, obwohl so etwas seit Menschengedenken in der Gegend noch nie passiert ist. Ist das ein Zufall? Gibt es den Zufall überhaupt? Hast Du jetzt eine Wahl, oder hast Du keine Wahl? All das ist ein Mysterium. Wenn Du die Wahl hast, hast Du die Wahl, und wenn nicht, hast Du sie nicht, lege Dich nicht fest, es sei so oder so. Wenn Du in allem das Selbst erkennen würdest, könntest Du auch über Wasser laufen, ich behaupte sogar, Du kannst es, aber manchmal geht einfach die Sicherung von dem Schreibcomputer aus, und der Inhalt von zwei Stunden Arbeit und damit viele, viele Seiten Text, die nirgendwo ausgedruckt sind, sind weg. Weißt Du, was ich dann tue? Also ärgern tue ich mich erst mal gar nicht, und Streß mache ich mir auch keinen mehr daraus, trotzdem bleibe ich mit vollem Engagement bei der Sache, lasse mich durch nichts in der Welt entmutigen – und tatsächlich ist das Buch jetzt auch fertiggestellt. Vor allem aber erinnere ich mich, was das Ganze soll, warum überhaupt, und was Erfolg wirklich ist:

Erfolg ist Liebe

Jetzt bleibt für Dich nur ein winzig kleiner Schritt zur märchenhaften Freiheit. Ich kann Dir nicht sagen, wie er geht, ich kann Dir nur sagen, daß Du ihn selbst herausfinden mußt, und wenn Du dort angekommen bist, werden wir ewig eins sein, wo immer in der Welt Du bist. Viel Erfolg!!!

Experiment 9:

Mache keine Experimente mehr, sondern lebe, wie es Deiner Natur entspricht und aus vollem Herzen – begeistere Dich für dieses eine Leben, das Du selber bist und mache daraus Deinen wildesten Traum!

Gleichnis 13:

Die drei Lichter der kleinen Veronika

(von Manfred Kyber)

Wer mit den Augen der Andacht geschaut,
wie die Seele der Erde Kristalle gebaut,
Wer die Flamme im keimenden Kern gesehen,
im Leben den Tod, Geburt im Vergehn –
Wer in Menschen und Tieren den Bruder fand
und im Bruder den Bruder und Gott erkannt,
der feiert am Tisch des heiligen Gral
mit dem Heiland der Liebe das Abendmahl.
Er sucht und findet, wie Gott es verhieß,
den Weg ins verlorene Paradies.

Anhang

Seminarempfehlungen:

Um ein optimales Ergebnis zu erzielen, empfiehlt sich der zusätzliche Erwerb meiner Video-Heimkurse *Erfolg Ohne Streß* und *Erfolg Durch Begeisterung*! Darüber hinaus bietet sich die Möglichkeit, das Gelernte in einem Privat- oder Firmenseminar zu vertiefen. Informationen dazu sind erhältlich bei:

Klaus Jürgen Becker
Zittelstraße 6
8000 München 40
Telefon 089/3 08 20 25

Top 30 Bücherhitparade (ausgewählt aus 1001 Büchern)

1. Platz: *Illusionen*, Richard Bach, Ullstein Verlag. (ISBN 3-550-07477-8). Die Geschichte von einem Messias wider Willen, der als Pilot unterwegs ist, dabei seinen Avatar-Kollegen trifft und ihn in die Geheimnisse des Lebens einweiht. Spannende Story! Paßt als Taschenbuch in jede Westentasche. Aus »erhöhtem« Bewußtsein immer wieder neu zu lesen, vor allem beim Fliegen! Zusammen mit der *Unendlichen Geschichte* wäre es das Buch, das ich auf eine einsame Insel mitnehmen würde.
2. Platz: *Gespräche des Weisen vom Berge Arunachala*, Ramana Maharshi, Ansata Verlag (ISBN 3-7157-0058-0). Ramana Maharshi wurde in einer Broschüre als einer der vier Avatare der Neuzeit vorgestellt. Das Buch enthält Gespräche von Ramana Maharshi mit seinen Schülern in Dialogform. Durch bewußtes Lesen bekommst Du quasi ein Heimseminar. Ein Buch, das Wunder bewirken kann, aber: Sobald Du unbewußt wirst, Widerstand spürst oder etwas nicht verstehst, höre für eine Weile auf zu lesen – es gibt Leute, die lesen an diesem Buch fünf Jahre lang. Nur sinnvoll zu lesen, wenn Du zugleich beim Lesen meditierst und richtig reingehst. Und: Nimm ihn nicht wörtlich, was zählt, ist die Energie zwischen den Zeilen. Bei mir war es so, daß dieses Buch genau das Gegenteil von dem ausgelöst hat, was der Verstand aus dem Buch herausgelesen hat, *das* Erleuchtungsbuch für den Jaina-Weg (Unterscheidungskraft).

3. Platz: *Die geheime Botschaft der Göttin Tripura*, Ansata Verlag (ISBN 3-7157-0090-4). Ein Märchen wie aus 1001-Nacht, bringt den bewußten Leser zum Erwachen – sehr gut für alle, die hinter den Vorhang schauen wollen; das Erleuchtungsbuch für alle transzendental Veranlagten.

4. Platz: *Ramtha*, Urania-Verlag. Energiegeladen dieses Buch über Gott, Manifestation, den Sinn des Lebens; Ramthas Reden erinnern Dich daran, wer Du bist, auf eine sehr direkte und unmißverständliche Art.

5. Platz: *Hoffnung für die Blumen*, Trina Paulus, Ansata Verlag (ISBN 3-7157-0116-1). Das Märchen von einer Raupe, die fast nicht glauben konnte, daß sie ein Schmetterling werden kann. Für Kinder, Erwachsene und Raupen (sofern sie lesen können). Locker, flockig, kurz und bunt – für mich eines der schönsten Bücher überhaupt.

6. Platz: *Ich Bin*, Sri Nisargadatta Maharaj, Context Verlag (ISBN 3-926257-03-2). Das »Zwillingsbuch« Ramana Maharshi, etwas dünner, leichter und lockerer im Ton, dafür nicht so präzise und nicht so tiefgehend, quasi die »Bildzeitung« im Vergleich zur »FAZ«.

7. Platz: *Der Prophet*, Khalil Gibran. Das Erleuchtungs-Buch für den Skorpion. Ein Meister wird in seiner letzten Stunde nach den großen Weisheiten des Lebens gefragt und antwortet ungeschminkt in einer Art und Weise, die Licht und Schatten integriert.

8. Platz: *Reden 1–15*, *Reden 16–33*, Saint Germain, Saint Germain Verlag Höhr-Grenzhausen (ISBN 3-925612-06-8). *Das* Erleuchtungsbuch für den Weg der »Ich Bin«-Manifestation; sinnvoll zu lesen, wenn jemand das *Ich Bin* bereits erlebt hat.

9. Platz: *Ein Leben in Ekstase*, Ramakrishna, Verlag Michael Hesemann (ISBN 3-925248-14-5). M. E. das beste Buch über Ramakrishna, den man ebenfalls zu den Avataren der Neuzeit zählt, *Das* Buch für den Bhakti Weg.

10. Platz: *Die Erweckung des inneren Geliebten*, Julie Henderson, Ansata Verlag (ISBN 3-7157-0124-2). In diesem Buch lernst Du, Deinen Energiekörper zu öffnen, zu schließen, zu verändern und so beim transzendentalen Sex den Partner und sich in Ekstasen zu führen, von denen Du bisher noch gar nicht wußtest, daß es das gab. Beyond Tao und Tantra! Aus erhöhtem Bewußtsein zu lesen, vor dem Ausprobieren empfiehlt sich Energieaufladung zum Beispiel durch Rebirthing.

11. Platz: *Siddhartha*, Hermann Hesse, Suhrkamp (ISBN 3-518-36682-

3). Die Geschichte eines Mannes, der auszog, um Buddha zu werden, sehr tiefgehender Roman und einleuchtend für jeden.

12. Platz: *Wie man eine Feige ißt*, Gail Green, Heyne Verlag (ISBN 3-453-03229-2). Ein vergnügliches Plädoyer für mehr Sinnlichkeit. Für alle, die wissen, daß auch die körperliche Liebe eine Kunst ist. Das Erleuchtungsbuch für den Stier. Alleine das Lesen macht Spaß – und das Praktizieren erst recht!

13. Platz: *Ja zur Liebe*, Sondra Ray, Verlag Peter Erd (ISBN 3-8138-0069-5). Ein tolles Buch für den Umgang mit Affirmationen; für den, der ernsthaft an sich arbeiten will und bereit ist, das Gelesene auch in die Praxis umzusetzen.

14. Platz: *Samadhi und Siddhi*, Sri Chinmoy (ISBN 3-7261-0016-4). Sri Chinmoy beschreibt verschiedene Stufen von Erleuchtungs-Zuständen aus seiner Sicht.

15. Platz: *Das Krodha-Syndrom* (ISBN 3-7699-0471-0). Gerome Harijson zeigt in einem kleinen netten und leicht lesbaren Heft anhand jeweils eines Gleichnisses auf, wie Du die »Ärger« ins Gegenteil verwandeln kannst.

16. Platz: *Mandalin*, Drei Eichen Verlag, Perry & Gerome Harjison (ISBN 3-7699-0464-8). Geschichte eines Wesens, daß das »Mandalin« in sich entdeckt, viele Zeichnungen, viele Rätsel, Einführung in das Mehr-Welten-System, die Namen der Spielfiguren stammen aus dem Sanskrit; aus erhöhtem Bewußtsein zu lesen.

17. Platz: *Die drei Lichter der kleinen Veronica*, Manfred Kyber (ISBN 3-453-02021-9). Märchen einer Kinderseele zwischen zwei Welten; ein Buch das eine Brücke schlägt.

18. Platz: *Der Tanz Shivas*, Ch. Falk Verlag (ISBN 3-924161-01-1). Ein Bilderbuch mit Gemälden von Bababschi über kosmische Zusammenhänge; verständlich für Wesen mit Zugang zur Akasha-Chronik.

19. Platz: *Gute Geschichten machen uns gut*, Thakar Singh, Naam Verlag, Cadolzburg (ISBN 3-923911-02-5). Thakar Singh erzählt Gleichnisse, die er aus anderen Dimensionen abgeschrieben hat. »Engel« bitte aufpassen beim Lesen: Einiges hat sich in der Akasha-Chronik geändert, zum Beispiel soll der Dicke doch nicht gehängt werden ...

20. Platz: *Ohne Höhe, ohne Tiefe – die Lee(h)rformeln des Zen-Meisters Tofu Roshi*, Susan Ichi Moon, Bauer Verlag (ISBN 3-7626-0377-4). Zen auf die Schippe genommen, ein »Kishon« der esoterischen Literatur.

21. Platz: *Was Dir Dein Körper zu sagen hat*, Monika Reiz, Peter Erd Verlag (ISBN 3-8138-0186-1). Ein Buch, das das uralte Wissen um die Organsprache wieder nahebringt: Der Körper ist das Haus der Seele. Sehr gut auch als Nachschlagewerk geeignet.

22. Platz: *Außer Du liebst Dich*, Werner Sprenger/Heinz Funke, Nie-nie-sagen-Verlag, Konstanz (ISBN 3-921778-36-0). Sehr schöne kleine Verse zum Thema Liebe – gut zum verschenken.

23. Platz: *Savitri – Legende und Sinnbild*, Sri Aurobindo, Sri Aurobindo Verlag Norbert Hesslinger, Weinheim. Sri Aurobindo wird wie auch Ramakrishna und Ramana Maharshi zu den Avataren der Neuzeit gezählt. Savitri stellt die höchste Offenbarung von Sri Aurobindo dar – das Epos an der Schwelle zum supramentalen Zeitalter. Die m. E. beste Übersetzung ist die von Klaus Derick Muthmann, der bereits seit 16 Jahren an diesem Werk arbeitet – bei Drucklegung des Buches war leider erst der erste Gesang vom ersten Buch vom ersten Teil verfügbar. Das Gesamtwerk ist bereits erhältlich in Übersetzungen von Peter Steiger und Heinz Kappes. Nur für sehr fortgeschrittene Sucher empfehleneswert!

24. Platz: *Die Arbeiten des Herkules*, Alice A. Bailey, Karl Rohm Verlag, Bietigheim, (ISBN 3-87683-912-2). Die Sage des Herakles als metaphysische Einweihung – eines der schönsten und überzeugendsten Bailey-Bücher – ein Einweihungsbuch, an dem kaum einer vorbeikommt.

25. Platz: Die *Bhagavadgita* in der Fassung von Sri Aurobindo. Gespräche des Avatars Sri Krishna mit seinem Schüler Arjutra – eine hervorragende Schulung für den »Ich-Bin-Prozeß«, wenn aus erhobenem Bewußtsein heraus und langsam, Vers für Vers, gelesen.

26. Platz: *Der goldene Ball, Buch und Karten*, Mirapuri Verlag, Planegg. Ein Tarot aufgebaut auf die Vision von Sri Aurobindo, vielleicht das umfassendste Tarot, das es gibt, alleine das Buch – Einweihung über das »Spiel des Lebens« – ist schon ein Goldstück für sich.

27. Platz: *Die Transformation der Materie – Gespräche mit dem Unbekannten*, (ISBN 3-88518-635-9), Buch und drei Kassetten. Gernot Brückner zeigt auf geniale Art und Weise auf, wie Intuition, Karma, Materialisation etc. funktionieren und versetzt den Leser in die Lage, all dies zu begreifen und selbst nachzuvollziehen. Sehr anschauliche Grafiken!

28. Platz: *Engel-Meditationskarten*, Greuth Verlag, Kimratshofen. Das

Tarot für Engel und solche, die Engel lieben – ideal, für alle, die einen emotionalen Fokus aufbauen lernen wollen.

29. Platz: *Karten der Kraft – ein schamanisches Einweihungsspiel in den Pfad der Tiere*, mit Karten, Legetechnik und Interpretationshandbuch, Jamie Sams und David Carson, Windpferd Verlag (ISBN 3-89385-037-6). Ein sehr bodenständiges Tarotspiel – sehr praxisnah!

30. Platz: *Tarot der Liebe*, Wulfing von Rohr und Gayan S. Winter, Verlag AG Müller Neuhausen (ISBN 3-905021-13-7): Eine Einweihung in den Weg der Liebe, Kartenspiel und Begleittext, von den Zeichnungen her vielleicht das schönste Tarotspiel.

Musik- und Meditationskassetten

(aus 1000 ausgewählten Stücken, in der Reihenfolge der Beliebtheit)

Meditationsmusik:

1. *Existance-Consciousness-Bliss.* Sri Chinmoy spielt auf der Esray Musik; nur etwas für denjenigen, der bereit ist, die Musik in sich hineinzulassen und zu benutzen, um darüber hinauszugehen. Ideal für die »Ich Bin«-Meditation vor dem Einschlafen.
2. *Powaquatsi*, Philip Glass, Elektra 979192-2. Die Komposition auf dieser Kassette weckt sehr viel Kraft – zugleich eine hervorragende Meditationskassette für die Energie Licht für denjenigen, der sich auf schnellere Rhythmen einzuschwingen weiß; auch ideal fürs Jogging.
3. *Tibetanische Klangschalen I und II*, Klaus Wiese, Synchro Energize GmbH, Falkstr. 34, 6 FFM, 069/7 07 42 74. Tibetanische Klangschalen schaffen eine Tempelatmosphäre im Wohnzimmer binnen Minuten, *Die* Kassette zum Meditieren, der »Klarmacher«, ideal für die Erweckung des »inneren Zeugen«.
4. *Cosmic Consciousness/Bliss*, Sandelan, Aquamarin-Verlag Grafing/München. Ein sehr hoher, heller Cis-Ton, der sogenannte Sonnenton, zieht sich durch die Kassette; nur sinnvoll, wenn man dabei meditiert (sonst verleidest Du Dir den Ton), ideal für die Energie Licht.
5. *Atlantischer Ozean*, MVG-Verlag. Hervorragend, um ins »Ich Bin« zu kommen – oder einfach, um Kraft zu tanken!

6. *Aeoliah, Crystall-Illuminations*, Sanfte, tragende Musik zum Schweben, sich Hingeben.
7. *Das Rad*, Tamas Laboratorium, Synchro Energize GmbH, Falkstr. 34, 6 FFM, 069/7 07 42 74. Mit Kopfhörer zu hören. Ideal zum »Ausschwingen«.
8. *Loslassen*, Harald Wessbecher, Synchro Energize GmbH, Falkstr. 34, 6 FFM, 069-7 07 42 74. Mit Kopfhörer zu hören. Durch die Hemisynch-Technik wird ein tiefer Entspannungs- und Ausgleichseffekt erzielt, ohne Vorbereitung für jeden zu hören. Nicht abschrecken lassen, wenn das »Meeresrauschen« manchmal ein bißchen komisch erscheint, eine *der* Kassetten zum Loslassen!!!
9. *Atemekstase/Rebirthing*, Burghard Schroeder, Synthesis Verlag Essen. Die ideale Trainingskassette für Rebirthing und Atemekstase mit gesprochener Anleitung, insbesondere für den, der sich alleine einmal »rantasten« möchte.
10. *Gongmeditation*, Jens Zygar, Thein Studio, Tel. 0421/34 80 48. *Die* Musik zum Absaugen von Begrenzungen nach der Dreiecksmethode.
11. *Die Elemente, Klangfelder von Orten der Kraft*, Verlag Hermann Bauer KG Freiburg. Die Elemente Feuer, Wasser, Erde, Luft und die Transzendenz werden auf sehr gute Art und Weise musikalisch dargestellt, so daß Du in Kontakt mit diesen Energien kommen kannst, beim Hören stelle Dir vor, Du bist das entsprechende Element.
12. *The empty mirror, tibetan bells III*, Henry Wolff & Nancy Hennings, Celestial Hamonies, Connecticut, USA. Vielleicht *die* Kassette für Transzendenz-Meditation; tibetanische Klangschalen führen den Hörer in den Zustand besonderer Wahrnehmung, in den tibetanischen Klangschalen sind ja geheime Mantras eingeschliffen. Henry Wolff und Nancy Hennings haben aus alten Schriften die Mischung herausgelesen und nachgespielt, die damals komponiert wurde, um Suchern das Tor zu anderen Ebenen zu öffnen.
13. *Rhythmische Meditation*, Verlag Hermann Bauer. Johannes Walter spielt sufiähnliche Rhythmen, ideal zum »Trance-Dance«, auch zur stillen Meditation, wenn du weißt, wie Du die Bewegung nach innen nehmen kannst.

New-Age-Musik:

1. *Ding* von Pushkar, Fonix Musik, Sonder Alle 30, DK 8000 Århus, Denmark. Die Panflöte gilt schon seit vielen Jahren als die »Flöte Gottes«. Pushkar benutzt sie in einer Art und Weise, daß sie den Kontakt und die Liebe zu sich selbst ermöglicht!
2. *In the land beyond my dreams*, Self Realisation Fellowship, LA/USA. Musik von Paramahansa Yogananda aus einer anderen Dimension; wer sich der Musik hingibt, erfährt tiefen Frieden und innere Seligkeit.
3. *Rainbow Way*. Die Musik von Oliver Shanti & Friends berührt das Herz und das Miteinander. Besonders ergreifend die Fassung des »Canon« – er kann ideal zur Invokation der Jesus-Energie am Palmsonntag verwendet werden.
4. *Tantra Relaxation*, Ray Lichtenburg, Aquamarin-Verlag Grafing. Musik, die die tantrische Energie fördert auf eine eher leichte, fröhliche Weise.
5. *Sky Wings*, Akasha, Sri Chinmoy-Center, Friedensgasse 3, Zürich. Schüler von Sri Chinmoy singen von ihm komponierte Lieder; stärkt das Gemeinschaftsgefühl, strahlt sehr viel Reinheit aus.
6. *Inside Satie* Meistersinger-Produktion, Tel. 09191/8 08 08. Morgan Fisher spielt melancholische Stücke, die dem Sucher zeigen, daß Melancholie nicht mit Schmerz, sondern auch sehr wohl mit Wohlgefühl und Kraft verbunden sein kann.
7. *Süleyman*, von Brian Kean. Orientalische Bauchtanzmusik zur Erweckung der Kundalini-Energie, ideal auch zur Meditation.
8. *Agape – Agape*, von Popol Vuh, Verlag Hermann Bauer. Sehr erdige Sufi-Musik, ideal zur Meditation.
9. *Angelic Harp*, von Berglund, Aquamarin Verlag Gräfing. Ideal zur Kontaktaufnahme mit Engelswesen, wunderschön zum Aufwachen und zum »Liebe fließen lassen«.

Mantras:

1. *Kirtana*, Verlag Hermann Bauer. Stephanie Wolf hat hier alte Lieder aus dem Sanskrit so gut nachgespielt, daß Du beim Mitsingen in die altindischen Energien und dadurch in tiefen Seelenfrieden kommst, sofern Deine Seele ein Faible für Indien hat.

2. *I will sing the name*, Self Realisation Fellowship, LA/USA. Mantras von Paramahansa Yogananda, die es in sich haben, insbesondere das Mantra »Deliver us from Delusion«.
3. *Ohm namah shivaja*, IMP Studio Wolfgang Zimmermann, Rieden. Die Musik inspiriert zum Mitsingen, ein sehr kraftvolles Mantra zur Verehrung des Hindugottes Shiva mit einer sehr hohen »Schwingung«.
4. *Hosanna*, Webber. Ein sehr kraftvolles Mantra aus der christlichen Mystik, das Dich in Kontakt mit dem Engelreich bringen kann.
5. *Chicester Psalms*. Bernstein hat hier ein sehr kraftvolles Mantra komponiert, das uns sehr viel Hoffnung und Tiefgang geben kann, wenn wir uns ihm öffnen.

Popmusik:

1. *Cuts both ways*, Gloria Estefan – sehr schöne Popmusik.
2. *The Best of Roger Whittaker* – Ich empfinde Roger Whittacker als einen der Sänger mit der seelenvollsten Stimme, was Frieden angeht, sehr gut, um zu Ruhe und Gleichmut zu kommen.
3. *Tunnel of Love*, CBS 4602702. Die Musik für den »Tramp«. Bruce Springsteen hat hier Musik für einen Lebensstil der Jugend komponiert, der mit Festhalten nichts mehr zu tun hat. Country-ähnlich!
4. *Die neue Kuschelrock* – sehr kuschelige Popmusik, nicht nur zum Schmusen, auch sonst sehr angenehm.
5. *Friends*, Dionne Warwick, Ariola 610556-222. Star dieser Platte ist das Stück selbst mit dem Namen »Friends«. Dionne Warwick und weltbekannte weitere Popstars haben diese Platte zu Wohltätigkeitszwecken kostenlos komponiert.
6. *Haare* (engl. Fassung *Hair*), Polydor 833102-2) Für mich nach wie vor *das* Musical des Wassermannzeitalters. Obwohl das Thema inzwischen »out« ist, ist der »Duft der Freiheit«, der von dieser Musik ausgeht tränenrührend!
7. *Pink Floyd – The Wall* – Interessant ist »the wall, part two« – »we don't need no education, we don't need no birthcontrol...« Revolutionär für den, der richtig »reingeht«!
8. 007 *James Bond Classics*, Deutsche Austrophon, 05441-2081. Alte James Bond Hits erinnern an ein Leben als Geh-Heim-Agent.

Klassik:

1. *Christmas-Tide*, Philips, 420180-2. Jessye Norman singt Adventslieder, die allerdings so gehalten sind, daß man sie zu jeder Jahreszeit hören kann. Insbesondere das »Amen« gehört zu *den* Seelenerwekkern.
2. *Mendelssohn, Symphonie Nr. 4 (die Italienische).* Für mich *die* Symphonie, die ein »Ja« zum Leben verkörpert. Gehe ruhig richtig rein. Sie ist gewaltig!!!
3. *Messias*, von Händel – für mich eine der schönsten Barock-Klassiker; die Engel jauchzen bei der Musik, sagen die Mystiker.
4. *Wassermusik, Feuerwerksmusik.* Händel ist für mich *der* Barockmusiker. Die Mystiker sagen, daß er seine Musik von den Engeln »diktiert« bekommen hat. Wenn man sich richtig eintunt, kann die Musik einem zeigen, wie man mit der Freude »mitschwingen« kann, ohne sich dabei anzustrengen.
5. *Die schönsten Opernchöre* EMI 7472902. Insbesondere *Flieg Gedanke frei, getragen von Sehnsucht* bringt die Seele zum Schwingen.

Vorträge:

1. *Momo*, Deutsche Grammophon, 817-956-4. Die Hörkassette zu dem bekannten Buch und Film von einem kleinen Mädchen, das den Zeitdieben auf die Spur kommt.
2. *Nada Brahma, Die Welt ist Klang*, Zweitausendeins Versand. Ein Vortrag von Joachim Ernst Behrendt; besonders schön ist die Hafiz-Legende sowie die Darstellung über das »Ohm«.
3. *Kristallmeditation*, erhältlich bei Fa. »Spirituelle Symbole«, Karolinenstr. 7–9, 2000 Hamburg 6. Remak Mayas (Ma Deva Pyari) gibt auf dieser Kassette eine Anleitung, wie Du mit Hilfe der Kristallenergie Blockaden aus Deinem Körper ziehen kannst und so Gesundheit in allen Lebensbereichen schaffst. Auch geeignet zum Abtrainieren der Kurzsichtigkeit. Wirkt m. E. zehnmal so schnell wie herkömmliches Augentraining.
4. *Körpergestaltung*, von Dynamis Institut Harald Wessbecher, Scheffelstr. 65, 7500 Karlsruhe 1. Der Hörer wird in ein »anderes« Bewußtsein geführt, in dem er in der Lage ist, den Aufbau und die Funktionsweise des Körpers sowie seine Zellstruktur und Zellinformation –

ähnlich wie ein Yogi, aber anfangs natürlich noch nicht so stark – bewußt zu verändern und auf die Dauer seinen Körper mehr und mehr so zu designen, wie er ihn haben möchte.

Hilfsmittel:

1. *Chakra-Öle, Yin-Öl, Metamorphose-Salbe, Parfümcreme Ylang-Ylang und Rose*, von Amarna Lionello München: Nasenschmeichler nicht nur für Liebe und Sinnlichkeit, sondern auch für alle Genießer, um sich und andere zu verwöhnen.
2. *Wolldecke*: Eine Wolldecke aus echter Wolle gehört zu den schönsten Utensilien für den »Meditator«. Durch ständige Benutzung lädt sich die Decke mit der körpereigenen Schwingung auf. Ebenfalls ein Stück zu Hause.
3. *Yogamatte/Teppich zum Mitnehmen:* So hast Du – wo immer Du bist – Deine ganz privaten zwei Quadratmeter, Dein Zuhause mit Dir.
3. *Meditationshocker:* Ideal für alle, die im Liegen einschlafen. Am besten eignet sich nach meiner Erfahrung ein T-förmiger Holzhocker, weil dadurch die Wirbelsäule am meisten schwingt.
5. *Pending-Relax-Liege*, Art of Sein GmbH, Plinganserstr. 110, 8000 München 70, Tel. 089/7241006: Wenn wir normalerweise liegen, wird unsere Zellvibration nach unten hin von der Erde gestoppt. Durch eine neue Technik ist es möglich, den Körper im Liegen frei schwingen zu lassen und dadurch von selbst einen »Schwebe- und Erholungseffekt« einzuleiten, den wir normalerweise erst nach langer Meditation erreichen.
6. *Das transzendentale Bild* von Sri Chinmoy (große Klasse für jemanden, der damit umzugehen weiß), das *Meditationsbild »kosmischer Christus«* aus dem Sattva Kunst Verlag München (ideal zum »Ins-Licht-Fallen«), *ein Spiegel oder ein gutes Foto von sich Selbst!*
7. *Asiatische Wirbelsäulenrolle* zum Entspannen nach einem gestreßten Arbeitstag. Erhältlich beim Alta Major Institut München.
8. *Räucherstäbchen*: Schaffen eine meditative Atmosphäre. Die m. E. schönsten Räucherstäbchen kommen aus dem Sri Aurobindo Ashram in Pundicherry.
9. *Ein individuelles Seidentuch*, von einer Künstlerin in den Seelenfarben bemalt: Ideal als Reisegepäck, schafft überall eine private Atmosphäre.

10. *Ein Yogakissen*: Ideal zum Meditieren.
11. *Spirituelle Postkarten*: Ideal für die Reise, zum Aufhängen an die Wand, für den hauseigenen Meditationsaltar, zum Aufbau eines individuellen »Postkartentarot« etc., Katalog von Aquamarin Verlag Grafing.
12. *Mandala-Malblock*, von Rüdiger Dahlke: Ideal z. B. mit seinem Partner das Herzensmandala auszumalen und so mehr über die gemeinsame Beziehung zu erfahren.
13. *Das individuelle Seelenbild*, von Petra Schwabe, Harrasserstr. 64, Prien am Chiemsee. Durch das Seelenbild werden verborgene Talente aktiviert – ideal für alle, die sich auf der Seelenebene befinden.

Quellenverzeichnis zu den Gleichnissen

Die Kapitelüberschriften sind z. T. dem Buch *Illusionen* von Richard Bach entnommen.

Bitte beachten Sie
die folgenden Seiten